¿PUEDE AÚN CONFIAR EN DIOS?

OTROS LIBROS ESCRITOS POR CHARLES STANLEY

¿PUEDE AÚN CONFIAR EN DIOS?

LO QUE SUCEDE CUANDO ELIGE CREER

CHARLES F. STANLEY

GRUPO NELSON
Desde 1798

Editora en jefe: *Graciela Lelli*
Traducción, edición y adaptación del diseño al español: *Grupo Scribere*

ISBN: 978-1-40023-079-2
Ebook: 978-1-40023-078-5

Impreso en Estados Unidos de América
21 22 23 24 25 LSC 9 8 7 6 5 4 3 2 1

CONTENIDO

CONTENIDO

INTRODUCCIÓN

Durante esta época turbulenta de nuestra historia, quedé impresionado por la ansiedad y el desánimo que percibí al hablar con amigos y seres queridos. Esto es comprensible, pues enfrentamos tiempos inciertos y desafíos trascendentales. Ya sea la pandemia, el declive económico, los disturbios sociales, las maniobras políticas globales o lo que sea, parece que hay más en qué pensar de lo que nuestras mentes pueden procesar. Y lo cierto es que podemos llegar a meditar tanto en los problemas que nos asedian que estos llegan a obsesionarnos y confundirnos completamente. Perdemos el sueño. No podemos sacarlos de nuestra mente. Encendemos la televisión y otras cosas también nos desconciertan. Oramos de forma constante por todo esto, pero con más miedo a los problemas que con fe en que Dios obra en medio de todo.

Muy pronto, las preguntas sobre lo que sucederá devoran cada pensamiento y cada conversación. Es entonces que el miedo y el dolor nos pueden confundir y abrumarnos hasta el punto en que ya no confiamos en Aquel que realmente tiene el control de todas las cosas.

Quizás usted pueda identificarse con estos sentimientos de impotencia e inestabilidad. Se va a la cama implorando al Señor que lo ayude, y se despierta sintiéndose inquieto, inservible e inseguro. En su subconsciente quizás esté la pregunta constante: *¿Puedo realmente confiar en Dios en medio de todo esto?*

Es fácil confiar en el Señor cuando las cosas marchan según nuestros planes. Sin embargo, cuando nos asaltan pruebas dolorosas, necesidades insatisfechas o esperanzas perdidas, el dolor puede hacernos preguntar: *¿Puede aún confiar en Dios?* Podemos sentirnos tentados a preguntarnos por qué un Padre verdaderamente cariñoso permitiría que el dolor y las dificultades lleguen a la vida de Sus hijos. Incluso podemos dudar de si Él está *dispuesto* a hacer algo respecto a nuestras circunstancias.

No obstante, Dios aseguró a Su pueblo: «Invoca Mi nombre en el día de la angustia; Yo te libraré...» (Sal 50:15). ¿Podemos confiar realmente en que Él hará esto? Los seguidores de Jesucristo necesitan comprender que Él no solo es capaz, sino que también está dispuesto a cumplir cada una de las promesas de la Escritura. Incluso cuando no podemos entender por qué Dios permitiría que ciertas situaciones ocurran, comprender Sus caminos siempre nos lleva a comprender que Él actuará de una manera que traerá bendiciones eternas para Sus hijos. Nuestras *creencias* son las que hacen posible que nos hagamos las preguntas correctas ante una tragedia o ante grandes penurias en nuestras vidas.

Así que, ya sea que usted haya escogido este libro debido a la confusión en el mundo, a las acciones imprudentes de otros, o a tribulaciones personales profundas, tenga la certeza de que ha venido al lugar correcto. Usted no está solo. A Dios le interesa su vida. Él se preocupa por usted. Y sí, todavía puede confiar en Él.

Asimismo, a través de los años, descubrí tres creencias esenciales para mantener mi fe en Dios; las cuales compartiré con usted ahora. Incluso cuando no comprenda del todo las circunstancias por las que atraviesa, estas creencias pueden establecer una base sólida para confiar en Él. Por tanto, yo lo desafío a que analice detenidamente lo que cree sobre Dios. El grado en que estas sabias verdades estén arraigadas en su alma determinará su capacidad para recibir las bendiciones que Dios tiene reservadas para usted.

CREENCIA N.º 1: DIOS ES PERFECTO EN SU AMOR

En otras palabras, Dios *siempre* hace lo que es mejor para nosotros. Si realmente creemos esto, confiaremos en Él incluso en nuestras pruebas más difíciles. Satanás, quien trabaja para socavar nuestra confianza, a menudo se aprovecha de la adversidad para cuestionar los motivos del Padre. Él susurra: «Si el Señor realmente te amara, no habría permitido que esto sucediera». Satanás quiere que asociemos el aguijón de la disciplina espiritual con la falta de cuidado divino. No obstante, sucede exactamente lo contrario. Hebreos 12:6 nos afirma: «Porque el Señor al que ama, disciplina, y azota a todo el que recibe por hijo». Entonces, mientras que la lógica natural plantea que la paz y la felicidad son muestras del amor de Dios, la Biblia afirma que las dificultades y la disciplina son en realidad evidencias de que pertenecemos a Su familia. La razón es evidente: Dios se preocupa tanto por nosotros que no permitirá que nos quedemos como estamos. Al contrario, Él quiere transformarnos a la imagen de Su Hijo.

Podemos depender del amor de Dios debido a Su carácter; amar es parte inherente de Su propia naturaleza (1 Jn 4:8). La Biblia afirma: «… Dios es Luz, y en Él no hay ninguna tiniebla» (1 Jn 1:5); en otras palabras, Él es absolutamente santo, justo y perfecto; por lo tanto, nunca podría maltratar a uno de Sus hijos. Él siempre hará cosas positivas y bondadosas en nuestras vidas. El *Calvario* es una prueba auténtica del profundo amor de Dios por la humanidad. Todos necesitábamos desesperadamente el perdón y el rescate del castigo del pecado, pero no podíamos salvarnos a nosotros mismos; nuestra deuda solo podía satisfacerse mediante el pago de una vida perfecta (Dt 17:1). Al enviar a Su Hijo Jesús a morir en la cruz como nuestro sustituto, el Padre celestial posibilitó nuestra salvación, lo cual es una evidencia indiscutible de Su amor infinito y sacrificado por la humanidad (Ro 5:8). El amor de Dios también se revela en el pacto que expresa Su intención de hacernos Sus hijos (Jer 31:33). Cuando confiamos en Jesucristo como nuestro Salvador personal, nos hacemos miembros de la familia de Dios. Nuestro perfecto Padre celestial es paciente, amoroso y bondadoso con nosotros; Él comprende que somos niños que estamos aprendiendo a vivir en esta vida.

Dios nos ama de manera perfecta. Cada acción que Él realiza o permite en nuestras vidas es una expresión de Su amor, aunque Él permite algunas situaciones que pensamos que no podrían ser para nuestro bien. Recuerde siempre que Dios es omnisciente; Él ve el final desde el principio y sabe exactamente qué fruto saldrá de nuestro dolor y de nuestros desafíos. Aunque no entendamos porqué permite ciertas tribulaciones, nuestras dificultades de ninguna manera indican que Él no sea un Dios bueno y digno de nuestra confianza.

CREENCIA N.º 2: DIOS ES INFINITO EN SABIDURÍA

El Señor nunca tiene que encuestar a las huestes angelicales, ni a nadie más, para llegar a un consenso sobre la acción más sabia que debe realizar. En Su conocimiento ilimitado, Él siempre sabe lo que es mejor para nosotros, y actúa de acuerdo con esto. Independientemente de nuestras circunstancias, debemos recordar que Dios conoce la estrategia óptima en cada situación, y solo hará bien a Sus hijos.

A veces, al considerar las dificultades que enfrentamos, pensamos: *Bueno, Señor, sé que eres infinitamente sabio, pero creo que has olvidado algo.* Usted puede estar seguro de que Él no ha pasado por alto un solo elemento. En nuestro entendimiento y razonamiento limitados, sencillamente no vemos las cosas desde la perspectiva de Dios. Es posible que tengamos toda la información que, como humanos, nos sea posible recopilar, pero Dios conoce *todo* lo que influye en la situación, así como todas las posibles consecuencias para usted y los demás. Solamente Dios comprende cada decisión en su totalidad. Y como Él es infinitamente sabio, no puede equivocarse (Pr 3:5-6).

Si bien Dios entiende perfectamente cada situación, Él no tiene obligación alguna de informarnos sobre las razones de Sus acciones o decisiones. Por ejemplo, Dios no dejó en claro por qué permitió que José languideciera injustamente en prisión durante trece años antes de elevarlo al puesto de primer ministro (Gn 39–41). Tampoco explicó por qué los israelitas tuvieron que vivir más de cuatro siglos como esclavos de los egipcios antes de que Él los rescatara milagrosamente y los convirtiera en una nación (Éx 12:41).

Quizás una de las cosas más difíciles para mí es ver a algunas de las personas más maravillosas y piadosas que conozco afectadas por un cáncer maligno. Por mucho que uno ore y confíe en Dios, a veces esas personas mueren. El resultado parece sombrío, pero no puedo hacer nada al respecto. Me siento completamente impotente.

En el ministerio, veo a mucha gente enferma. Tanto jóvenes como adultos padecen enfermedades que debilitan sus cuerpos y los incapacitan. Pienso en los veteranos de guerra que he conocido; algunos de ellos están en sillas de ruedas y no pueden caminar; y algunos ni siquiera alimentarse. Parece que aquellos con padecimientos físicos tienen los cuerpos más frágiles, pero los espíritus más tiernos. Yo reflexiono: *Dios, he sido bendecido físicamente toda mi vida, mientras que otros han tenido vidas enteras de padecimiento.* Hay algunas cosas que no entiendo, nunca me jacto de comprenderlas. Solo me queda decir: «Dios, Tú tienes el control. Tú ves el resultado final. Si yo pudiera ver el resultado final en la vida de esa persona, o si pudiera ver lo que estás haciendo en todo el mundo, entonces de seguro que estaría de acuerdo contigo. Pero en este momento no puedo hacer nada excepto confiar en que, en Tu sabiduría, Tú sabes qué es lo mejor que se puede hacer».

Si bien no tenemos derecho a conocer completamente las razones de Dios, nuestra carencia de tal información es la causa de nuestros sentimientos de frustración, ansiedad y duda. Considere la ironía de la situación. Si en nuestra limitada sabiduría humana *pudiéramos* comprender los motivos y acciones de Dios, eso en sí mismo sería motivo para dudar de Él, ¡ya que Su pensamiento no sería mejor que el nuestro! Pero debido a que la lógica de Dios supera por mucho a la nuestra (Is 55:8-9), *podemos* confiar en Él; no tenemos una razón legítima para dudar, porque Él es un Dios infinito y omnisciente, que sabe lo mejor que puede hacer en nuestras vidas.

CREENCIA N.º 3: DIOS ES ABSOLUTAMENTE SOBERANO

El Señor tiene autoridad absoluta sobre todas las cosas en la creación. En otras palabras, si incluso un pequeño suceso en el universo ocurriera fuera del poder y el control de Dios, ya no podríamos confiar en Él; en ese caso, no podríamos tener la certeza de que Él obraría en cada situación para el bien nuestro. Sin embargo, podemos confiar porque Él *es* soberano y, por lo tanto, tiene un control perfecto y completo sobre cada detalle de la vida.

Cuando Pilato le preguntó a Jesús: «... ¿No sabes que tengo autoridad para soltarte, y que tengo autoridad para crucificarte?». El Señor le respondió: «... Ninguna autoridad tendrías sobre Mí si no se te hubiera dado de arriba...» (Jn 19:10-11). Un tiempo atrás, Jesús confortó a Sus discípulos al decirles que ni siquiera un gorrión ordinario, que valía solo medio centavo, podía caer al suelo fuera de la voluntad del Padre (Mt 10:29). En otras palabras, independientemente de que las circunstancias sean grandes o pequeñas, Dios tiene el control absoluto.

Algunos podrían preguntar: «Entonces, ¿y qué hay con los ataques terroristas o las pandemias? ¿Dónde está Dios en todo eso?». Aunque ideas desconcertantes como estas son difíciles de reconciliar en la mente humana, Él todavía tiene el control total. Algunas personas encuentran consuelo en la idea de la suerte, el destino y el azar; porque confiar en Dios puede parecer difícil cuando ocurre una tragedia, o cuando nuestras necesidades básicas no son suplidas. Pero ¿qué sucede con el amor perfecto, la sabiduría infinita y la soberanía total de

Dios si la suerte, el destino y el azar tienen un papel que jugar? Estas palabras ni siquiera deberían estar en el vocabulario del creyente; si los acontecimientos pudieran tener lugar fuera de Su control, nunca podríamos confiar en Dios.

Siempre regreso a Salmos 103:19: «El SEÑOR ha establecido Su trono en los cielos, y Su reino domina sobre todo». No sé por qué Dios permitió que el Holocausto o una pandemia mundial sucedieran; ni por qué un tsunami matara a más de 170.000 personas en algunos de los países más pobres de la faz de la tierra. Pero he llegado a la conclusión de que, en este lado de la eternidad, hay algunas cosas que no voy a entender. Si su propósito fue despertar al mundo a la realidad del mal o hacernos conscientes de lo incierto de la vida, no lo sé. Solo tengo que confiar en Dios; que de alguna manera, de algún modo, Él convertirá todo esto en algo bueno.

Vivimos en un mundo malvado, vil y lleno de enfermedades. Muchas circunstancias no son la voluntad perfecta de Dios, pero Él las aprueba mediante Su voluntad permisiva, a pesar del dolor que causan. En Su omnisciencia, Dios sabe qué es lo mejor en última instancia, y esto incluye las consecuencias a largo plazo de tragedias que parecen despiadadas e inexplicables. Cuando no entendemos algo, no debemos dudar de Dios ni abandonar nuestra confianza en Él. En cambio, debemos entregarle nuestras vidas y aceptar por fe que Él es bueno y digno de nuestra plena confianza.

Nuestras vidas pertenecen a nuestro soberano, omnisciente y amoroso Dios, y nada puede tocarnos excepto lo que Él permite. A veces esto incluye penalidades y sufrimientos, lo que nos hace preguntarnos: *¿Cómo puede esto ser bueno?* Sin embargo, muchas personas que han pasado por enormes pruebas luego miran hacia atrás y dicen: «Al pasar por ese infortunio lo detesté, y me preguntaba si Dios me había abandonado. Pero ahora, de este otro lado, puedo ver porqué Él lo permitió». No todos comprenden la perspectiva espiritual a cabalidad; sin embargo, esto sucede con la frecuencia suficiente como para que podamos sentirnos confortados, al darnos cuenta de que Dios tiene Sus propósitos y, en el momento perfecto, producirá bendiciones de nuestras pruebas (Ro 8:28).

Entonces, cuando enfrente luchas, recuerde que Dios quiere lo mejor para usted. Él desea que confíe en Él como su Salvador personal y le entregue su vida. No hay razón para dudar de Dios, porque Él es perfecto en Su amor, infinito en Su sabiduría y soberano en Su control de todo el universo. ¿Por qué deberían los creyentes sentirse intranquilos, cuando incluso en los valles más profundos y oscuros puede haber gozo y confianza permanentes? No importa lo que suceda, nuestro Padre celestial que es todo amor, todo sabiduría y todo poderoso, lo sostiene en la cuna de Su mano.

¿POR QUÉ TANTO ÉNFASIS EN LO QUE USTED CREE SOBRE DIOS?

¿Por qué le doy tanta importancia a lo que usted cree sobre Dios?

Porque si usted no se aferra a la realidad de que el Señor es soberano…

Si no abraza la idea de que el Padre lo considera digno y objeto de Su amor…

Si no cree que Dios sabe qué es lo mejor que puede hacer en su vida…

Entonces nunca confiará en Él de la manera en que Dios quiere guiarle. Nunca tendrá fe en que Él revelará Su voluntad para su vida. Y eso significa que usted nunca se posicionará para recibir todo el gozo y las bendiciones que Él desea derramar sobre su vida.

Es de vital importancia que usted acoja, abrace plenamente y se comprometa de manera firme con la verdad sobre Dios y Su relación con usted. Porque al hacer estas cosas, se desarrollará dentro de usted una confianza más profunda en Dios, que le permitirá a Él guiarlo a usted hasta Sus bendiciones.

No tengo espacio para ni siquiera comenzar a compilar una lista de las formas en que Dios puede bendecirlo. Son tan numerosas y diversas como el número de personas que hay en este mundo. Sin embargo, me centraré en cinco bendiciones principales que Dios promete otorgarle en respuesta a su confianza en Él: cómo Él satisface sus necesidades, se comunica con usted, le libera del miedo y la ansiedad, le guía victoriosamente a través de la adversidad y tiene un plan importante para su vida. También abordaré cómo usted puede abrazar cada una de estas bendiciones plenamente y, al hacerlo, descubrir la vida extraordinaria que Él ha planificado para su vida.

Todo comienza con la confianza en el Dios todopoderoso y amoroso que quiere lo mejor para usted; siempre. Una vez que ponga su fe en Él y lo obedezca, nada podrá impedirle obtener la paz y el poder que Él desea otorgarle. Mi pregunta para usted es la siguiente: ¿está dispuesto a dar el primer paso y creer en un Padre amoroso, sabio y soberano? No pierda otro momento que podría pasar disfrutando de las bendiciones que Él le ha prometido.

LA CREENCIA MÁS IMPORTANTE AL CONFIAR EN DIOS

Comencemos con la pregunta más importante que podrá responder alguna vez: *¿qué cree usted realmente sobre Jesús?*

¿Cree que Cristo fue sencillamente un buen hombre que nos dio un ejemplo de cómo vivir? ¿O cree que Jesús es Dios encarnado y que Su sacrificio en la cruz derrotó el pecado y la muerte, abriendo el camino para que usted lo conozca? Esta única creencia en Cristo marca toda la diferencia en su vida. Porque es cuando usted lo recibe como su Salvador y Señor que Él viene a morar en su vida con Su Espíritu Santo, y lo empodera para conocerlo y confiar verdaderamente en Él.

Entonces, ¿qué es lo que realmente cree sobre Jesús? ¿Ha recibido alguna vez la salvación que Él ofrece? ¿Ha puesto su fe en Él como el único que puede perdonar sus pecados, proporcionarle una relación con Dios y darle vida eterna?

No es difícil. Todo lo que debe hacer es decirle que desea que Su vida sea suya, y aceptar Su muerte en la cruz como pago suficiente por sus pecados. Al hacerlo, está de acuerdo con Él en que no hay nada que usted pueda hacer mediante sus propias fuerzas para redimirse; que es solo a través de la fe en Su nombre que puede salvarse (Ro 10:9-11; Ef 2:8-9).

Espero que si usted nunca ha dado este paso de fe, lo haga; porque al recibir a Cristo como su Salvador su antigua forma de vida puede transformarse en una vida nueva y victoriosa. Aquí es cuando es capaz de abrazar todo lo que Él tiene para darle. Así que encomiende sus deseos, esperanzas y sueños a Dios, y se sorprenderá de la forma en que Él ordena todas las cosas para bien suyo y para Su gloria.

PARTE UNO

DIOS SATISFACE TODAS SUS NECESIDADES

UNO

EL HACEDOR DE PROMESAS

¿De verdad cree usted que Dios es capaz de satisfacer sus necesidades, y que Él desea satisfacer *todas* sus necesidades?

Algunas personas se preguntan: «Si Dios es todopoderoso y omnisciente, y si me ama con un amor infinito e incondicional, y por lo tanto, no solo es capaz de satisfacer todas mis necesidades, sino que también desea satisfacerlas, ¿por qué no lo hace ahora mismo? ¿Por qué sigo teniendo necesidades? Cuando el apóstol Pablo escribió desde la prisión: "Y mi Dios proveerá a todas sus necesidades…" (Fil 4:19), ¿por qué todavía tengo carencias?».

Otros plantean: «sé que Dios es capaz de satisfacer mis necesidades, pero que todavía tenga necesidades significa que Dios no desea satisfacerlas».

Y otros se preguntan sinceramente: «¿por qué Dios no satisfizo todas mis necesidades en el momento en que acepté a Jesucristo como mi Salvador?».

Son preguntas excelentes que merecen un análisis minucioso.

Al iniciar nuestro análisis de estas preguntas, permítame asegurarle nuevamente que Dios está comprometido a satisfacer todas sus necesidades conforme a Sus riquezas en gloria en Cristo Jesús. Un compromiso es una garantía, una declaración de una promesa segura. El valor de cualquier compromiso se basa en dos elementos:

1. La *capacidad* del hacedor de la promesa para cumplir la promesa.
2. La *integridad* del hacedor de la promesa, que también podría plantearse como el carácter para cumplir con lo dicho y hacer lo prometido.

Dios ciertamente califica como Aquel que respaldará Sus compromisos sobre la base de ambos elementos. Él tiene toda la sabiduría, la capacidad y el poder necesarios para cumplir Sus promesas. También ha demostrado integridad; Dios siempre ha hecho lo que dijo que haría. Dios es absolutamente fiel a Su Palabra. Él es santo e inmutable; Él es invariable. Su carácter es impecable.

Hay quienes dicen: «Bueno, las promesas de la Biblia están bien para la gente de aquel entonces, pero Pablo les estaba escribiendo a los filipenses, no a mí. Los tiempos son diferentes ahora. Las cosas han cambiado».

Amigo, toda la Palabra de Dios es para usted, en este momento, justo donde está. Todo se aplica a su vida. ¿Por qué es así? Porque el Autor de la Biblia no ha cambiado. ¡La Escritura es verdadera hoy porque el Autor todavía respalda Su Palabra! Sus mandamientos, estatutos y promesas no han cambiado; estas son un reflejo de nuestro Dios inmutable. Él es el mismo «... ayer, y hoy, y por los siglos» (Heb 13:8, RVR1960). Las únicas ocasiones en la Escritura en las que Dios no ha hecho lo que indicó que haría son ocasiones donde Sus promesas eran condicionales, y el comportamiento del hombre era un factor que Él tomaría en cuenta.

¿CUÁL ES LA NATURALEZA DE LA PROMESA?

Cuanto mejor conozcamos a Dios, tanto más íntima será nuestra comunión con Él, y más confiaremos en que Dios hará lo que ha dicho que hará. Y cuanto más entendamos una promesa en la Biblia, tanto más entenderemos el papel que nos toca jugar a fin de que esa promesa se cumpla.

Al estudiar la Biblia, cada vez que encontremos una promesa en ella, debemos hacernos varias preguntas:

- ¿A quién se le da la promesa?
- ¿Quién hace la promesa?
- ¿Qué está diciendo Dios realmente?
- ¿Qué desea Dios que yo haga?
- ¿Cómo desea Dios actuar a favor mío?
- ¿Cuál es el objetivo final o el propósito de la promesa?
- ¿Cuál es la motivación de Dios para hacer esta promesa?

Cuanto más sepamos sobre la promesa, tanto más entenderemos si se trata de una promesa condicional o incondicional.

Dos categorías de promesas

Todas las promesas de Dios se dividen en dos categorías: incondicionales o condicionales. Al leer, memorizar, o citar la Palabra de Dios, debemos ser muy cuidadosos de discernir claramente la diferencia entre estas dos categorías.

Promesas incondicionales. En una promesa incondicional, Dios declara que hará algo independientemente del comportamiento del hombre. En otras palabras, Dios va a hacer lo que desea hacer con o sin la participación o respuesta de los seres humanos. Nada interferirá ni impedirá que Dios haga lo que ha dicho que hará.

Un ejemplo de esto, es la promesa que Jesús hizo a Sus discípulos de que algún día volverá. Absolutamente nada que el hombre haga, o deje de hacer, puede impedir que Jesús cumpla esta promesa en el tiempo de Dios, y de acuerdo con Sus planes y propósitos. Cristo *vendrá* de nuevo.

Otra promesa incondicional es la promesa de Jesús de que nunca dejaría ni desampararía a Sus discípulos. Independientemente de lo que la gente haga o deje de hacer, independientemente de las circunstancias o situaciones que puedan surgir, independientemente de cualquier factor mediador o que se interponga, Jesús no abandonará a quienes han puesto su confianza en Él. Esa promesa incondicional incluye a todos los discípulos, en todo momento, en todos los lugares, y en todas las situaciones.

Promesas condicionales. En una promesa condicional, las acciones de Dios se basan, en parte, en las respuestas del hombre a las ordenanzas de Dios. Por lo tanto, lo que hace el hombre influye en el cumplimiento de una promesa por parte de Dios.

Con demasiada frecuencia la gente toma algunas de las promesas *condicionales* de Dios como *incondicionales*. Cometer este error es algo muy peligroso que puede llevar a la frustración, el desengaño, la desilusión e incluso la duda en cuanto a la bondad de Dios. ¿Cómo es eso? Bueno, si una persona considera que una promesa de Dios es incondicional cuando en realidad es una promesa condicional, es muy posible que no cumpla con las condiciones relacionadas con la promesa, porque no está buscando ninguna condición. Esa persona asume que Dios va a hacerlo todo y que a ella no se le exige que haga nada. Por supuesto, al incumplir las condiciones, la persona invalida la promesa. Sin embargo, como no se da cuenta de esto, comienza a preguntarse por qué Dios está tardando tanto en satisfacer su necesidad. Comienza a dudar de si Dios realmente fue sincero en lo que dijo; y muy pronto se preguntará si en verdad Dios se interesa por ella, o si realmente se puede confiar en Él para cualquier asunto.

Considere una situación en la que un padre le expresa a su hijo: «Te compraré un auto nuevo cuando termines la universidad». El hijo se emociona sobremanera, hasta el punto de que no logra escuchar el significado completo de la declaración de su padre. El muchacho va a la universidad durante dos años, y luego decide que ya ha estudiado suficiente. Se consigue un trabajo y empieza a preguntarse cuándo papá le dará el auto nuevo que prometió. El hecho es que el muchacho no terminó la universidad en el sentido de obtener un título universitario. ¡Acaba de terminar la universidad desde la perspectiva de que dejó de asistir a clases! Era una promesa condicional, y el error consistió en que el hijo definió las condiciones de una manera que el padre no las había definido.

Demasiadas personas cometen el mismo error respecto a nuestro Padre celestial. Ellos deciden cuándo se cumplen las condiciones, en lugar de confiarle a Dios tomar esa determinación. Los resultados son el fracaso y la decepción. Debemos tener mucho cuidado al leer las promesas de Dios para determinar con precisión cuáles pueden ser las condiciones de una promesa condicional.

Mire de nuevo Filipenses 4:19 (RVR1960): «Mi Dios, pues, suplirá todo lo que os falta conforme a sus riquezas en gloria en Cristo Jesús».

Pregúntese: ¿es esta una promesa condicional de Dios, o es una promesa incondicional? Resulta que este pasaje encierra una promesa condicional. ¿De qué manera es condicional?

En primer lugar, Pablo expresó: «Mi Dios». Si una persona no puede decir «mi Dios», en otras palabras, si no se ha establecido una relación personal con Jesús como Salvador, entonces esta promesa no está en vigor.

En segundo lugar, Pablo afirmó que las necesidades serán satisfechas «en Cristo Jesús». Si alguien busca la satisfacción de sus necesidades en otra persona o fuente, la promesa no está en vigor.

Esta promesa se basa en una relación entre Cristo Jesús y quienes lo siguen; por lo que podríamos llamarla una promesa familiar. En efecto, es solo para la familia de Dios. No es una promesa para el incrédulo ni para la persona que no confía en Jesús como Señor de su vida.

Tenga en cuenta que no dije que esta promesa se limita en particular a una iglesia, denominación, o grupo de creyentes dentro del cuerpo de Cristo. Dios tiene una sola familia: personas que confiesan a Jesucristo como Salvador y procuran seguir a Jesús como Señor.

¿Y qué pasa con el cristiano que no tiene todas sus necesidades satisfechas?

Cuando hay una necesidad insatisfecha, donde primero debe buscar no es en Dios ni en Su Hijo, Cristo Jesús, sino en usted mismo. Al preguntar: ¿por qué Dios no ha cumplido Su promesa?, usted comete un gran error. En cambio, es prudente preguntar: ¿qué estoy haciendo que le impide a Dios cumplir esta promesa en mi vida?

Quizás usted responda: «Bueno, ¡no estoy haciendo nada para evitar que se cumpla esta promesa! Si conocieras mis circunstancias o mi situación...». Permítame asegurarle que ninguna circunstancia o situación evitará que Dios actúe a favor suyo. Si Dios decide actuar, nada es demasiado grande o demasiado poderoso para interponerse en Su camino. La verdadera pregunta sigue siendo: ¿qué está haciendo usted en medio de sus circunstancias o situación?

¿Tiene usted ya una idea preconcebida sobre cómo Dios debería actuar para satisfacer sus necesidades o a quién Dios puede usar para satisfacer sus necesidades?

Me he encontrado con una serie de personas que me han expresado: «Bueno, si él sencillamente hiciera tal o cual cosa, y si ella aceptara hacer tal o cual cosa, entonces mi problema estaría resuelto». O han dicho: «Bueno, hice esto y aquello y, por lo tanto, Dios debe hacer tal y cual cosa».

Aquellos que hacen tales declaraciones no confían en que Dios sea quien satisfaga sus necesidades. Más bien, le están pidiendo a Dios que ejerza Su poder para satisfacer los deseos y mandamientos de ellos mismos. Dios nos llama a confiar en Él, y solo en Él, para satisfacer nuestras necesidades y ser nuestra fuente total de provisión. Además, Dios nos exige que le obedezcamos como parte de nuestra confianza en Él. Nosotros escribimos la ecuación completamente al revés cada vez que comenzamos a esperar que Dios confíe en que nosotros sabemos lo que es correcto, y esperamos que Él obedezca nuestros mandamientos para así demostrar Su amor por nosotros.

Nuestra posición debe ser la de ponernos delante de Dios y declarar: «Confío completamente en que Tú vas a satisfacer mis necesidades en Tu tiempo y según

Tus métodos». Cualquiera que asuma ante el Dios todopoderoso una posición como la siguiente: «Debes hacer las cosas a *mi* manera», es atrevido y ridículo.

LAS MOTIVACIONES DE DIOS PARA SATISFACER NUESTRAS NECESIDADES

¿Qué gana Dios con eso?

¿Por qué Dios nos provee?

¿Cuáles son Sus motivaciones para satisfacer nuestras necesidades?

Motivado por amor

La motivación principal de Dios para satisfacer todas sus necesidades es esta: Él lo ama. Sí, lo ama, lo ama, lo ama, lo ama. Lo repetiría mil veces y más si pudiera. Su corazón divino no tiene fondo.

Entonces, ¿por qué debemos hacer ciertas cosas en cuanto a las promesas condicionales? ¿Por qué Dios simplemente no proporciona todo lo que necesitamos?

Porque, en última instancia, Él desea construir una relación amorosa con nosotros.

Obedecer Sus condiciones es parte de tener una relación amorosa con Dios. La obediencia es evidencia de que confiamos en Dios como la fuente de nuestras vidas. Él quiere ser Aquel de quien dependemos para que nos provea, Aquel a quien buscamos cuando necesitamos consejos sabios, Aquel en quien confiamos para que nos proteja.

La obediencia en el cumplimiento de las condiciones de Dios también está relacionada con nuestro crecimiento y desarrollo como creyentes cristianos. Todos hemos escuchado la vieja canción que dice: «Yo sé que tú sabes que yo sé que tú sabes…». Eso es lo que sucede cuando obedecemos. Sabemos que estamos obedeciendo, y nuestra obediencia crea en nosotros una mayor fuerza para pedir lo que deseamos, y actuar más rápidamente cuando Dios nos lo indique.

Conformes a la imagen de Cristo

A menudo encontramos una promesa en la Palabra de Dios y, en nuestras mentes, sabemos que es verdad; sin embargo, en nuestro corazón, tenemos dificultades para creer que es verdad, y especialmente tenemos dificultades para creer que la promesa es verdadera para nosotros. Una de las razones por las que nos resulta difícil apropiarnos de las promesas de Dios para nuestra vida personal es que no comprendemos a cabalidad lo que Dios está procurando hacer en nuestras vidas.

Debemos entender que el propósito principal de Dios en nuestras vidas no es satisfacer nuestras necesidades, sino conformarnos a la imagen de Su Hijo. Muchas personas perciben a Dios como una especie de consentidor, siempre listo y dispuesto a darles precisamente lo que anhelan, y cuando lo pidan. Ven a Dios como el cumplidor de deseos, que convierte todos nuestros sueños en realidad; ese mago supremo que hace todas las cosas de la manera que deseamos que sean. Si bien es cierto que Dios es nuestro Padre y nuestro Proveedor y que solo desea lo mejor para nosotros por toda la eternidad, también es igualmente cierto que Dios no está presente en nuestras vidas para hacer las cosas según nos plazca. Él está presente en nuestras vidas para que podamos desear y elegir hacer las cosas a Su manera.

Dios no existe para placer nuestro. Nosotros existimos para Su placer.

Dios no existe para hacer realidad todos nuestros sueños personales humanos y, a menudo, con muy corta visión de futuro. Existimos para que podamos ser parte de Su plan y propósito para todos los tiempos.

Nosotros no hacemos a Dios y luego le decimos lo que debe hacer por nosotros. Dios nos hizo, y Él es quien ordena y dirige nuestras vidas.

Al abordar el tema de las promesas de Dios, siempre debemos tener presente que Su propósito supremo en nuestra vida es conformarnos a la imagen de Jesucristo. Dios desea que nosotros tengamos la misma relación que tuvo con Jesús: una intimidad cercana para que hagamos solo lo que el Padre nos indica que hagamos y que todo lo que hagamos sea para Su gloria. Jesús fue 100 % obediente a la voluntad de Dios el Padre en todas las cosas; y confió exclusivamente en Dios el Padre para recibir dirección, sabiduría, sustento, provisión y poder. Jesús halló Su identidad únicamente en Dios el Padre; todo en cuanto al carácter de Jesús era idéntico al carácter de Dios el Padre.

Como Jesús. Eso es lo que el Padre tiene en mente para usted y para mí. Él está creando en nosotros el carácter de Cristo. Él nos está moldeando para que seamos obedientes a Su plan para nuestras vidas y para una relación íntima y amorosa con Él.

Dios satisface nuestras necesidades siempre en el contexto de hacernos más como Jesús.

Una relación nueva y diaria

Un nombre hebreo importante para Dios es El Shaddai: el Dios todopoderoso y suficiente que protege y provee. El Shaddai era una presencia viva para los israelitas, el Dios que los guiaba en una columna de nube por el día y una columna de fuego por la noche, Quien les daba maná cada mañana, y les proporcionaba agua de la peña, el Dios quien los protegió de los ejércitos de faraón, y Aquel que se encontró con Moisés cara a cara. El Shaddai era *el* Proveedor; su único Proveedor.

Los israelitas sabían, por sus experiencias en el desierto, que El Shaddai cubría sus necesidades diarias. Jesús también habló de esto cuando enseñó a Sus discípulos a orar: «Danos hoy el pan nuestro de cada día» (Mt 6:11).

El profeta Jeremías escribió:

Esto traigo a mi corazón, por esto tengo esperanza: Que las misericordias del Señor jamás terminan, pues nunca fallan Sus bondades; son nuevas cada mañana; ¡grande es Tu fidelidad! «El Señor es mi porción», dice mi alma, «Por tanto en Él espero».

(Lm 3:21-24)

Aquel que satisface nuestras necesidades tiene suministros frescos y nuevos todos los días. Él no nos ofrece sobras rancias. Su suministro es precisamente lo que necesitamos; en el momento en que lo necesitamos. Todo lo que nos da es fresco, nuevo, vivo, dinámico, poderoso.

Nunca despertaremos en una mañana dada y nos encontrarnos sin las misericordias de Dios y Su compasión. Independientemente de lo que hayamos hecho o dicho el día anterior, Dios está con nosotros en una nueva relación cada mañana.

Cada noche, antes de irnos a dormir, debemos confesar nuestros pecados a Dios y recibir Su perdón. Necesitamos hacer esto no para que Él se despierte a la mañana siguiente lleno de amor, perdón y misericordia hacia nosotros, sino para que *nosotros* despertemos a la mañana siguiente y podamos recibir la plenitud del amor, el perdón y la misericordia que Él nos brinda. Dios nunca arrastra nuestros pecados no confesados, pero nosotros sí. La carga de la culpa es algo que arrastramos. Es fundamental que soltemos la carga de esos pecados para que podamos recibir las bendiciones que Dios ha preparado para nosotros.

Usted puede confiar en que Dios va a satisfacer sus necesidades con una provisión fresca y buena. Esto será emocionante y vivificante, satisfactorio y suficiente.

Una extensión de Su gloria

Una vez escuché a un niño decir lo siguiente para justificar su comportamiento: «No pude contenerme». Hasta cierto punto, Dios satisface nuestras necesidades y desea darnos buenas dádivas porque en Su propia naturaleza está hacerlo. Él no puede dejar de dar; no puede dejar de amar.

Las buenas dádivas de Dios fluyen de Su bondad. La misma naturaleza de bondad que Él posee lo motiva a dar buenas dádivas, y a darlas, y darlas, y darlas. El deseo de Dios de dar buenas dádivas a Sus hijos y Su capacidad para otorgarlas no conocen final. Y, por lo tanto, nunca podremos agotar por completo el almacén de buenas dádivas que están apartadas para nosotros.

En una ocasión realicé una encuesta informal, y a varias personas al azar les pedí que me dijeran la primera palabra que les viniera a la mente para describir la naturaleza de Dios. Mucha gente respondió con estas palabras: *santo*, *justo*, *absoluto*, *eterno*. Algunas personas dijeron *amoroso* o *perdonador*. Pero fue solo después de hacer esta pregunta a docenas de personas que alguien lo definió como *bueno*.

Al parecer, la mayoría de la gente no considera que Dios sea bueno con ellos. Tienden a pensar que es exigente, riguroso e implacable. Lo ven como fiscal, juez y jurado. Lo ven como distante, apartado e insensible; el Creador, el Poder Superior, el Todopoderoso. Si bien Dios ciertamente tiene todos estos títulos y atributos, también tiene los atributos de fiel, misericordioso, perdonador, amoroso, bondadoso, tierno, propicio, proveedor, protector y bueno.

En ocasiones, tenemos mucha más capacidad para imaginar que otras personas —desde familiares cercanos hasta desconocidos— harán algo bueno por nosotros, de la que tenemos para imaginar que Dios realmente derramará una bendición asombrosa en nuestras vidas.

Una provisión siempre para bien. Todo lo que Dios tiene para nosotros es bueno. Sus suministros no solo son abundantes, sino de la más alta y mejor calidad. Jeremías conocía esta gran verdad sobre Dios:

«Bueno es el Señor para los que en Él esperan, para el alma que lo busca. Bueno es esperar en silencio la salvación del Señor».

(Lm 3:25-26)

Dios ve nuestras vidas en su totalidad, desde el principio hasta el final, y hasta la eternidad. Él sabe qué es lo mejor para nosotros, no solo ahora, sino también mañana, el mes que viene, el año que viene, y dentro de veinte años. Sus dádivas para nosotros siempre son buenas para nuestras vidas.

Un buen padre no le da a un hijo un regalo que lo haga infeliz. Tampoco le da todo lo que el hijo cree que lo hará feliz. Un padre da lo que cree que es mejor para su hijo, en las cantidades adecuadas, en el momento preciso.

Cuando yo era niño, había muchas comidas que particularmente no me gustaban. De todos modos me las comía. Me las comía porque mi madre me las cocinaba y me insistía en que me las comiera. Las comía porque tenía hambre y lo que tenía delante era todo lo que había disponible para comer. Pero eso no significaba que yo disfrutara el sabor de todos los alimentos que ponían en mi plato.

Sin embargo, en algún momento del camino hacia la adultez, algo asombroso sucedió. Algunos de los alimentos que de niño no me gustaban empezaron a gustarme. Algunas de las cosas a las que me hubiera gustado haber dicho «no, gracias» cuando era niño, son cosas que en la actualidad ordeno de los menús.

Lo mismo nos sucede a nosotros a medida que crecemos en nuestra relación con Cristo, y nos conformamos más a Su naturaleza. Algunas cosas que no nos gustaban cuando estábamos en una condición pecaminosa y sin perdón se convierten en cosas que amamos entrañablemente. Otras que no nos gustaban mucho cuando éramos bebés en Cristo se convierten en cosas placenteras a medida que maduramos en nuestra fe y en nuestra relación de amor con Dios.

Lo contrario también se cumple. Había cosas que de niño anhelaba y disfrutaba, y que ahora ya no me gustan. En el presente recuerdo algunos alimentos que me gustaban cuando niño y adolescente, y pienso: *¿Cómo es posible que eso me haya gustado alguna vez?* De la misma manera, hay cosas que las personas hacen cuando están en pecado que les parecen buenas en esa etapa de sus vidas, pero una vez que conocen a Cristo o maduran en Cristo, se convierten en cosas que no harían nunca.

Nuestras mentes se renuevan cuando venimos a Cristo, y una gran parte de esa renovación se manifiesta en un cambio de lo que definimos como bueno, deseable, placentero, gratificante y satisfactorio. Nuestra definición de lo que es bueno cambia a medida que vamos a Cristo y crecemos a Su semejanza. No obstante, Dios siempre ve lo que es absolutamente bueno para nosotros; las cosas que son buenas para nosotros ahora, buenas para nosotros en cada área de nuestra vida, buenas para quienes nos rodean y buenas para nuestras vidas por toda la eternidad. Él nos da solo las cosas que son verdaderamente beneficiosas para nuestro crecimiento como hijos Suyos, y que son beneficiosas para el progreso de Su reino en esta tierra.

Si hoy usted tiene una necesidad insatisfecha, la pregunta que debe hacerse es la siguiente: ¿es esto que necesito algo que Dios define como bueno para mi vida?

Proactivo y creativo en lo que ofrece. En una ocasión, una mujer me contó que uno de los mejores regalos de Navidad que recibió fue un tocadiscos estéreo que sus padres le compraron cuando tenía once años. Ella expresó: «Nunca se me había ocurrido pedir un equipo de música estéreo. No estoy segura de ni siquiera saber que equipos como el que recibí se fabricaran. En verdad, no habría pedido un regalo tan caro. No obstante, mis padres en su generosidad me obsequiaron un equipo de música estéreo, y fue un regalo que me proporcionó incontables horas de placer durante mi adolescencia. Mis padres continuaron monitoreando los discos que yo compraba. Su regalo no estaba exento de ciertas limitaciones, como por ejemplo, a qué volumen o hasta qué hora en la noche podía usarlo. Aun así, el regalo fue algo extraordinario para mí. Ellos sabían que yo disfrutaría ese regalo, aunque yo misma no sabía cuánto lo disfrutaría hasta que transcurrieron los meses».

Esta es la forma en que Dios nos da. Él nos da lo que sabe que nos traerá gran placer y gozo; aunque nosotros, en nuestra sabiduría y entendimiento finitos, no sepamos completamente lo que necesitamos o deseamos.

Dios no espera que otros provean primero para nuestras necesidades más profundas. Él asume una posición proactiva para satisfacer nuestras necesidades. Dios puede usar a otras personas en el proceso; sin embargo, Él crea, organiza y diseña la solución que satisface.

¿Cree usted, aunque sea por un segundo, que a Dios le sorprende la necesidad que está pasando? ¿Cree que su carencia repentina en un área determinada de su vida es un misterio o una sorpresa para Dios? Al contrario, Dios lo conoce mucho mejor de lo que usted jamás se conocerá a sí mismo. Él conocía esta necesidad actual en su vida mucho antes de que usted fuera concebido en el útero de su madre. Dios no solo conocía esa necesidad, sino que sabía cómo proveer para satisfacer esa necesidad. De la misma manera que su necesidad no es una sorpresa ni un misterio para Él, tampoco está oculto de Su comprensión o capacidad la provisión para resolver su problema o satisfacer su necesidad.

Dios no ocultará nada que usted necesite saber.

Dios no le negará nada que sea legítimamente suyo como Su hijo.

Dios no le ocultará ningún aspecto de Su carácter.

Dios no le negará ninguna promesa que haga en Su Palabra.

Dios no lo apartará de ninguna bendición que sea para su beneficio eterno o que sea necesaria para el cumplimiento de su propósito en esta tierra.

Y lo mejor de todo, Dios ya le ha preparado todo lo que necesitará para cada día durante el resto de su vida.

DOS

SUMINISTRO ILIMITADO

¿Cree que existe una necesidad que podría estar más allá de la capacidad de Dios para satisfacerla?

En el fondo de su corazón, ¿cree que Dios va a suplir solo el 80 % de sus necesidades, o quizás el 90 %, o incluso el 99 %?

¡Pues, no es así! Cuando Pablo escribió: «Y mi Dios proveerá a *todas* sus necesidades…», él quiso expresar exactamente eso. Todas. No es un porcentaje de…, ni una fracción de… Son «todas».

En varias ocasiones he escuchado a personas comentar: «Ah, sí, tengo una necesidad en mi vida; pero Dios ha sido tan bueno conmigo…». ¿Qué está diciendo esa persona? En esencia, está indicando que cree haber agotado toda la porción de bendiciones que le ha sido asignada. Que el almacén de suministros de Dios no tiene para suplir su necesidad actual. Dicha necesidad lo empuja a la categoría de egoísta o codicioso y, por lo tanto, espera que Dios rechace su deseo de recibir otra bendición.

Amigo, Dios tiene más para usted. Él todavía tiene bendiciones que usted no ha recibido. Malaquías dibujó una maravillosa imagen verbal sobre esto:

«Traigan todo el diezmo al alfolí, para que haya alimento en Mi casa; y pónganme ahora a prueba en esto», dice el SEÑOR de los ejércitos, «si no les abro las ventanas de los cielos, y derramo para ustedes bendición hasta que sobreabunde».

(MAL 3:10)

No debemos pensar que le estamos pidiendo demasiado a Dios. Malaquías nos señaló la noción de que Dios tiene más para nosotros de lo que somos capaces de recibir. La abundancia de la provisión de Dios para nosotros va más allá de lo que incluso pensamos pedir.

No hace mucho escuché sobre un hombre que dijo: «No puedo sujetarlo todo». Este hombre, cuando era niño, había soñado con ser dueño de una casa con un gran patio para poder comprar un tractor cortacésped y así podar el césped. Desde niño le encantaba estar al aire libre, y pensaba que lo mejor que una persona podría hacer un sábado por la tarde era podar el césped con un tractor cortacésped.

Había asistido a la iglesia toda su vida, e incluso de niño daba sus diezmos y ofrendas a Dios. Con el paso de los años, nunca dejó de obedecer al Señor con esta práctica. Fue sabio en sus gastos y sabio en todas sus operaciones comerciales. Con el paso de las décadas, su fortuna creció y, con ella, la cantidad de sus diezmos y ofrendas. Él agradecía a Dios por todas las cosas. Y cuando cumplió los sesenta años, vivía en una finca en la que tenía más de un acre (media hectárea) de césped. Efectivamente, tenía un tractor cortacésped. Y no solo tenía esta finca, sino que también era dueño de casas en otros dos sitios del país. En cada lugar tenía dos automóviles, uno para él y otro para su esposa. Y en cada lugar, tenía un tractor cortacésped. Finalmente, a los setenta y cinco años, le dijo a Dios: «No puedo ya albergar tantas cosas. No necesito mantener tres tractores cortacésped, seis autos, tres casas y un bote. Qué bendición me has derramado desde el cielo; y bueno, Señor, ¡no tengo espacio para recibirlo todo!».

La mayoría de nosotros no tenemos el problema que ese hombre tuvo. Pero, al mismo tiempo, no tenemos la confianza sencilla en Dios que él tuvo toda su vida. Él no albergaba duda alguna de que Dios supliría sus necesidades, y que lo haría con una abundancia desbordante. Creyó que Dios tenía la capacidad de hacer o lograr cualquier cosa. Y al creer que era un hijo amado de Dios, no tuvo problemas para recibir las bendiciones que Dios derramó sobre su vida desde lo alto.

Al dirigir sus diversos proyectos comerciales, este hombre procuró fervientemente recibir toda la sabiduría que Dios pudiera enviarle. Le pidió que lo ayudara en todas sus relaciones, no solo en las relaciones con su esposa e hijos, sino también en las relaciones con los empleados, e incluso con los que le daban mantenimiento a su tractor cortacésped. Le pidió a Dios que lo ayudara a crecer en su vida espiritual y en su capacidad para ser un ministro eficaz para los demás.

Dios le había dado varias oportunidades de compartir su experticia comercial con otros mediante el asesoramiento personalizado, e impartiendo sabiduría comercial a su iglesia y a varios grupos comunitarios. Este hombre realmente creyó que Dios supliría *todas* sus necesidades, no algunas, sino *todas*, y que Dios supliría sus necesidades de una manera desbordante en generosidad y abundancia.

¿Cree usted lo mismo que este hombre creía sobre Dios? ¿Conoce a Dios y confía en Él como este hombre? ¿Realmente confía en que Dios va a satisfacer todas sus necesidades, no algunas, no solo un alto porcentaje, sino todas; incluso hasta el punto de que ya no pueda sujetar todas las bendiciones que Dios derrama sobre su vida?

EL ALMACÉN DE SUMINISTROS DE DIOS

Dios no satisface nuestras necesidades en correspondencia con nuestros recursos, los talentos que tenemos, los dones que ofrecemos, las cifras asociadas a nuestras cuentas bancarias o carteras de inversiones. No. Dios satisface nuestras necesidades en correspondencia con Sus recursos.

¿Y cuáles son los recursos de Dios?

¡Vaya! Ni siquiera podemos comenzar a contar todos los recursos de Dios. Los océanos y los mares son Suyos. Los continentes son Suyos. La atmósfera y todo el espacio exterior son Suyos. Todo lo que está debajo de los continentes y todo lo que está encerrado como potencial de bendición vivificante en plantas y animales *¡son Suyos!* No podemos comenzar a calcular todos los recursos de Dios que están disponibles para Su uso en esta tierra, y ni siquiera hemos comenzado a contar los recursos invisibles del cielo. Sus recursos son inconmensurables, indestructibles e inagotables.

La cuenta bancaria de Dios no tiene limitaciones. Su almacén de suministros va más allá de nuestra imaginación en cuanto a tamaño, alcance y magnificencia.

¿Cuán rico es Dios? ¿Qué posee Dios? El salmista registró lo siguiente en cuanto a la riqueza de Dios:

«Oye, pueblo Mío, y hablaré; Israel, Yo testificaré contra ti. Yo soy Dios, tu Dios. [...]. Porque Mío es todo animal del bosque, y el ganado sobre mil colinas. Conozco a todas las aves de los montes, y Mío es todo lo que en el campo se mueve».

(SAL 50:7, 10-11)

En Hageo 2:8, el Señor declaró: «Mía es la plata y Mío es el oro...».

DIOS GOBIERNA TODAS LAS COSAS

Todo lo que existe es propiedad de Dios, está gobernado por Dios y está disponible para Dios en cualquier momento. Él tiene el control absoluto sobre cualquier cosa que podamos clasificar como recurso, ya sea de naturaleza animal, mineral, vegetal o atmosférica. Él lo ha creado todo y lo sustenta todo. En cualquier segundo, Dios podría borrar todo lo que conocemos como real, incluidas nuestras vidas, porque Su poder sobre la creación lo abarca todo.

Como cristianos, usted y yo vivimos en unión con el Poder Soberano del universo.

Dios no solo tiene autoridad total y absoluta sobre todas las *cosas* del universo, sino también sobre todos los *procesos* del universo. Las leyes mediante las cuales la naturaleza opera son leyes de Dios. Él las hizo, por lo tanto, puede alterarlas, y puede cambiarlas si así lo desea. Todas las leyes científicas que relacionamos con la curación, el crecimiento, el desarrollo y la fecundidad son Sus leyes.

Además, todas las cosas que existen pero que son invisibles —en otras palabras, el reino espiritual—, están gobernadas por Dios y sujetas a Su mandato. Todas las reglas o leyes que corresponden a las buenas relaciones, los buenos matrimonios, la buena salud psicológica y emocional, el sentido de bienestar, la comunicación efectiva, el liderazgo, una comunidad justa de personas, una actitud piadosa, el desarrollo de un buen carácter y muchas otras leyes relacionadas con nuestro ser interior y nuestras relaciones con los demás, son leyes de Dios. Él las estableció y continúa gobernándolas.

A menudo pensamos que el mundo natural está sujeto a las leyes de la naturaleza, pero cuando se trata de la naturaleza humana, muchas personas descartan la soberanía de Dios. Él es el Autor de las leyes que gobiernan la naturaleza humana, al igual que es el Autor de las leyes que gobiernan el medioambiente natural en el que vivimos.

Amigo, no existe un recurso ni un proceso, visible o invisible, conocido o desconocido, que quede fuera del dominio de Dios y del gobierno de Dios. Usted se encuentra en unión con Cristo Jesús, Dios Padre, y el Espíritu Santo, simultánea y continuamente. Está en unión con Dios en Su plenitud, y eso incluye la plenitud de Su autoridad y poder sobre todas las cosas.

¡Seguramente en este punto Filipenses 4:19 se vuelve realmente emocionante! «Y mi Dios proveerá a todas sus necesidades, *conforme a sus riquezas en gloria* en Cristo Jesús» (énfasis añadido). Somos privilegiados por Dios, y Él nos ha dado el derecho de utilizar Sus riquezas en gloria, riquezas que van mucho más allá de cualquier cosa que podamos comprender o apreciar en su plenitud. Como Pablo escribió a los Efesios, Dios «… es poderoso para hacer todo mucho más abundantemente de lo que pedimos o entendemos» (Ef 3:20). En otras palabras, usted ni siquiera puede comenzar a pedirle a Dios todo lo que Él desea otorgarle. No puede imaginar todo lo que Él tiene para su vida. Yo poseo bastante buena imaginación y bastante audacia para pedirle cosas a Dios. ¡Qué declaración tan asombrosa sobre el almacén de suministros de Dios, el pensar que ni siquiera podemos imaginar todo lo que las riquezas de Dios contienen, y que en esta tierra no tendremos el tiempo suficiente para utilizar todo lo que Dios ha puesto a nuestra disposición!

Una de las palabras que la mayoría de los párvulos aprenden rápidamente y a la cual le sacan mucho provecho es: *más*. Dele a un niño pequeño un sorbo de un sabroso batido de leche o una cucharada de un rico pudín y es probable que el niño responda: «Más». Incluso si el niño no pronuncia la palabra, la mirada en sus ojos es de gran expectación, ¡*Más!* Cual niños pequeños delante de nuestro Padre celestial, somos como párvulos que desean más de la bondad de Dios y más de Sus riquezas en nuestras vidas. Y así como un padre amoroso no le da a su hijo solo un sorbo de un cono de helado, para negarle luego un segundo sorbo, nuestro amoroso Padre celestial tampoco nos da solo un sorbo de Su bondad y luego niega todas las futuras peticiones de Sus bendiciones.

DIOS ES QUIEN SATISFACE NUESTRAS NECESIDADES

Hay tres verdades importantes que debemos reconocer sobre la provisión de Dios y Su almacén de suministros ilimitados. La primera de ellas es que

Dios, y solo Dios, es el Aquel que provee. Él es Quien posee las llaves del almacén de suministros ilimitados. Él es tanto creador como dador de los suministros.

Pablo escribió muy específicamente que Dios proveerá a todas nuestras necesidades «… conforme a sus riquezas en gloria en Cristo Jesús» (Fil 4:19). *Su* provisión, *Su* almacén, *Sus* riquezas, *Sus* posesiones.

¿Cuántas personas en el mundo creen hoy que una agencia gubernamental o un determinado programa especial pueden satisfacer todas sus necesidades? Permítame asegurarle que ningún gobierno ni programa especial pueden satisfacer todas las necesidades de una persona, y mucho menos las más fundamentales y básicas de todas: las necesidades espirituales y emocionales. Ninguna ayuda gubernamental jamás podrá, por grande que sea, infundir autoestima. De hecho, con demasiada frecuencia la ayuda del gobierno se vuelve perjudicial para la autoestima.

Mientras más pronto comprendamos que solo Dios, en Cristo, es el que satisface las necesidades, más pronto liberaremos a otras personas de la tremenda carga que intentamos imponerles para que satisfagan nuestras necesidades y nos brinden todo el apoyo emocional y el amor que, en última instancia, solo Dios puede proporcionar. Me faltan las palabras para trasmitirle lo importante que es esto para el desarrollo de relaciones saludables y agradables con otras personas. Mientras procuremos satisfacer en los demás los profundos anhelos internos que a veces ni siquiera podemos definir o describir completamente, permaneceremos en una condición de necesidad. Solo Dios es capaz de satisfacer nuestras necesidades internas más profundas.

Dios puede usar a ciertas personas para satisfacer sus necesidades, pero usted nunca debe esperar que esas personas satisfagan sus necesidades; y mucho menos exigirles que lo hagan. Hacerlo es exponerse a ser devastado cuando esas personas le fallan, ya sea por un acto deliberado o por falta de capacidad. No podemos ni debemos considerar a ninguna persona, o personas, como nuestra fuente de esperanza, gozo, paz, contentamiento, creatividad o seguridad emocional. ¡Solo Dios es nuestra fuente para satisfacer estas necesidades!

DIOS SATISFACE NUESTRAS NECESIDADES EN CRISTO JESÚS

Dios tiene un método y un medio para poner a nuestra disposición las riquezas de Su almacén ilimitado. Ese medio de disponibilidad es Cristo Jesús. Esta constituye la segunda verdad que debemos aprender.

Varias personas, incluido un buen porcentaje de los que se sientan en las iglesias todos los domingos, no conocen la posición que tienen en Cristo; y por consiguiente, no comprenden los privilegios que tienen en Cristo. Mucha gente vive toda su vida sin conocer la plenitud de la provisión que Dios tiene para ellos.

Hoy en día, muchas empresas emiten pases de identificación para sus empleados. Estos pases les dan acceso a la empresa y, en algunos casos, restringen o dan acceso a varios departamentos o espacios físicos dentro de la empresa. Nuestro «pase» a todas las áreas del almacén de Dios es Cristo Jesús. Pablo escribió a los filipenses que Dios suple nuestras necesidades «en Cristo Jesús».

Jesús nos llevó al Padre e intercede por cada uno ante Su trono diciendo: «Él cree en mí». Gracias a lo que Jesús ha hecho por nosotros, y lo que Jesús declara en cuanto a nosotros, somos perdonados y limpiados de todos nuestros pecados. Jesús nos da acceso a Dios Padre.

Jesús nos lleva una y otra vez ante el Padre y expresa: «Esta es la necesidad en la vida de este amado Nuestro. Esto es lo que Nosotros debemos satisfacer».

«En Cristo Jesús» estamos en relación con el Padre. Y de esta forma, en Cristo Jesús, estamos en condiciones de recibir todo lo que el Padre tiene para nosotros en cuanto a nuestra herencia como hijos Suyos.

Jesús conoce mi nombre y mi dirección. Él sabe exactamente dónde entregar las «riquezas en gloria» de Dios.

En Cristo tenemos la posición para recibir el vasto suministro de Dios. Cristo tiene un vasto suministro para dar. Y nosotros tenemos el privilegio de recibirlo.

EL PRIVILEGIO DEL ACCESO INSTANTÁNEO

Además de esto, tenemos acceso instantáneo a la provisión de Dios. No hay un momento en nuestras vidas en el que estemos apartados de Dios; y por lo tanto, no hay un momento en el que seamos apartados de Su suministro.

Usted puede estar en una camilla en camino al quirófano.

Puede estar en el fregadero de la cocina lavando platos.

Puede estar sentado en su escritorio reorganizando papeles.

Puede estar en el campo de golf a punto de hacer un *putt*.

Puede ir conduciendo su automóvil por una autopista.

Uno de los mayores privilegios de su vida es que tiene acceso instantáneo a Dios. No tiene que completar un protocolo determinado, ni cumplir una lista de requisitos previos, ni estar en un lugar determinado, ni colocar las manos de una manera específica, ni recitar una declaración en particular. Usted puede ponerse en contacto con Dios de manera instantánea, directa y personal, en cualquier momento del día o de la noche, en cualquier situación o circunstancia, ya sea verbalmente o en silencio.

Permítame hacer una ilustración. Suponga que una persona ve un folleto sobre un crucero a Alaska, y concluye que desea ir a un viaje como ese. Hace su reserva, ahorra dinero y compra sus boletos. Arregla las maletas y finalmente llega el día en que sube al barco. Va a la primera sesión de la primera cena y echa un vistazo a la extensa y suntuosa mesa bufé. Luego se sienta, abre un bolsita y saca unas galletas y un pote de mantequilla de maní.

En ese momento, alguien le pregunta qué está haciendo y él responde: «Voy a cenar». Esta persona obviamente no sabe que el precio de su boleto cubre todas sus comidas en el barco.

Cuando vino a Cristo *todas* las provisiones y la abundancia de Cristo Jesús se pusieron a su disposición. Usted no tiene porqué quedarse padeciendo necesidad. Cristo tiene suministros suficientes para lo que necesite, y están disponible para que acceda a ellos ahora mismo.

UNA PROVISIÓN COMPLETA PARA CADA NECESIDAD

La buena noticia para nosotros es que estas no son simplemente necesidades en nuestras vidas, sino que como son necesidades que Dios ha creado dentro de nosotros desde el nacimiento, también constituyen necesidades para las cuales Dios ha creado una provisión completa. Él nunca establece una situación o crea una circunstancia sin incorporar, de igual forma, toda la provisión, expresión o potencial para el éxito en esa situación o circunstancia. Esta es la tercera verdad significativa sobre la provisión de Dios.

Dios crea necesidades para que podamos confiar en que Él proveerá para las necesidades, y en el proceso, crezcamos en nuestra relación con Él y fortalezcamos nuestra capacidad de ser y hacer lo que Dios nos ha creado para ser y hacer. Dicho de otro modo, cualquier carencia en nuestra vida es una oportunidad para que crezcamos en nuestra relación con Dios, y una oportunidad para que crezcamos en nuestras capacidades y en nuestra fe, de modo que podamos ser siervos aún más efectivos, y testigos del amor y la gracia de Dios.

Si Dios pusiera a Su pueblo a padecer necesidad, y luego no supliera esas necesidades, sería algo punitivo y detestable. ¡Pero Dios ciertamente no es así! Es gracias a Su gran amor y misericordia, que Él creó un vacío en forma de Dios en nuestras vidas, y luego, con Su amor, presencia y poder, se ofreció a llenar ese vacío de manera gratis, generosa y abundante. Amigo, no hay un solo versículo en toda la Biblia que describa a Dios como indiferente, insensible, tacaño o poco generoso.

AMIGO, SU CAJA DE SUMINISTROS ESTÁ LLENA

En Efesios 1:3, Pablo declaró: «Bendito sea el Dios y Padre de nuestro Señor Jesucristo, que nos ha bendecido con toda bendición espiritual en los lugares celestiales en Cristo». Quiero que note que esta declaración está en tiempo pasado. Pablo no señaló que Dios *nos va* a bendecir con bendiciones espirituales cuando estemos en el cielo, ni incluso una vez que cumplamos con ciertos deberes, funciones o mandamientos. Pablo escribió que Jesucristo *ya* nos ha puesto todas estas bendiciones a nuestra disposición. Son bendiciones que ya están situadas en el almacén de Dios para que nosotros las reclamemos.

Dios no tiene que salir a trabajar para rellenar su caja de suministros. Su caja de suministros ya está llena y rebosante. Todo lo que usted necesitará para cumplir el plan y el propósito de Dios para su vida ya ha sido colocado en su caja de suministros, y ha estado allí desde el momento de su concepción. Dios ya ha depositado en su cuenta todo lo que usted necesitará retirar.

En otras palabras, nunca tendrá una necesidad demasiado grande que Dios no pueda satisfacer. Ni una sola necesidad suya tomará a Dios por sorpresa.

¡Nunca tendrá una necesidad que esté más allá del suministro que ya ha sido provisto por su Padre celestial y puesto a su disposición en Cristo Jesús!

TRES

UNA SALIDA

¿Se ha enfrentado alguna vez a un problema que le hizo preguntarse dónde estaba el rótulo de salida y querer escapar de la situación? Quizás fue un problema financiero, un problema relacionado con la profesión, un problema relacionado con la familia o un problema personal. Cuando alguien está en apuros, el primer pensamiento suele ser: *¿Cómo puedo escapar de esto?*

Si esa es la forma en que se siente y piensa en cuanto a una necesidad en su vida, debe animarse hoy. ¡Dios *sí* tiene una manera de resolver su necesidad!

Hay tres preguntas que están relacionadas con prácticamente todos los tipos de necesidades:

1. ¿Quién o qué es responsable de causar la necesidad?
2. ¿Qué es necesario para satisfacer la necesidad?
3. ¿Quién es responsable de satisfacer la necesidad?

Creo que existe un principio poderoso relacionado con las necesidades que unifica las respuestas a estas preguntas: *cualquier cosa que haya creado la necesidad en tu vida determinará cómo Dios suple la necesidad y quién es responsable de suplir la necesidad.* En otras palabras, el responsable de causar la necesidad es, en última instancia, el responsable de satisfacer la necesidad; y la condición de que la necesidad ha producido está directamente relacionada con la solución de la necesidad.

Las necesidades financieras requieren soluciones financieras.

Las necesidades físicas requieren soluciones físicas.

Las necesidades relacionales requieren soluciones relacionales.

Las necesidades espirituales requieren soluciones espirituales.

Las necesidades que tienen su origen en el odio requieren soluciones arraigadas en el amor.

En casi todos los casos, la forma de salir de una necesidad es la misma forma en que usted llegó a la necesidad, solo que al revés. El máximo responsable de satisfacer la necesidad es aquel (o aquella) implicado en la creación de la necesidad.

NECESIDADES QUE DIOS CREA

Dios creó algunas necesidades. Muchos cristianos no se han detenido a considerar a fondo esta verdad. Estos asumen de forma automática que Dios resuelve las necesidades y, por lo tanto, el diablo o la naturaleza maligna del hombre debe crearlas. El hecho de que Dios sea quien satisface las necesidades por excelencia no significa que a veces Dios no cree las necesidades en nuestras vidas para que Su plan y propósito se puedan cumplir en nosotros y a través de nosotros.

¿Se ha detenido alguna vez a considerar que Dios creó una necesidad en la vida de Moisés? Moisés había cuidado ovejas durante cuarenta años en un lugar remoto del desierto. Estaba casado, tenía hijos y mantenía una buena relación con su suegro, que era el sacerdote del pueblo en el que Moisés se había establecido. Tenía un empleo, una familia y cierto estatus y riqueza. Y entonces Dios le apareció.

El Señor se reveló a Moisés en una zarza ardiendo, pero que no se consumía. Dios le habló a Moisés y le creó un gran problema: «Ahora pues, ven y te enviaré a faraón, para que saques a Mi pueblo, a los israelitas, de Egipto». En la corte del faraón, Moisés era buscado por cargos de asesinato. No tenía estatus alguno con el pueblo hebreo, ni autoridad para guiarlos a ningún lado. Y además, no tenía habilidad para hablar en público. ¿Problemas? Sí, ¡problemas enormes!

Como sucede con todos los problemas que Dios crea, solo tenemos una opción: obedecer o desobedecer el llamado de Dios a nuestras vidas. Obedecer es colocarnos en una posición en la que Dios provea nuestras necesidades. Desobedecer es colocarnos fuera de los límites de la provisión de Dios. Moisés obedeció.

Considere la situación de un hombre de treinta y seis años que está casado, tiene una familia, un buen trabajo y se ha comprado una casa en un buen vecindario. Entonces, piense lo que sucede si Dios lo llama a predicar el evangelio. Dios le crea a ese hombre un sinnúmero de necesidades: a qué seminario asistir, cómo pagar el seminario, dónde vivir, cómo ayudar a sus hijos y a su esposa a dar el paso, y así sucesivamente. Obedecer es ver la provisión de Dios. Desobedecer es ser desdichado.

Muchas personas responden al pedido de Dios en sus vidas culpando a Dios, culpando a otros o enfurruñándose en su dolor. La mejor postura es preguntar: «Dios, ¿cuál es Tu meta para mí? ¿Que quieres que haga? Ayúdame a confiar en Ti para cumplir con lo que me estás llamando a ser y hacer».

Cuando Dios crea una necesidad, Él determina qué es necesario para satisfacer esa necesidad, y Él es responsable de satisfacerla.

NECESIDADES QUE NOS CREAMOS NOSOTROS MISMOS

Nosotros mismos nos creamos otras necesidades. Las necesidades en esta área suelen ser materiales, físicas, financieras o relacionales.

Muchas de esas necesidades que nosotros mismos creamos surgen debido a decisiones poco sabias. La necesidad se resolverá, en parte, tomando decisiones sabias y teniendo el valor, la habilidad y la determinación para consumar esas decisiones. Permítame darle un ejemplo. Suponga que usted ha adquirido un mal hábito sanitario, que con el tiempo ha provocado una condición poco saludable en su cuerpo. Quizás ha ingerido alimentos con un contenido demasiado alto de colesterol y grasas, y ahora enfrenta un mayor riesgo de sufrir un ataque cardíaco y un accidente cerebro vascular. ¿Qué solucionará esta necesidad? Bueno, la solución en parte implicará que usted tome una decisión sabia de reducir la ingesta de grasas y colesterol, realizar ejercicios físicos de mayor esfuerzo y exámenes físicos periódicos sobre esta situación.

¿Cuál es la salida a una necesidad creada por una decisión imprudente? Una decisión sabia. ¿Y quién es el principal responsable de resolver la necesidad? La persona que ha tomado la decisión imprudente.

¿Cuál es el papel de Dios en esto? Creo que Dios le dará sabiduría a cualquier persona si esta la pide. Santiago 1:5-6 afirma: «Y si a alguno de ustedes le falta sabiduría, que se la pida a Dios, quien da a todos abundantemente y sin reproche, y le será dada. Pero que pida con fe...». Creo que Dios guiará diariamente a cualquier persona que se lo pida, y que Él dará valor, fortaleza y fuerza de voluntad a cualquier persona que solicite estas cualidades.

En algunos casos, las personas crean necesidades en sus relaciones, quizás por ignorancia y descuido, pero a menudo por rebelión y egocentrismo. Puede haber palabras hirientes; puede surgir un distanciamiento; la división puede echar raíces. La relación está en apuros.

¿Cuál es la salida a este tipo de necesidades? En términos generales, será lo contrario de lo que creó la necesidad. Considere al hombre que es negligente con su esposa. Quizás pasa quince horas al día en la oficina, y al intentar programar sus horas del fin de semana, no le da prioridad a su esposa. ¿Cuál es la solución para esta necesidad? Es probable que gran parte de la solución consista en volver a establecer prioridades en sus planes y horarios, de modo que pueda pasar más tiempo con su esposa. ¿Quién es responsable de solucionar la necesidad? El hombre. ¿Cuál es el papel de Dios? Creo que Dios le dará al hombre sabiduría respecto a *cómo* volver a establecer las prioridades de su tiempo y esfuerzos, y ayudará a sanar el corazón de la esposa, y hará que ella esté más abierta a una reconciliación total con su esposo.

Si se han pronunciado palabras desagradables, es necesario pronunciar palabras agradables.

Si la deshonestidad se ha convertido en un patrón, la honestidad debe prevalecer.

Si se han dicho mentiras, es necesario decir la verdad.

Si han tenido lugar acciones movidas por el odio, se deben realizar acciones amorosas.

Jesús contó una parábola sobre un hombre que se creó necesidades a sí mismo. La conocemos como la parábola del hijo pródigo (Lc 15:11-24). Mediante una serie de conclusiones erradas y malas decisiones, el joven creó necesidades en su vida. Aprendió lo que todos aprendemos: las malas decisiones producen malas consecuencias.

Sin duda, algunas de las necesidades en la vida del joven eran legítimas. Tenía la necesidad de probarse a sí mismo, y cumplir su destino personal, así como la necesidad de formar su propia identidad. Tal vez otras necesidades *no* las eligió él. El joven pudo haber experimentado sentimientos de rechazo. No obstante, el problema surgió porque el joven no supo cómo resolver sus necesidades. Se *marchó* de casa en lugar de enfrentarse a su condición menesterosa *en* casa. Nunca podremos escapar de nuestra condición menesterosa.

El hijo pródigo terminó sin hogar, sin esperanza, rechazado, criticado, excluido y con un anhelo profundo de amor. La buena noticia de esta historia es que, independientemente de cuán necesitados lleguemos a estar, e independientemente del hecho de que nosotros mismos seamos los causantes de algunas de estas necesidades, Dios nos ama, nos acepta, nos perdona y *nos ayuda a resolver nuestras necesidades*. Él no hará nuestra parte; no obstante, nos ayudará para que nuestros esfuerzos tengan éxito, y para que tengamos el valor y la resistencia necesarios a fin de ver un problema resuelto por completo o una necesidad completamente satisfecha.

NECESIDADES CREADAS POR OTROS

Hay algunas necesidades que no buscamos ni creamos, sino que otros las crean por nosotros. Sin duda, José fue una persona que experimentó este tipo de necesidad. Sus hermanos lo vendieron como esclavo sin tener culpa alguna, aparte de contarles dos de sus sueños. Ya en Egipto y en calidad de esclavo, la esposa de Potifar lo acusó falsamente, y como resultado de la acusación falsa, José fue a parar a prisión, a pesar de haber actuado con rectitud ante Dios. ¡Sí, José tuvo problemas que otros le crearon!

En una ocasión, después de un mitin de Ministerios En Contacto, una mujer se me acercó, puso una nota en mi mano y expresó con gran insistencia: «Por favor, lea esto». Cuando más tarde abrí su nota, descubrí que decía lo siguiente:

«Me siento desesperada. No tengo ningún propósito en la vida. Estoy enojada con Dios, pero creo en lo que usted aseveró esta noche y acepto a Jesucristo como mi Salvador. El suicidio y el infierno serían peores».

Al pie de la nota había escrito: «Mujer adulta de 24 años. Hija de padre alcohólico. Mi madre ha estado en hospitales psiquiátricos la mayor parte de mi vida. Abusada sexual y físicamente cuando niña».

Esta joven, como José, no había buscado estos problemas en su vida. Pero también como José, había tomado la decisión de confiar su vida a Dios.

En los casos en que otros nos crean problemas, el papel de Dios consiste en liberarnos del mal. Nuestra única esperanza es la confianza total y permanente en Dios.

NECESIDADES QUE HEREDAMOS DE OTROS

Algunas personas han tenido necesidades durante tanto tiempo que no pueden recordar cómo las adquirieron, o de quién las adquirieron. Con mucha frecuencia, las necesidades de esta categoría son de naturaleza emocional, y una buena parte de ellas se relacionan con necesidades que comienzan temprano en la vida.

Algunas de estas necesidades emocionales tienen su origen en el rechazo de los padres, el abuso, la separación, las críticas llenas de odio, los comentarios hirientes o la negligencia. Otras surgen a partir de fracasos repetidos. ¿Qué se puede hacer en estos casos?

Bueno, primero debemos reconocer que estas necesidades suelen estar profundamente arraigadas, y que se necesitará tiempo para revertirlas. No existen curas rápidas para los sentimientos, las heridas y las necesidades emocionales que surgen cuando los padres han sido negligentes con los hijos en una etapa temprana de la vida de un niño. Se necesitan compromisos amorosos y a largo plazo. Sin embargo, a menudo lo que produce la sanidad es lo opuesto a lo que causó el dolor: ser aceptado, amado, protegido, elogiado, valorado, incluido, honrado, tratado con dignidad y respeto. En casos de fracasos repetidos, como mejor se resuelve la necesidad es a través de información, consejos sabios, habilidades adquiridas y oportunidades para lograr éxitos en aumento y regulares.

La persona principalmente responsable de satisfacer las necesidades que surgen por los fracasos repetidos es el «mal maestro» o el «estudiante negligente». La persona misma puede provocar los fracasos al rebelarse contra la buena enseñanza, o debido a la falta de disciplina que le impidió practicar o mantener buenas habilidades y hábitos. El fracaso puede tener su causa en una mala información o un mal modelo a imitar. La necesidad se resolverá mediante una buena enseñanza, un buen modelo a imitar, una práctica diligente, una actitud sumisa y un entusiasmo por ser instruido y por aprender. El estudiante errante es responsable de encontrar un buen maestro, ya que, lo más probable, es que el mal maestro será incapaz de brindar una buena enseñanza.

Tanto en el caso de una necesidad emocional como consecuencia de una mala conducta de los padres hacia los hijos, como en el caso de una necesidad relacionada con el fracaso como consecuencia de un mal desempeño pasado, la persona debe ser capaz de reconocer su propia necesidad, si es que ha de ser capaz de participar en la solución de su necesidad. Una dificultad para resolver este tipo de necesidades es que la persona necesitada a menudo solo admite tener sentimientos internos bastante nebulosos, indefinidos, confusos o imprecisos. La persona presenta un desasosiego, pero tiene poca comprensión de lo que causó originalmente sentimientos tan vagos pero persistentes. Por lo general, sabe que algo está mal o le falta algo, pero no está segura qué es.

En mi experiencia, un paso fundamental se logra cuando la persona finalmente admite tener una o más de estas necesidades:

- Necesito aceptación.
- Necesito tener éxito en lo que intento hacer.
- Necesito aprobación.
- Necesito ser amado de forma genuina e incondicional.
- Necesito atención.
- Necesito amistad o compañerismo.
- Necesito sentir que mi vida vale la pena y que es valorada.
- Necesito que alguien me necesite.
- Necesito unas vacaciones (o una pausa).
- Necesito un descanso.
- Necesito un desafío.

El primer paso para reconocer cuál podría ser la solución para la necesidad es identificar el tipo de necesidad. Si se necesitan unas vacaciones o un descanso prolongado, la necesidad se resolverá planificando y luego tomando unas vacaciones o un descanso prolongado. Si la necesidad es de amistad o compañerismo, esta se resolverá al participar en actividades que brinden la oportunidad de desarrollar amistades.

Y en última instancia, cuando se trata de satisfacer necesidades emocionales o necesidades internas profundas de otra persona (las cuales pueden ser de fuente desconocida o no tener una causa específica), la responsabilidad de satisfacer las necesidades recaerá en tres fuentes, cada una de las cuales puede tener un nivel diferente de responsabilidad: 1) la persona con la necesidad emocional; 2) amigos cristianos amorosos y 3) Dios mismo.

Es muy difícil ayudar a una persona que presente una necesidad emocional arraigada o de muchos años, a menos que esté dispuesta a recibir ayuda, y de alguna manera desee participar activamente en satisfacer su necesidad. La persona que da la espalda a toda ayuda, consejo sabio u oración probablemente continuará padeciendo necesidad, independientemente de lo que los demás hagan.

En algunos casos, las personas se dirán a sí mismas y a los demás: «Bien, si esto es un problema, Dios lo solucionará». Al decir esto, esperan que Dios invalide por completo su voluntad, emociones y procesos de pensamiento, algo que Dios no hace, excepto en los casos más extremos donde Su plan y propósito eternos estén implicados. Una actitud de «brazos cruzados» en cuanto a una necesidad da como resultado un estado de «nada resuelto». Nunca debemos esperar que Dios haga todo mientras nosotros nos sentamos y no hacemos nada. En el Evangelio de Juan Jesús describió al Espíritu Santo como nuestro Ayudador, nuestro Consejero, nuestro Abogado. No se lo describe como Aquel que hará todo por nosotros y no nos pedirá que hagamos nada.

Un viejo agricultor le dio este consejo a un agricultor más joven: «Pídele a Dios que te muestre qué sembrar y cuándo hacerlo. Luego siembra la mejor semilla que puedas comprar. Pídele a Dios que haga germinar las semillas. Luego atiende la tierra, arranca las malas hierbas y fertiliza las plantas a medida que crecen. Pide a Dios que produzca una gran cosecha. Luego sal y recoge la cosecha cuando esté lista. Pídele a Dios que te muestre cómo comercializar la producción. Luego lleva los productos al mercado. No intentes hacer la parte de Dios. Y no esperes que Dios haga la tuya».

PARTICIPACIÓN CON OTROS

Una sola persona no puede satisfacer las necesidades de ninguna otra persona. La razón radica en la pregunta: ¿cuánto es suficiente? Esa interrogante puede hacerse a prácticamente cualquier cosa en la vida. En términos humanos, un ser humano nunca pueda hacer, tener o ser lo suficiente como para satisfacer una necesidad por completo, especialmente una necesidad interior emocional o espiritual.

Un ser humano sediento de afecto nunca puede recibir suficiente afecto de otro ser humano. Una persona asustada, y que en lo más profundo se siente sola, nunca podrá conseguir una sensación de seguridad o compañía de una sola relación. Nunca podrá acercarse lo suficiente a otro ser humano. He observado con tristeza cómo ciertos matrimonios se han distanciado por este mismo tema. Una persona en la pareja se encuentra necesitada y tan desesperada por satisfacer una necesidad interior profunda que se aferrará al cónyuge hasta que este se consuma y se sienta desconcertado, agotado, triste, enojado y frustrado; a menudo todo esto al mismo tiempo. Una persona con necesidades internas profundas parece aferrarse a los demás con un hambre emocional implacable e insaciable, y prácticamente nada de lo que otra persona pueda hacer es suficiente para satisfacer la necesidad interna.

Para satisfacer casi todos los tipos de necesidades materiales, físicas, financieras y relacionales, de alguna forma se necesitan amigos, colaboradores, empleadores, empleados, voluntarios, miembros de la familia, consultores y expertos calificados, especialistas contratados y muchas otras categorías de personas.

En el ámbito de la sanidad emocional, la persona con una necesidad precisará un cuerpo de creyentes para satisfacer íntegramente la necesidad. Si la persona necesita aprobación respecto a los talentos y dones que Dios le ha dado, precisará la aprobación de varias personas, no solo una, para que sienta que la aprobación es válida. El cuerpo de Cristo debería proporcionar tal aprobación. Si la persona necesita amistad, precisará la amistad de varias personas, no solo de una. El cuerpo de Cristo debería proporcionar tal amistad.

Si la persona necesita una buena enseñanza o nuevas habilidades, precisará varios maestros que le ofrezcan esa instrucción, no solo un maestro. El cuerpo de Cristo debe proporcionar dicha instrucción a través de pastores y maestros que sean buenos modelos a imitar y que brinden una instrucción sabia y constante desde el púlpito, en las clases de la escuela dominical, en las reuniones de grupos pequeños, en los retiros y seminarios, a través de la radio, en forma de libros y audios y mediante conversaciones personales y sesiones de consejería.

Reitero, una necesidad interior no se puede satisfacer mediante una solución externa, lo cual incluye las soluciones externas manifestadas en otro ser humano. Ninguna persona puede satisfacer totalmente todas las necesidades internas de otra. Somos llamados a ser parte y a participar plenamente en el cuerpo de Cristo.

SOLUCIONES FALSAS PARA RESOLVER NECESIDADES

En muchos casos, el comportamiento de una persona está arraigado a su percepción de que lo que está haciendo *externamente* traerá la solución *internamente* a sus necesidades profundas. Pero las soluciones externas no funcionan para las necesidades emocionales o espirituales profundas.

Permítame darle un par de ejemplos.

Consideremos a un hombre que se pasa sesenta horas a la semana en su trabajo. Todas sus energías, siete días a la semana, están orientadas a salir adelante en su profesión. Exteriormente, este hombre afirma que debe trabajar muchas horas ya sea para mantener su trabajo o para desarrollarse en su labor. O puede aseverar que está invirtiendo todo su tiempo y esfuerzo por el bien de su familia. Sin embargo, en el fondo de su ser hay una profunda necesidad de ser aceptado, reconocido y recompensado por lo que es como persona. Tiene una profunda necesidad de alcanzar logros para tener un lugar —que no tiene— en el mundo social. Todas sus energías se canalizan hacia el lugar de trabajo con la esperanza de que alguien lo valore lo suficiente, lo reconozca lo suficiente, lo recompense lo suficiente o lo acepte como digno. Este hombre está procurando satisfacer las necesidades internas a través de las necesidades externas.

Si uno le preguntara a tal hombre si tiene necesidades, este probablemente diría: «No, yo no tengo ninguna necesidad. Solo soy muy trabajador». La realidad es que un hombre así a menudo no conoce dentro de sí mismo la verdadera naturaleza de sus necesidades internas, y ha creído erróneamente que puede aumentar su valor ante los demás y, en última instancia, ante Dios, trabajando muy duro. Una persona así es impulsada por necesidades internas, pero no resolverá las necesidades a través del trabajo que realiza.

Consideremos a una mujer que participa en todos los esfuerzos voluntarios y en todos los comités que encuentra en la iglesia. Desde que sale el sol, y hasta que se pone, hace buenas obras para su iglesia y su comunidad. Ella afirma que solo está intentando ser una buena cristiana. Sin embargo, en realidad ella está luchando con una sensación de fracaso ante Dios. Se siente indigna del amor y la aceptación de Dios. Todavía la agobian incidentes de su pasado en los que sintió rechazo, dolor y tristeza. Quizás estuvo involucrada en algún tipo de pecado, ya sea suyo o de otra persona, y se siente impura y de poco valor ante Dios. Sus esfuerzos son un intento externo de compensar una necesidad interna.

Es probable que una mujer así no sepa que está procurando satisfacer sus necesidades internas mediante su labor incansable en beneficio de los demás. En verdad, se siente impulsada a entregarse a sí misma para hacerse merecedora del amor y el perdón de Dios. Ella se esfuerza por ganar lo que Jesús ya le ha ofrecido de manera gratuita.

He hablado con varios hombres y mujeres que se ajustan a los perfiles que he presentado aquí. En todos los casos, si tengo la oportunidad de conversar el tiempo suficiente con las personas, y ellas están dispuestas a ser honestas consigo mismas y conmigo, llegamos hasta el punto en que nos encontramos cara a cara con una necesidad emocional o espiritual profunda en sus vidas, que a menudo se remonta a sus primeros años de existencia.

La misma necesidad emocional que lleva a una persona entregarse exageradamente al trabajo, hasta el punto del agotamiento o enfermedad, o tal vez incluso un accidente cerebro vascular, un ataque cardíaco o la muerte, es la misma necesidad que a menudo lleva a una persona a la promiscuidad, el alcoholismo o la drogadicción. Se trata de la necesidad interior profunda de aceptación, amor, valor, mérito y perdón de Dios.

Hasta que esa necesidad interior no sea afrontada, y luego se satisfaga al recibir el amor y el perdón de Dios a través de la cruz de Jesucristo, es probable que la persona continúe buscando soluciones externas, que en última instancia son soluciones falsas.

¿CUÁNDO SON VÁLIDAS LAS SOLUCIONES EXTERNAS?

Las cosas nunca pueden reemplazar a las relaciones. Ni las cosas ni las relaciones resuelven las necesidades internas. Sin embargo, esto no significa que todas las soluciones externas no sean válidas. Las soluciones externas funcionan para satisfacer las necesidades externas.

Considere esta situación. Una fuerte inundación devasta hasta los cimientos la casa de una familia. Esa es una necesidad externa que no está enraizada en absoluto en la vida interior de los miembros de la familia que vivían en el hogar.

¿Qué es lo que debe satisfacer la necesidad que ha experimentado esta familia afectada por la inundación? La generosidad solidaria de prójimos y miembros de la comunidad, trabajar duramente para ganar dinero suficiente a fin de reconstruir la casa; decisiones sabias sobre dónde reconstruir; ofrecerse unos a otros amor y ánimo continuos ante tal desafío. Las soluciones externas funcionarán porque la necesidad es externa.

Considere la situación en la que un niño se enferma con una fiebre transmitida por una garrapata que le picó mientras estaba de excursión con un grupo de *boy scouts*. ¿Qué traerá una solución a ese problema? Buena medicina, buen apoyo en oración, amor y aliento de familiares y amigos, y precauciones continuas. Las soluciones externas funcionarán porque la necesidad es externa.

Las soluciones externas funcionan para las necesidades externas.

Se necesitan soluciones internas para satisfacer necesidades internas.

¿CUÁL ES EL PAPEL DE DIOS?

El papel de Dios varía según la naturaleza de la necesidad. A veces, el papel de Dios es instruirnos en el camino que debemos andar. Entonces es responsabilidad nuestra hacer lo que Él nos ha dicho que hagamos.

En otras ocasiones, el papel de Dios para satisfacer nuestras necesidades es ofrecerse a sí mismo. A los que creen en Jesucristo se les ha dado a Dios el Espíritu Santo para que sea nuestro Consolador, Consejero, Espíritu de verdad y Ayudador. Jesús usó estas palabras para describir la obra del Espíritu Santo en nosotros. Guía, consuelo, valor, sagacidad, verdad, discernimiento, sabiduría, entendimiento, paz, fuerza; todo esto nos es impartido por el Espíritu Santo para ayudarnos a ver claramente, y luego caminar con denuedo en el camino que Dios pone ante nosotros.

Es fundamental que reconozcamos lo siguiente: en todo momento Dios juega un papel. Más aún, siempre debemos reconocer que Su papel es el papel más importante.

Cuando hablamos de satisfacer nuestras necesidades, los seres humanos a menudo buscamos en todas las personas menos en Dios. En lugar de buscar en Dios, buscamos respuestas en nuestros parientes, amigos y en otras fuentes, algunas útiles, otras dañinas para nuestro espíritu.

La fuente primordial para satisfacer todas las necesidades es Dios. Él usa una diversidad de métodos e instrumentos para satisfacer nuestras necesidades, pero Él es el Autor y el Originador de todo lo que necesitamos, tanto en el ámbito exterior material, natural y físico, como en el ámbito interior emocional, mental y espiritual.

Muchas de las formas en que Él nos ayuda las podemos encontrar en Su Palabra. La Biblia no solo define la necesidad humana, sino que también presenta los métodos de Dios para resolver la necesidad humana.

Además, la Palabra de Dios presenta una forma correcta y una incorrecta de satisfacer nuestras necesidades. Se nos da un ejemplo tras otro para mostrarnos cómo Dios obra, y la inutilidad de los métodos del hombre.

Y finalmente, la buena noticia sobre los métodos de Dios para satisfacer las necesidades es esta: no hay efectos secundarios negativos. Cuando seguimos el método de Dios para satisfacer necesidades, no nos queda un sentimiento residual de ansiedad, culpa, frustración o vergüenza. Cuando Dios satisface nuestras necesidades, lo hace de una manera que nos deja paz interior profunda, satisfacción y sensación de plenitud.

Muchas veces Dios le revelará un plan para satisfacer su necesidad, y con mucha frecuencia ese plan incluye algo específico que usted debe hacer.

Un joven estaba hablando de su vida amorosa, o más bien, de su falta de vida amorosa, con su abuelo, y admitió que hacía varios meses no salía con nadie. Finalmente dio un gran suspiro y expresó: «Abuelo, creo que solamente tendré que confiar en que Dios me enviará una esposa».

Su abuelo respondió con un brillo en los ojos: «Supongo que Dios estaría mucho más deseoso por ayudarte si Él supiera que te atreverás a pedirle una cita a la chica que Él te envíe».

El asunto es que, por lo general, tenemos que hacer algo para que la respuesta de Dios resuelva nuestra necesidad. En verdad podemos confiar en que

Dios nos ayudará, nos dirigirá, nos guiará, pondrá relaciones en nuestro camino y nos dará el valor para actuar. Sin embargo, también debemos estar dispuestos a hacer nuestra parte: pedir, buscar, llamar, trabajar, planificar, preparar, iniciar contactos, estar abiertos a las oportunidades.

¿Está dispuesto usted a hacer las cosas a la manera de Dios?
¿Está dispuesto a leer la Palabra de Dios y a comunicarse con Él hasta
    que tenga certeza en cuanto a Su plan y Su momento?
¿Está dispuesto a hacer lo que Dios le revela que haga?

Estas son preguntas clave que usted debe hacerse.

EL PLAN DE DIOS INCLUYE EL TIEMPO PERFECTO DE DIOS

Jesús tiene un método y un procedimiento para salvarlo de la tormenta que está experimentando, y también tiene un cronograma específico para Su método y procedimiento. El tiempo de Dios es perfecto, aunque Su tiempo puede que no coincida con el suyo.

Note lo que sucedió cuando Jesús despidió a los discípulos después de haber alimentado milagrosamente a cinco mil familias con unos pocos panes y peces. La Biblia dice que «Enseguida Jesús hizo que los discípulos subieran a la barca y fueran delante de Él a la otra orilla…» (Mt 14:22). Esto da a entender que ellos no querían ir. Jesús insistió. Él quería despedir personalmente a las multitudes, y también quería pasar tiempo a solas con el Padre. Sus razones eran *Sus* razones.

Dios nunca tiene que rendirnos cuentas, ni darnos una razón por lo que hace. Él nunca necesita revelarnos la razón de una tormenta en nuestras vidas, a menos que Él desee hacerlo, y decida hacerlo. Hay algunas razones que sencillamente nunca necesitamos saber.

Lo que sí necesitamos saber es que Jesús está con nosotros en la tormenta, independientemente de la naturaleza u origen de la tormenta, y que Dios tiene un plan y un propósito divinos para nuestras vidas.

Desde la perspectiva del Padre, la tormenta en el mar, el traslado de los discípulos de un lugar a otro, y el tiempo de oración de Jesús, estaban todos perfectamente concertados en el tiempo.

Desde la perspectiva divina, no hay ninguna sensación deprisa en esta escena. Jesús sabía que la tormenta se estaba desatando, pero no hay indicación alguna de que Jesús apurara su tiempo de oración. Jesús sabía que los discípulos iban a parar exactamente donde Él quería que estuvieran. No temía en absoluto que los vientos de la tormenta apartaran a los discípulos de su rumbo. Ellos podrían haber pensado que iban a perder el rumbo, o a llegar tarde, pero Jesús sabía que llegarían exactamente donde se suponía que debían estar, y cuando se suponía que debían llegar allí. No hay indicios de que Jesús fuera corriendo hacia ellos sobre del mar, como si tuviera que llegar allí en el último momento. ¡No! Jesús iba caminando hacia ellos como si todo estuviera sucediendo y desarrollándose precisamente como Dios lo había ordenado; y de hecho, así era.

Jesús no solo era el Soberano del mar, sino también el Señor soberano de las vidas de los discípulos. Siendo ese el caso, Jesús tuvo bajo Su dominio cada aspecto de aquella experiencia.

¡Qué seguridad maravillosa debemos extraer de esta historia para nuestras vidas! ¿Es Jesús el Señor de todas las cosas o solo de algunas? ¿Es Señor del tiempo, las situaciones, todo el universo material y todas las circunstancias? ¡De hecho, lo es! ¿Es el Señor en su vida? Esa es una pregunta que solo usted puede responder. Sin embargo, la verdad es que si usted ha hecho a Jesús el Señor de su vida, y Él es el legítimo Rey de reyes y Señor de señores, entonces no hay situación, circunstancia o período de tiempo sobre el que Jesús no tenga soberanía y control absolutos. Él se asegurará de que todas las cosas obren para bien suyo, en Su tiempo y de acuerdo con los métodos que Él elija, si tan solo confía completamente en Él como Señor de su vida.

¿Alguna vez ha considerado que el Señor puede producir determinada tormenta en su vida para que esta lo lleve al lugar donde Él quiere que usted llegue? Muchos pensamos que de nosotros depende decidir dónde vamos a estar dentro de cinco años, o incluso que de nosotros depende decidir exactamente qué vamos a hacer mañana, la semana entrante o el año que viene. Si afirmamos que Jesús es nuestro Señor, entonces esas decisiones dependen de Él, no de nosotros. Podemos hacer planes, y al hacerlo obramos sabiamente, pero nuestros planes siempre deben ser el resultado de la oración, y deben hacerse con total flexibilidad, de modo que si esto no es lo que Dios desea que hagamos, cambiemos rápidamente nuestro rumbo.

Santiago abordó este mismo problema:

Oigan ahora, ustedes que dicen: «Hoy o mañana iremos a tal o cual ciudad y pasaremos allá un año, haremos negocio y tendremos ganancia». Sin embargo, ustedes no saben cómo será su vida mañana. Solo son un vapor que aparece por un poco de tiempo y luego se desvanece. Más bien, debieran decir: «Si el Señor quiere, viviremos y haremos esto o aquello». Pero ahora se jactan en su arrogancia. Toda jactancia semejante es mala.

(STG 4:13-16)

Los discípulos nunca debieron haber dudado ni por un solo momento de que estaban precisamente donde Dios quería que estuvieran, y de que Él tenía el control de sus vidas y los salvaría de la tormenta. ¿Por qué es así? Porque Jesús había insistido en que subieran a la barca y fueran delante de Él a la otra orilla. Jesús no le dirá a usted que haga algo para luego cambiar de opinión al respecto. Jesús no le dirá que suba a una barca y vaya delante de Él a la otra orilla, si Él no tiene la intención de encontrarlo allí. Jesús les había dejado muy claro a Sus discípulos a dónde debían ir, cómo iban a llegar allí y que Él los encontraría allí.

Note lo que Jesús *no* les dijo a Sus discípulos. No les dijo a qué hora llegarían. Tampoco les dijo cómo Él llegaría al otro lado del mar. Él les indicó: «Suban a la barca, remen hasta la otra orilla y allá me reuniré con ustedes».

Es posible que el Señor no le manifieste todos los detalles de Su plan. Su actitud no debe ser la de exigir cada detalle, o querer saber todas las cosas, sino obedecer lo que el Señor le dice que haga. La manera en que el Señor hace Su parte, y cuál puede ser el tiempo del Señor, es asunto del Señor, no suyo.

Esto es de vital importancia para la forma en que usted enfrenta las necesidades y las tormentas. El Señor sabe exactamente cómo va a satisfacer su necesidad o calmar su tormenta. Él conoce todos los métodos que va a usar, y para qué propósitos los usará. Él sabe con precisión cuándo va a cumplir Sus propósitos a fin de satisfacer su necesidad o calmar su tormenta. Su actitud debe ser confiar en Dios y, en su obediencia y confianza, hacer lo que sabe hacer y dejar todos los demás asuntos a la soberanía de Dios.

LOS MÉTODOS DE DIOS NO ESTÁN EXENTOS DE DOLOR

Respecto al método y al tiempo preciso para satisfacer nuestras necesidades, nosotros podemos y debemos confiar en Dios explícitamente. No obstante, eso no garantiza que el proceso no sea doloroso. Con lo que sí podemos contar es que el método de Dios siempre será eficaz y eternamente beneficioso.

No fue hasta que cumplí los cuarenta años de edad que comencé a lidiar con algunas de las heridas internas de mi pasado. Mi espíritu se tornó cada vez más agitado y me encontré preguntándole a Dios más a menudo: «¿Qué está pasando aquí? Algo no está bien». No lograba reconocer la causa de mi frustración y malestar. Le pedí al Señor que me revelara la causa de la tensión interior que sentía; y Él comenzó a hacer Su cirugía en mi vida.

El proceso no fue rápido, ni estuvo exento de dolor. Yo tenía capas y capas de heridas emocionales que necesitaban ser reveladas y curadas: sentimientos de soledad, rechazo, crítica abusiva, falta de valía y sentimientos de culpa que comenzaron temprano en mi niñez. La sanidad de mis heridas emocionales no consistió en hacer una oración rápida: «Jesús, por favor, sáname. Amén». No, fue un proceso que llevó años de introspección, y ceder al poder sanador de Dios, y sabios consejos de hombres piadosos que sabían cómo escuchar con una mente abierta y cómo escuchar al Espíritu Santo y seguir Su guía en los consejos que me ofrecían.

¿Disfruté el proceso? No, en realidad no. No estoy seguro de que la cirugía divina sea algo que alguien pueda disfrutar, o incluso de que sea un proceso que Dios quiere que disfrutemos.

¿Me benefició el proceso? Más de lo que puedo expresar con mis palabras. En las partes más profundas de mi ser, ya no soy la misma persona que una vez fui. A través de este proceso de someterme al poder sanador de Dios, aprendí mucho más sobre mí, y mucho más sobre Dios y Su amor. Llegué a experimentar el sentimiento del amor de Dios por mí, de una manera que nunca antes lo había conocido. Desarrollé una relación más íntima con Dios que la que había tenido en el pasado. Mi confianza en Él se hizo plena; mi fe se hizo más fuerte; mi sensibilidad espiritual aumentó y mi percepción de ver a Dios obrando se hizo más aguda. Me desarrollé espiritualmente de una manera que tan solo puedo describir afirmando que mi relación con Dios se hizo más rica, más intensa, más satisfactoria y más integral; y con el paso del tiempo continúa haciéndose cada vez más rica, más intensa, más satisfactoria y más integral.

¿Estoy seguro, sin sombra de dudas, de que Dios sana las heridas emocionales? Absolutamente. ¿Estoy seguro de que Él hará en usted lo que ha hecho en mí, si se entrega a Su presencia y poder sanador como yo me entregué a Él? Absolutamente.

PACIENCIA EN MEDIO DEL PROCESO DE DIOS

Los problemas financieros a menudo se desarrollan durante meses y años. Pagar las deudas puede llevarnos un período de tiempo igualmente prolongado.

Los problemas familiares y matrimoniales por lo general se van acrecentando lentamente con el paso de los años y, a veces, las décadas. Las soluciones pueden tardar en llegar, y pueden requerir años de consejería familiar y personal.

Las heridas emocionales pueden ocurrir con rapidez. En tan solo unos minutos una persona puede resultar profundamente herida. Pero la amargura emocional, el resentimiento y el odio a menudo se agitan durante años antes de que una persona busque sanidad. La sanidad emocional lleva tiempo.

Dios puede curar o resolver las necesidades internas y externas al instante, pero en la gran mayoría de los casos, las personas que realmente van a ser curadas tendrán que pasar por un proceso que lleva tiempo.

Una mujer le preguntó hace poco a una amiga mía: «¿Cuánto tiempo va a demorar Dios en sanarme del dolor que siento por el incesto en mi niñez?». La mujer llevaba años en terapia y todavía estaba recibiendo consejería por problemas arraigados en ese terrible abuso de hacía treinta años. Mi amiga respondió: «No lo sé. Solo Dios tiene el cronograma».

Es posible que esa respuesta no sea agradable a la persona que experimenta dolor, pero es una respuesta honesta. En cuestión de segundos, un accidente puede causar graves daños al cuerpo físico. La curación de esas lesiones puede llevar meses, incluso años. Una enfermedad puede avanzar bastante antes de que sus síntomas impulsen a una persona a buscar ayuda. La curación de una enfermedad de este tipo puede requerir meses o años de tratamiento. Lo mismo sucede con nuestras heridas emocionales. Un solo acto de abuso sexual, una situación particularmente embarazosa, o un acto de rechazo, pueden causar un dolor emocional que quizás tarde años en ser reparado o superado. Solo Dios conoce todas las piezas del rompecabezas y lo que se necesita para que una persona recupere su salud e integridad.

Si usted, o alguien a quien ama, se encuentra en el proceso de sanidad, tenga paciencia. A medida que Dios nos renueva, regenera y crea en nosotros la semejanza de Jesucristo, Él nos llama a ser firmes y fieles en nuestra obediencia.

Incluso la persona que experimenta una sanidad física milagrosa a menudo requiere semanas o meses de terapia para recuperar todas sus fuerzas y funciones. Lo mismo ocurre con la sanidad emocional. El proceso de sanidad consiste en sanar y luego fortalecerse para el futuro. Una parte significativa del proceso no es solo lidiar con el pasado, sino también adquirir habilidades, estrategias y una nueva perspectiva para enfrentar el futuro con éxito. La sanidad emocional requiere que desarrollemos nuevas formas de pensar, responder, sentir y relacionarnos. Requiere que enfoquemos la vida con una nueva perspectiva y un nuevo nivel de confianza en Dios.

No se deje desanimar por el dolor que pueda experimentar al comienzo de un proceso de sanidad emocional o por el hecho de que esta sanidad no es instantánea. Anímese porque Dios está obrando y lo está transformando en la persona que Él tenía en mente cuando lo creó.

Considere la experiencia del profeta Jeremías, quien oyó al Señor decirle:

«Levántate y desciende a la casa del alfarero, y allí te anunciaré Mis palabras». Entonces descendí a la casa del alfarero, y allí estaba él, haciendo un trabajo sobre la rueda. Y la vasija de barro que estaba haciendo se echó a perder en la mano del alfarero; así que volvió a hacer de ella otra vasija, según le pareció mejor al alfarero hacerla. Entonces vino a mí la palabra del Señor: «…Tal como el barro en manos del alfarero, así son ustedes en Mi mano, casa de Israel».

(JER 18:2-6)

Cuando pasamos por una experiencia de sanidad emocional, a menudo es como si estuviéramos hecho pedazos, de modo que el Señor pueda rehacernos por completo. La sanidad emocional es un proceso de rediseño. La arcilla sigue siendo la misma, el diseño final sigue siendo el mismo, pero el proceso requiere un quebrantamiento y una reconstrucción para poder eliminar los defectos.

No solo debemos permanecer firmes, sino que también debemos estar gozosos de que Dios esté obrando en nuestras vidas. Debemos agradecerle a diario que está sanándonos, restaurándonos y completándonos. Somos quienes somos, cada uno de nosotros, porque el Señor nos está haciendo quienes somos. Somos hechura Suya. Alabe a Dios porque le está dando una salida. Mientras usted sigue Su guía, Él está con usted en cada paso del camino, y lo conducirá a solucionar plenamente su necesidad.

Pablo alentó a los filipenses al escribirles al principio de su carta: «Estoy convencido precisamente de esto: que el que comenzó en ustedes la buena obra, la perfeccionará hasta el día de Cristo Jesús» (Fil 1:6).

Pablo escribió a los tesalonicenses una palabra similar de aliento: «Fiel es Aquel que los llama, el cual también lo hará» (1 Ts 5:24).

¡Regocíjese de que Dios proporciona la salida, y Su presencia le permitirá procurar esa salida hasta que *toda* su necesidad haya sido resuelta!

CUATRO

SU PRESENCIA

¿Es consciente de que Dios está siempre con usted?

Muchos cristianos declaran rápidamente: «Dios siempre está ahí», pero si uno insiste en que den una respuesta honesta, ellos también reconocerán: «No siempre siento a Dios. No siempre soy consciente de Su presencia conmigo». Esto se cumple con demasiada frecuencia cuando experimentamos períodos de necesidad intensa, o cuando por primera vez nos enfrentamos realmente a nuestro estado interior de necesidad.

En el capítulo anterior tratamos principalmente *cómo* Dios nos proporciona una salida cuando tenemos necesidad, y mencionamos, de forma breve, la naturaleza de Dios mientras camina con nosotros a través de nuestra necesidad hasta llegar a Su provisión y bendición plenas. En este capítulo, deseo centrarme en la naturaleza de la relación de Dios con nosotros, y cómo podemos experimentar plenamente la provisión de Su presencia.

DELÉITESE EN EL SEÑOR

El Libro de Salmos 37:4 nos da una de las promesas más preciosas y apacibles de Dios relacionada con nuestros deseos:

Pon tu delicia en el Señor,
y Él te dará las peticiones de tu corazón.

¿A cuántas personas conoce que tienen ese versículo subrayado o resaltado en sus Biblias?

Observe la primera línea de este texto: «Pon tu delicia en el Señor». Cuando uno se deleita en otra persona, pasa el mayor tiempo posible con esa persona, y llega a conocerla lo mejor posible. Cuando usted se deleita en su relación con otra persona, se siente realizado, pleno, satisfecho, contento y gozoso en su relación. Si experimenta una relación de este tipo, muchas cosas materiales y físicas por lo general pierden su relevancia.

Recuerde aquellos tiempos en los que estaba muy enamorado de otra persona. Podría pasar horas y horas con esa persona sin hacer prácticamente nada, sin nada y con muy poco gasto. Con solo dar un largo paseo con esa persona, o mecerse durante horas en un columpio de un portal, usted sentía un verdadero placer. Conducir para comprar un helado y sentarse en el auto a ver pasar a la gente, eran momentos satisfactorios y agradables. No le preocupaba la etiqueta de la ropa que vestía, ni la marca del reloj en su muñeca, ni incluso el modelo del auto en el que estaba sentado. No le preocupaba tener a muchas otras personas alrededor suyo. Estaba totalmente gozoso con solo estar en presencia de la persona que amaba. Lo más importante para usted en los momentos que pasaban juntos era la relación que estaban construyendo.

Y así ocurre cuando llegamos a deleitarnos en nuestra relación con el Señor. Cuando experimentamos un tiempo íntimo con el Señor, nada más importa en verdad. Todo lo demás pasa a un segundo plano en comparación con Él. Como dice el viejo himno «Pon tus ojos en Cristo», y a la luz de la gloria y la gracia de Jesús, «lo terrenal sin valor será».

¿Está contento cuando está con el Señor? ¿Realmente se deleita en Él? ¿Está pasando tiempo suficiente con el Señor para deleitarse en Él?

Con el paso de los años, he descubierto que la mayoría de las personas que conozco no se han tomado el tiempo, ni se han esforzado por conocer al Señor. Realmente no. No de manera profunda. No de una manera íntima que les permita sentir los latidos del corazón de Dios y conocer el inmenso y eterno amor de Dios.

Las razones por las que no conocen al Señor de una manera profunda y satisfactoria son varias: temor al juicio de Dios, temor a lo que otros puedan decir, falta de información, enseñanza deficiente en el pasado, falta de percepción o comprensión, no darle prioridad al Señor.

Sin embargo, una vez que una persona realmente llega a conocer al Señor, descubrirá que conocerlo es un deleite. No hay momentos más dulces que los que pasamos con Él. No hay momentos más plenos, satisfactorios o alegres que los momentos que pasamos gozando de Su presencia.

Cuando tenemos una relación de deleite en el Señor, no vamos a querer hacer cosas, ni poseer o usar cosas, ni establecer ninguna relación que dañe de manera alguna nuestra relación con Dios. Recuerde una vez más cómo se sintió cuando estaba profundamente enamorado. Usted hacía lo imposible por impedir que algo se interpusiera entre usted y su ser amado. Nada era más importante que mantener su relación tan maravillosa como lo fue el primer día en que se enamoró.

Así ocurre con la persona que se deleita en el Señor. Esa persona no querrá nada que pueda inhibir, obstaculizar, detener o interferir su relación con el Señor. En los términos que hemos comentado anteriormente, la persona solo querrá lo que es bueno para la relación.

Cuando buscamos a Dios y nos deleitamos en Él, solo deseamos lo que le agrada a Él, y solo lo que Él quiere que tengamos. Además, estaremos completamente satisfechos con lo que el Señor nos da.

Como nos dice 1 Juan 1:3: «… En verdad nuestra comunión es con el Padre y con Su Hijo Jesucristo». ¡Esa es la comunión suprema! Conocer a Dios. Comunicarnos con Él, derramando nuestro corazón ante Él y escuchando Sus deseos; Su plan para nosotros, Sus propósitos. Amarlo con todo nuestro corazón y recibir una comprensión de Su inmenso amor. Estar en paz con Dios y conocer la paz de Dios en nuestro corazón. Alabar a Dios y llenarnos del gozo de Dios. Estar en condiciones de decir: «Dios *mío*». Eso es realmente lo que significa tener comunión con Dios.

LA PROMESA DE DIOS DE SATISFACER NUESTRAS NECESIDADES

Cuando Dios satisface nuestras necesidades internas con la provisión de Su presencia, siempre podemos estar seguros de que parte de Su provisión será darnos estas cosas:

- Contentamiento: paz interior profunda y duradera.
- Fuerza: gran valor y fortaleza para soportar todas las cosas.
- Plenitud: un sentimiento pleno y satisfactorio de provisión vinculada a nuestro propósito en esta tierra.

En esta parte del libro, nos hemos centrado en la promesa de Dios, que aparece en Filipenses 4:19, de satisfacer las necesidades: «Y mi Dios proveerá a todas sus necesidades, conforme a sus riquezas en gloria en Cristo Jesús». Para comprender completamente este versículo, debemos entender su contexto.

La carta de Pablo a los Filipenses está relacionada en su totalidad con necesidades, y la satisfacción de necesidades. Los filipenses fueron de inmensa ayuda para satisfacer las necesidades materiales y financieras de Pablo, quien comenzó su carta a ellos diciendo: «Doy gracias a mi Dios siempre que me acuerdo de ustedes. Pido siempre con gozo en cada una de mis oraciones por todos ustedes, por su participación en el evangelio desde el primer día hasta ahora» (Fil 1:3-5). Su *comunión* en el evangelio se traduce en esta versión como su *participación* en el evangelio; en otras palabras, las cosas que hicieron los filipenses para ayudar a Pablo a difundir el evangelio y enseñar a los nuevos creyentes.

En el capítulo cuarto de Filipenses, Pablo les agradeció una vez más por su apoyo:

Me alegré grandemente en el Señor de que ya al fin han reavivado su cuidado para conmigo. En verdad, antes se preocupaban, pero les faltaba la oportunidad. No que hable porque tenga escasez, pues he aprendido a contentarme cualquiera que sea mi situación. Sé vivir en pobreza, y sé vivir en prosperidad. En todo y por todo he aprendido el secreto tanto de estar saciado como de tener hambre, de tener abundancia como de sufrir necesidad. Todo lo puedo en Cristo que me fortalece. Sin embargo, han hecho bien en compartir conmigo en mi aflicción. Ustedes mismos también saben, filipenses, que al comienzo de la predicación del evangelio, después que partí de Macedonia, ninguna iglesia compartió conmigo en cuestión de dar y recibir, sino solamente ustedes. Porque aun a Tesalónica enviaron dádivas más de una vez para mis necesidades. No es que busque la dádiva en sí, sino que busco fruto que aumente en su cuenta. Pero lo he recibido todo y tengo abundancia. Estoy bien abastecido, habiendo recibido de Epafrodito lo que han enviado: fragante aroma, sacrificio aceptable, agradable a Dios. Y mi Dios proveerá a todas sus necesidades, conforme a sus riquezas en gloria en Cristo Jesús.

(FIL 4:10-19)

Quisiera que note dos cosas en este pasaje. En primer lugar, Pablo era un hombre que conocía sobre necesidades. Estaba escribiendo la carta a los filipenses desde una prisión en Roma, por lo que ciertamente tenía un conocimiento preciso de sus necesidades externas; incluso mientras escribía. Pablo nunca afirmó que la vida cristiana es una vida exenta de necesidades, o que, como cristianos, podemos madurar hasta el punto de que nunca padezcamos necesidad. Pablo sabía que tendremos necesidades todos los días de nuestra vida. Nunca estaremos libres de necesidades, ni maduraremos hasta el punto en que no padezcamos necesidades.

En segundo lugar, Pablo estaba dispuesto a admitir su necesidad, y a compartir lo que aprendió sobre las necesidades y cómo lidiar con ellas. Pablo animó a los filipenses mediante las verdades que aprendió al haber experimentado necesidades. Nunca se avergüence de sus necesidades pasadas o de su carestía actual. Esté presto para animar a otros diciéndoles cómo Dios suplió sus necesidades en el pasado, y cómo cree que Él suplirá las de ellos.

CONTENTOS EN CUALQUIER SITUACIÓN

Pablo expresó que había aprendido a contentarse independientemente de sus circunstancias; en cualquier estado en el que se encontrara. Pablo no estaba contento *con* los problemas, las pruebas, el sufrimiento, el dolor o la necesidad. Él sentía el dolor y la necesidad tanto como cualquier otra persona; pero aprendió a contentarse *en* tiempos de dificultad. Su estado interno era de contentamiento, incluso cuando su estado externo era de confusión, prueba o tribulación.

Pablo conocía bien el dolor y el sufrimiento externos. En Listra lo apedrearon y lo dieron por muerto; fue golpeado y encarcelado en Filipos; y perseguido y difamado públicamente en casi todos los lugares a los que fue. Para aquellos en la iglesia de Corinto que lo comparaban con otros predicadores, Pablo escribió que él estuvo «... En muchos más trabajos, en muchas más cárceles, en azotes un sinnúmero de veces, con frecuencia en peligros de muerte» (2 Co 11:23). Luego les dio detalles a los corintios de algunas de las necesidades y problemas que había experimentado en su ministerio:

> Cinco veces he recibido de los judíos treinta y nueve azotes. Tres veces he sido golpeado con varas, una vez fui apedreado, tres veces naufragué, y he pasado una noche y un día en lo profundo. Con frecuencia en viajes, en peligros de ríos, peligros de salteadores, peligros de mis compatriotas, peligros de los gentiles, peligros en la ciudad, peligros en el desierto, peligros en el mar, peligros entre falsos hermanos; en trabajos y fatigas, en muchas noches de desvelo, en hambre y sed, con frecuencia sin comida, en frío y desnudez. Además de tales cosas externas, está sobre mí la presión cotidiana de la preocupación por todas las iglesias.
>
> (2 Co 11:24-28)

Pocas personas pueden compararse a Pablo en lo concerniente a la severidad y la frecuencia de las necesidades y sufrimientos externos. Sin embargo, Pablo escribió que en medio de esos problemas externos, aprendió a estar contento internamente.

¿A cuántas personas verdaderamente contentas conoce usted?

Supongo que el número es muy reducido. Sin embargo, si observa de cerca la vida de aquellos que están verdadera y genuinamente contentos, encontrará que su contentamiento no tiene nada que ver con cosas materiales, relaciones o logros. He conocido a personas realmente contentas que eran solteras, y he conocido a algunas casadas. He conocido a personas verdaderamente contentas que eran pobres y a unas pocas a las que les había sido dada grandes riquezas. He conocido a personas contentas que carecían por completo de fama y reconocimiento, y en muchos sentidos, sin empleos fantásticos ni grandes éxitos; y he conocido a unas pocas que estaban contentas independientemente de su fama y éxito.

En muchos casos, lo que la gente cree que les traerá contentamiento resulta ser lo que les crea más problemas y confusión. Al final, solo el Señor Jesucristo mismo puede producir contentamiento en la vida de una persona. Pablo pudo afirmar: «No que hable porque tenga escasez, pues he aprendido a contentarme cualquiera que sea mi situación. Sé vivir en pobreza, y sé vivir en prosperidad. En todo y por todo he aprendido el secreto tanto de estar saciado como de tener hambre, de tener abundancia como de sufrir necesidad. Todo lo puedo en Cristo que me fortalece» (Fil 4:11-13).

Tenga cuidado de no interpretar mal estos versículos. Pablo no señaló que Cristo lo fortalecía solo cuando estaba en luchas, sufriendo, hambriento o abatido. Cristo fortalecía a Pablo en todas las condiciones en las que se encontraba. Lo fortalecía cuando estaba lleno, en abundancia, cuando estaba seguro y no padecía dolores ni luchas. A menudo no pensamos en esto. Cuando las cosas le iban bien, Pablo no tenía menos necesidad de la fortaleza de Cristo. En tiempos de abundancia, Pablo necesitaba la fortaleza de Cristo para mantenerse humilde, consciente de los demás y generoso con ellos, agradecido, lleno de energías y para testificar activamente del poder de Dios. Cuando las cosas nos van bien, necesitamos la fortaleza de Cristo para evitar el orgullo, la pereza y la autosuficiencia.

Pablo dijo que aprendió a estar contento «cualquiera que sea mi situación». Su contentamiento estaba en Cristo, no en las cosas ni en las circunstancias. Su contentamiento descansaba en su relación con Aquel que satisface las necesidades, no en el hecho de que sus necesidades estuvieran satisfechas momentáneamente.

Escuché sobre un hombre que experimentaba un gran contentamiento y amor en presencia de su esposa con solo tomarle la mano. La esposa del hombre padeció una enfermedad terminal durante tres años antes de morir, y a medida que se debilitaba cada vez más en los últimos meses, el hombre acercaba su silla a la de ella, se tomaban de las manos, y se miraban a los ojos. No era necesario pronunciar palabras. No era necesario compartir un abrazo físico. El amor era igual de abundante y fluía libremente entre ellos a través de la mirada y el toque de sus dedos. No había agarre. No había aferramiento. No se exigía atención; ni súplicas por actos de afecto.

El contentamiento verdadero siempre se caracteriza por la falta de afán, la falta de querer alcanzar, la falta de exigencia, la falta de insistencia.

El verdadero contentamiento no radica en tener, sino en conocer. Conocer que uno es aceptado, amado, perdonado, valorado a pesar de lo que podamos o no podamos tener en las manos o a nuestro alrededor.

El verdadero contentamiento no tiene sus raíces en el entorno ni en ningún aspecto del mundo natural y espiritual. El contentamiento supremo tiene sus raíces en la relación con Jesucristo y solo en Él.

FORTALEZA PARA AFRONTAR TODAS LAS CIRCUNSTANCIAS

Pablo también enseñó que había aprendido a experimentar fortaleza en todas las cosas. Quizás Pablo tuvo momentos en los que se sintió débil en la carne, pero sabía que incluso en esos momentos de debilidad física y natural, podía experimentar la fortaleza de Cristo internamente. Pablo escribió a los corintios sobre su capacidad para sentirse fuerte espiritualmente ante la debilidad física:

> Y dada la extraordinaria grandeza de las revelaciones, por esta razón, para impedir que me enalteciera, me fue dada una espina en la carne, un mensajero de Satanás que me abofetee, para que no me enaltezca. Acerca de esto, tres veces he rogado al Señor para que lo quitara de mí. Y Él me ha dicho: «Te basta Mi gracia, pues Mi poder se perfecciona en la debilidad». Por tanto, con muchísimo gusto me gloriaré más bien en mis debilidades, para que el poder de Cristo more en mí. Por eso me complazco en las debilidades, en insultos, en privaciones, en persecuciones y en angustias por amor a Cristo, porque cuando soy débil, entonces soy fuerte.
>
> (2 Co 12:7-10)

La experiencia de la espina en la carne de Pablo lo llevó a la posición en la que podía permitir plenamente que la fortaleza de Cristo se hiciera suya. Pablo no estaba diciendo que se deleitara en el dolor y el sufrimiento; más bien, había aprendido que estas cosas eran oportunidades en las que podía sentir —y sentiría— un fluir aún mayor de la fortaleza de Cristo en su ser interior. La confianza de Pablo en la fortaleza de Cristo se convirtió en un testimonio vívido para otros que vieron su sufrimiento físico, y por eso, Pablo estaba agradecido.

Algunas personas afirman hoy: «Los problemas te hacen fuerte». Están equivocados. Los problemas destruyen a algunas personas. Los problemas debilitan a otras. Los problemas no tienen nada inherente para fortalecernos emocional y espiritualmente. La verdad, como Pablo lo expresó tan certeramente, es que cuando confiamos en Cristo Jesús en nuestros momentos de tribulación, *Él* nos fortalece. Él nos imparte Su fortaleza y, según recibimos Su fortaleza, somos fortalecidos.

UN ABASTECIMIENTO PLENO PARA TODO LO QUE FALTA

Pablo dijo que aprendió a experimentar «abastecimiento» para todas sus necesidades. No sabemos qué dádivas trajo Epafrodito de parte de los filipenses para Pablo. Pero sí sabemos que Pablo consideró su dádiva como agradable a Dios y más que suficiente. Ser abastecido hasta el punto de que se pueda decir: «He recibido todo y tengo abundancia», es estar plenamente satisfecho (Fil 4:18). Pablo vio que todas sus necesidades estaban siendo satisfechas, y ese sentimiento interior de satisfacción lo impulsó a declarar con valentía a los filipenses su seguridad de que Dios también les supliría a ellos todas sus necesidades, de acuerdo a Sus riquezas en gloria en Cristo Jesús (v. 19).

La mayoría de la gente tiende a pensar que las dádivas que Epafrodito le trajo a Pablo eran solo materiales. Sin duda, las dádivas, al menos en parte eran materiales, ya que se suponía que la familia y los amigos de los prisioneros romanos proporcionaran abastecimientos materiales para los detenidos por los funcionarios romanos, especialmente los que estaban bajo arresto domiciliario, como parecía ser el caso de Pablo. Pero las necesidades de los presos, en aquel tiempo y en la actualidad, no son meramente materiales. También son sociales, emocionales y espirituales.

Sin duda, la amistad de Epafrodito animó a Pablo, quien podía comunicarse plenamente con él sobre asuntos relacionados con su fe y la obra del Señor. Sin duda, Pablo podía reír y llorar con Epafrodito. ¡Tal amistad centrada en Cristo es invaluable!

Además, seguramente Epafrodito trajo buenas noticias sobre los amigos de Pablo en Filipos y en otros lugares de las regiones donde Pablo había viajado y ministrado. ¡Cuán alentador debe haber sido para Pablo saber que su obra no había sido en vano, que sus esfuerzos estaban dando frutos, que la obra del Señor avanzaba, que la iglesia de Filipos era fuerte! Todos necesitamos que otros reconozcan que nuestros esfuerzos han sido valiosos y beneficiosos para ellos. Necesitamos sus dones, su amistad y que nos alienten al hacernos saber que nuestras vidas han tenido un propósito y un significado. Mediante un reconocimiento así, experimentamos un sentimiento pleno en nuestro corazón que llamamos realización. Cuando sabemos que en verdad hemos ayudado a otros de una manera eternamente beneficiosa, nos invade una satisfacción profunda.

Pablo recibió una bendición completa de Epafrodito: provisión material para sus necesidades externas, pero también aliento emocional y espiritual que representó una provisión para las necesidades internas de Pablo.

¿No nos gustaría a todos poder afirmar con Pablo que, independientemente de lo que nos suceda, estamos contentos, fortalecidos y satisfechos plenamente? En realidad, podemos alcanzar ese estado interior.

UN PROCESO DE APRENDIZAJE

También debemos notar que para Pablo esto fue un proceso de aprendizaje. Él expresó muy claramente: «… he aprendido…» (vv. 11-12). Pablo no alcanzó un estado de contentamiento, fortaleza y satisfacción internas de manera instantánea. Él llegó a esa condición al «aprender de Cristo».

Lo que Pablo había aprendido, nosotros podemos aprenderlo. Pablo lo dejó muy claro. Incluso si usted nunca ha sentido mucha paz en su vida, puede aprender a contentarse. Si siempre se ha considerado débil y necesitado, puede aprender a ser fuerte; y si se ha considerado fuerte, puede aprender a ser más fuerte. Si se ha sentido inseguro en cuanto a su propósito en la vida, o si lo está cumpliendo ante Dios, puede aprender a experimentar la realización interior y también aprender lo que significa recibir bendiciones externas abundantes.

Este proceso de aprendizaje es parte de una relación creciente con el Señor. En última instancia, es «aprender a Dios». Es conocer al Señor y deleitarse en Él con un deleite progresivo.

EXPERIMENTAR LA PROVISIÓN DE DIOS EN TIEMPOS DE CRISIS

Dios desea que lo experimentemos siempre y que obtengamos contentamiento, fortaleza y satisfacción plena a partir de nuestra relación con Él en todo tiempo. Sin embargo, es especialmente importante que experimentemos la provisión de la presencia de Dios en los momentos tempestuosos de nuestra vida, los momentos en los que somos muy conscientes de nuestras necesidades o carencias. Tiempos así nos llegan a todos.

La vida de toda persona está marcada por tormentas de un tipo u otro. La realidad para cada uno de nosotros es que estamos en una tormenta, acabamos de salir de una tormenta, o estamos a punto de entrar en una tormenta. Ninguna zona geográfica de la tierra es inmune a las tormentas atmosféricas naturales, y ninguna persona o relación es inmune a las tormentas internas. Y ya que no podemos evitar las tormentas, debemos aprender a lidiar con ellas.

Nuestro planeta tierra es impactado por todo tipo de tormentas atmosféricas: tormentas de viento, tormentas de arena, tormentas de lluvia, tormentas eléctricas, tormentas de nieve. A veces, estas tormentas son torrenciales, cegadoras, destructivas y costosas, incluso a costa de la vida misma. Estas tormentas suelen aparecer en los titulares; y producen un efecto dominó de devastación en el público en general y, en muchos casos, provocan una respuesta de compasión y preocupación públicas.

Nosotros también enfrentamos una serie de tormentas emocionales en nuestras vidas, no menos cegadoras, destructivas y devastadoras. Si la gente llega a conocer estas tormentas, aunque sea un pequeño grupo de amigos, también tendrán un efecto dominó en ellos. Ninguna tormenta emocional afecta a una sola persona.

La respuesta a las tormentas emocionales es un tanto diferente a la respuesta a las tormentas atmosféricas. Algunos responden ante las víctimas de tormentas emocionales con compasión y preocupación, otros evitan a la persona que se encuentra en el centro de las tormentas, y otros tienden a criticar a quienes experimentan tormentas emocionales, usualmente culpándolos de alguna manera por lo sucedido. Al lidiar con una tormenta, somos llamados a examinar la forma en que nos enfrentamos a esa tormenta; y la forma en que respondemos tanto a los causantes como a las víctimas de esa tormenta.

¿Qué sucede si los demás no perciben con prontitud la tormenta emocional que una persona experimenta? ¿Tendrá la tormenta un menor impacto en los demás? En realidad no. Una tormenta emocional dentro de una persona o familia se extenderá y afectará a los demás de formas que tal vez no sean comprendidas y tampoco identificadas con relación a la tormenta. Por ejemplo, es probable que la ira que se genera dentro de una persona estalle de forma repentina y, a veces, violenta, y con frecuencia se centre a alguien que no fue la razón inicial de la ira. Las víctimas inocentes de tal ira se preguntan: *¿De dónde salió esto? ¿Qué provocó esto?* No tienen noción de la tormenta emocional interna que había estado rugiendo, y es muy probable que continúe rugiendo silenciosamente dentro de la persona.

La conclusión a la que debemos llegar es la siguiente: las tormentas ocurren y las tormentas causan daños, más tarde o más temprano, en mayor o menor grado, a menos que Jesucristo, el Único capaz de calmar verdaderamente una tormenta natural o emocional, trate con ellas.

Al aprender a lidiar con las tormentas de la vida, debemos volvernos a Jesús y descubrir la provisión que Él tiene para nosotros cuando las tormentas azotan.

NUESTRA RESPUESTA A LA TORMENTA

Al estudiar la provisión de Cristo, tengamos presente que la *naturaleza* de la tormenta no es un problema. La tormenta puede localizarse en el matrimonio, en la salud, en las finanzas, en el trabajo, en la relación con los hijos. Lo que hacemos después de una tormenta, y especialmente para evitar que surja otra, eso sí es sumamente importante, y se relaciona con la naturaleza de la tormenta. Pero mientras estamos en medio de una tormenta, su naturaleza no es un tema relevante.

Las tormentas azotan todas las áreas de la vida. Si usted presenta dificultades financieras, esa tormenta tendrá un efecto profundo en su matrimonio y vida familiar, en su desempeño en el trabajo, y en otras áreas y, en última instancia, si la dificultad financiera no se resuelve, incluso su salud puede afectarse. Una tormenta en su matrimonio afectará a sus hijos, sus finanzas, su trabajo y su salud.

La *causa* de la tormenta tampoco es una cuestión problemática. Cuando usted se encuentra en medio de una tormenta, su principal preocupación es la supervivencia. Señalar con el dedo a la persona o circunstancia que causó la tormenta no es una respuesta productiva. Una vez que la tormenta haya pasado, puede ser prudente analizar detenidamente y con objetividad lo que provocó la tormenta, de modo que, si es posible, pueda evitar o esquivar una tormenta similar en el futuro. Quizás sea prudente modificar, de alguna manera, su relación con esa persona que provoca tormentas, preferiblemente a fin de procurar una reconciliación amorosa y una mayor comunicación y comprensión con esa persona. Pero durante la tormenta en sí, la causa de la tormenta no será su preocupación principal.

¿Cuál es su preocupación en medio de una tormenta? ¿Cómo puede sobrevivir a la tormenta? ¿Cómo puede resistir la situación o circunstancia? ¿Cómo puede salir de la tormenta?

La Palabra de Dios nos asegura que Jesús da respuestas a estas preguntas clave. En Mateo 14:22-34, se nos brinda un ejemplo de la forma en que Jesús trata con los que están pasando por una tormenta. Centrémonos en varios aspectos diferentes de la historia.

Jesús acababa de terminar un día entero de ministerio intenso: predicando, enseñando y sanando a una gran multitud de personas que lo siguieron a una zona desolada. Antes de despedir a la gente, Jesús había multiplicado cinco panes y dos peces para alimentar a una multitud hambrienta de cinco mil hombres y sus familias. Luego, seguramente exhausto,

> Jesús hizo que Sus discípulos subieran a la barca y fueran delante de él al otro lado, mientras Él despedía a la multitud. Y cuando hubo despedido a la multitud, subió al monte solo para orar. Cuando llegó la noche, estaba solo allí. Sin embargo, la barca estaba ahora en medio de la mar, sacudida por las olas, porque el viento era contrario.
>
> (Mt 14:22-24)

En la cuarta vigilia de la noche, en algún momento entre las tres y las seis de la madrugada, Jesús fue hasta donde estaban Sus discípulos quienes luchaban en la tormenta; Él fue caminando sobre el mar hasta ellos. Cuando los discípulos lo vieron caminar sobre el mar, gritaron de miedo: «¡Es un fantasma!». Mateo contó el resto de esta historia de esta manera:

> Pero enseguida Jesús les dijo: «Tengan ánimo, soy Yo; no teman». Y Pedro le respondió: «Señor, si eres Tú, mándame que vaya a Ti sobre las aguas».

«Ven», le dijo Jesús. Y descendiendo Pedro de la barca, caminó sobre las aguas, y fue hacia Jesús. Pero viendo la fuerza del viento tuvo miedo, y empezando a hundirse gritó: «¡Señor, sálvame!». Al instante Jesús, extendiendo la mano, lo sostuvo y le dijo: «Hombre de poca fe, ¿por qué dudaste?». Cuando ellos subieron a la barca, el viento se calmó. Entonces los que estaban en la barca lo adoraron, diciendo: «En verdad eres Hijo de Dios». Terminada la travesía, bajaron a tierra en Genesaret.

(MT 14:27-34)

Lo primero que debemos reconocer cuando una tormenta nos azota es que Jesús está presente con nosotros en la tormenta, así como estuvo presente para Sus discípulos en esta historia. Jesús está presente; está con nosotros en todo momento, en todas las circunstancias. Nunca hay un solo momento de su vida en el que Jesús no esté ahí para usted y con usted.

CONSCIENTES DE SU PRESENCIA

Nada puede igualar el poder de ser conscientes de que Jesús está presente. La presencia de amigos, consejeros y colegas nunca puede igualar la presencia de Jesús.

Los discípulos habían estado luchando toda la noche sin lograr nada. En el área de Galilea, las tormentas solían formarse repentinamente. Los vientos atravesaban la tierra desde el mar Mediterráneo y luego se precipitaban por los empinados valles hasta el mar de Galilea, agitando el mar casi cual si una batidora de mano gigante descendiera a las aguas. Los discípulos habían luchado contra ese viento durante al menos nueve horas y habían recorrido una distancia de solo cinco millas (ocho kilómetros), luchando sin duda por cada centímetro que lograban avanzar para evitar que la barca zozobrara.

Hay momentos en que las tormentas nos golpean rápidamente; y a menudo con furia inmensa. Podemos sentir que no hay salida; todo se convierte en una lucha intensa que parece abrumadora.

En una ocasión una mujer me contó sobre el día en que su esposo le dijo que estaba solicitando el divorcio: «Todo comenzó a dar vueltas. Me sentí como si estuviera colgando del borde de un mundo que se había salido de control.

Durante las siguientes semanas, todo lo que pude hacer fue resistir. El solo levantarme y llevar a mis hijos a la escuela, y seguir las rutinas básicas de lo que tenía que hacer en mi vida era un esfuerzo inmenso. No importaba nada más; solo acabar el día me robaba todas las fuerzas y energías». Las tormentas emocionales suelen ser así de violentas y absorbentes.

Jesús sabe de tormentas. Puede estar seguro de que Él conoce todos los detalles de la tormenta que usted está experimentando. Él sabe mucho más sobre la tormenta de lo que usted sabe o podrá saber algún día. Además, Él sabía que Sus discípulos estaban luchando y enfrentando la tormenta con todas sus fuerzas. Sabía que estaban en una de esas etapas que sin duda les parecía la pelea de sus vidas. Él sabe cómo usted lucha cuando se enfrenta a una tormenta. Y la respuesta de Jesús fue esta: *Él vino a ellos.*

Note que Él no calmó la tormenta desde lejos, aunque pudo haberlo hecho. En una ocasión anterior, Él había calmado una tormenta física natural en el mar de Galilea. Esta vez, Jesús decidió *no* calmar la tormenta como lo había hecho antes.

Jesús tampoco ignoró la tormenta, sabiendo en Su soberanía que al final la tormenta se disiparía; sin pérdida de vidas ni pertenencias.

Más bien, Jesús sabía que en esta tormenta específica, lo más importante que Sus discípulos podían experimentar era *una conciencia de Su presencia.* Observe que no dije la presencia de Jesús, sino *una conciencia de Su presencia.*

Jesús estuvo tan presente con Sus discípulos mientras oraba en la montaña como cuando caminó sobre el mar hacia ellos. Los discípulos nunca estuvieron fuera de Su vista ni de Su cuidado.

Sin embargo, no eran conscientes de que Jesús los conocía o se preocupaba por ellos. Sus pensamientos no estaban en Jesús, aunque el enfoque del Señor sí estaba en ellos. Sus pensamientos estaban tan centrados en otras cosas que no tenían nada que ver con Jesús, que cuando el Señor se les apareció caminando sobre el mar, ¡pensaron que era un fantasma! Se asustaron al verlo.

¡Nosotros nos parecemos tanto a estos discípulos! A menudo no buscamos a Jesús en medio de nuestras tormentas, y no lo reconocemos cuando viene.

Lo más probable es que Jesús no llegue a usted precisamente de la manera en que lo espera. Es posible que no venga a usted en una forma que reconozca rápidamente. Probablemente lo menos que los discípulos esperaban esa noche era ver a Jesús caminando hacia ellos sobre el agua. No obstante, esa es la forma en que Jesús decidió revelarse a ellos. Jesús puede llegar a usted de una manera totalmente inesperada, y si no es consciente de que Él está presente en su vida o que se preocupa lo suficiente como para ir a su encuentro en su tormenta, la forma de responder al Señor puede ser la misma que la de los discípulos: miedo y falta de reconocimiento.

Déjeme darle un ejemplo muy práctico. En una ocasión, una mujer me contó su reacción cuando su médico de familia le dijo: «Usted tiene cáncer». Ella me indicó: «Dr. Stanley, fue como si mi médico me hubiera arrojado un manto negro de terror. Apenas podía pensar. Mis ojos no se enfocaban. Mis oídos parecían zumbar. Estaba tan aturdida que me sentí paralizada, incapaz de moverme. Ni siquiera escuché el resto de lo que el médico tenía que decir, que era comunicarme que él pensaba que este cáncer podría detenerse con radiaciones, ya que estaba en etapas muy tempranas. Si mi hija no hubiera estado conmigo durante esa cita, no sé si hubiera podido salir de la consulta y llegar al auto; estaba sumamente confundida.

»La semana siguiente, hice mi primera visita al radiólogo que mi médico me había recomendado. Entré en su oficina, y luego en la sala de radiología llena de miedo. Lo que no esperaba en absoluto era que este hombre pudiera ser cristiano o que pudiera reconocer cómo me sentía por dentro. Quedé totalmente sorprendida cuando me preguntó: "¿Tiene miedo?". Le admití que sentía miedo; no solo del cáncer, sino también de la radiación. Luego me dijo: "Soy cristiano y creo que la oración puede ayudar a una persona en momentos como estos. ¿Aceptaría que hiciera una oración por usted?". Le respondí: "¡Seguro!". Hizo una oración precisa pero muy poderosa y, mientras oraba, pude sentir cómo mi cuerpo se relajaba. Luego dedicó tiempo para hablarme sobre el cáncer y los tratamientos de radiación. Sentí que realmente se preocupaba por mí, y me sentí más segura en cuanto a lo que enfrentaba.

»Cuando acudí para la siguiente visita tuve menos miedo. Le expresé cuánto había significado su oración para mí, y me preguntó si podíamos orar juntos de nuevo antes de mi segunda radiación. ¡Por supuesto que estuve de acuerdo! Esto sucedió en todas las sesiones siguientes, ¡treinta y dos en total! ¡Ahora le digo a la gente que tuve treinta y dos sesiones de radiación y treinta y dos sesiones de oración!

»Cuando tuve mi última sesión, casi lamenté que fuera la última; no es que quisiera más radiaciones, sino que había llegado a valorar mucho las oraciones de ese hombre, y su fe serena y reconfortante. Unas semanas después, me asaltó el pensamiento: *¡Vaya, Jesús vino a mí a través de la forma y las habilidades de ese radiólogo! El amor y el poder de Jesús manifestados en él me dio esperanza y calmó mis temores. ¡La presencia de Jesús en él se había convertido en parte de mi proceso de curación!».* No sé la forma en que Jesús llegará a usted en su tormenta, pero puedo asegurarle con total confianza que Jesús vendrá a usted de la manera y en la forma precisas que más lo necesita. Confíe en que se revelará a usted. Él desea que sepa que está con usted en medio de la tormenta.

SENTIMIENTOS DE SEGURIDAD PLENA

¿Por qué es tan importante tener conciencia de la presencia de Jesús?

Cuando somos conscientes de que Jesús está con nosotros, nos suceden varias cosas. En conjunto, estas cosas conllevan a una seguridad plena.

Consolados

Cuando somos conscientes de que Jesús está con nosotros, inmediatamente somos consolados. Todos sabemos que cuando estamos solos es mucho más fácil sentir miedo, pero si tenemos aunque sea un solo amigo con nosotros en un momento de problemas, su presencia nos consuela. Jesús es el Amigo de amigos. Uno de los calificativos que se le da al Espíritu Santo es el de *Consolador.* Cuando usted es consciente de que Jesús está con usted en su tormenta, no puede evitar sentirse consolado por Su presencia.

Más valientes

Nos armamos de valor para afrontar lo que nos espera. ¿Quién viene a nosotros en nuestra tormenta? ¡El Rey de reyes, el Señor de señores, el Salvador y Libertador omnipotente, todo suficiente, todopoderoso, omnisapiente y amoroso! Con Jesús a nuestro lado, ¿quién puede contra nosotros? Cuando somos conscientes de que Jesús está a nuestro lado, no podemos evitar sentirnos más valientes.

Más confiados

Nuestra confianza en que Dios nos ayudará aumenta. La confianza se relaciona directamente con nuestra certidumbre de que la tribulación actual o la etapa de problemas llegarán a su fin. Cuando Jesús aparece (en los Evangelios del Nuevo Testamento, y en todos los casos que podamos citar en nuestras vidas hoy), Él llega victorioso. El diablo no puede permanecer donde Jesús habita. El enemigo no puede triunfar cuando Jesús aparece en escena. Ya no confiamos en nosotros mismos para sobrevivir, aguantar o conquistar; nuestra confianza está en Jesús. Nuestra confianza se fundamenta en quién es Jesús, y en lo que hará por nosotros, que siempre será para nuestro bien final y eterno (Ro 8:28).

NINGUNA TORMENTA PUEDE ALEJAR A JESÚS

Ser conscientes de la presencia de Jesús también nos recuerda que *ninguna* tormenta puede separarnos del Señor. Independientemente de cuán feroz sea o con cuanto poder nos azote, la tormenta no puede separarnos del amor, el perdón, la ayuda o las promesas de Dios. Pablo escribió a los romanos:

> ¿Quién nos separará del amor de Cristo? ¿Tribulación, o angustia, o persecución, o hambre, o desnudez, o peligro, o espada? […]. Pero en todas estas cosas somos más que vencedores por medio de Aquel que nos amó. Porque estoy convencido de que ni la muerte, ni la vida, ni ángeles, ni principados, ni lo presente, ni lo por venir, ni los poderes, ni lo alto, ni lo profundo, ni ninguna otra cosa creada nos podrá separar del amor de Dios que es en Cristo Jesús Señor nuestro.
>
> (Ro 8:35, 37-39)

La verdad de la presencia siempre continua del Señor (omnipresencia) viene a nosotros cada vez que somos conscientes de que Él está con nosotros en una tormenta. Justo antes de Su arresto y crucifixión, Jesús les habló a Sus discípulos respecto a Su presencia permanente con ellos. Él afirmó: «No los dejaré huérfanos; vendré a ustedes» (Jn 14:18). Les prometió que les enviaría al Espíritu Santo como su Ayudador.

Cuando Jesús habló a Sus discípulos después de Su resurrección, preparándolos para Su ascensión al cielo, les aseguró: «… y ¡recuerden! Yo estoy con ustedes todos los días, hasta el fin del mundo» (Mt 28:20). En la forma del Espíritu Santo, Jesús está con nosotros en todo momento. Él está *siempre* presente en nuestras vidas, cada minuto de cada hora de cada día.

¡Cuán bendecidos somos de vivir en el tiempo del Espíritu Santo! Cuando Jesús estuvo vivo en la tierra, Él no podía estar en dos lugares al mismo tiempo. Sin embargo ahora, Jesús está libre de todas las limitaciones de tiempo y espacio. Por el poder del Espíritu Santo, Él está con cada uno de los que creen en Él en todo momento. Nunca necesitamos llamar a Jesús para que venga; Él ya está presente. Es posible que tomemos conciencia de Su presencia de manera repentina, tanto que parezca como si acabara de aparecer, pero no es una llegada repentina de Jesús, sino una toma de conciencia repentina de parte nuestra.

PÍDALE AL SEÑOR QUE SE REVELE

¿Cómo podemos ser conscientes de la presencia de Jesús? Pidiéndole que se revele a nosotros.

Muy a menudo, le hacemos las preguntas equivocadas al Señor. Decimos: «¿Dónde estás, Dios? ¿Por qué no apareces? ¿No ves lo que me está pasando? ¿No ves cómo estoy luchando? ¿No ves el dolor que estoy padeciendo?». Por supuesto, la respuesta del Señor es: «Estoy aquí mismo contigo. ¡Sé exactamente lo que está pasando!».

Nuestra pregunta del Señor debería ser: «¿Qué me impide verte? ¡Ayúdame a verte y a experimentar Tu presencia!».

Una de las tormentas emocionales más intensas descritas en el Nuevo Testamento es la que experimentaron María y Marta después de la muerte de su hermano. Lázaro enfermó, y María y Marta enviaron un mensaje a Jesús, que decía: «Señor, el que Tú amas está enfermo» (Jn 11:3). Jesús respondió: «Esta enfermedad no es para muerte, sino para la gloria de Dios, para que el Hijo de Dios sea glorificado por medio de ella» (v. 4).

Jesús se quedó donde estaba por otros dos días, y luego dijo a Sus discípulos: «Vamos de nuevo a Judea… Nuestro amigo Lázaro se ha dormido; pero voy a despertarlo» (vv. 7, 11). Los discípulos no podían entender el razonamiento de Jesús, porque sabían que para ellos era peligroso regresar a Judea, y también pensaban que si Lázaro estaba durmiendo, era porque estaba mejorando. Jesús finalmente les dijo sin rodeos: «Lázaro ha muerto; y por causa de ustedes me alegro de no haber estado allí, para que crean; pero vamos a donde está él» (vv. 14-15).

Ahora, a primera vista, puede parecer que Jesús no estuvo presente ni era consciente de Lázaro en esa terrible tormenta de enfermedad. En verdad, Jesús estuvo muy al tanto de todo lo que le estaba pasando a Su amigo, así como de lo que le estaba pasando a María y Marta. Él conocía exactamente el plan completo y el propósito de Dios en la tormenta que ellos estaban experimentando. Él supo el momento en que Lázaro murió.

Cuando Jesús llegó a Betania, ya Lázaro llevaba cuatro días en la tumba. Los dolientes que habían atestado la casa de Marta y María intentaban consolarlas. En cuanto Marta se enteró de que Jesús había llegado al lugar, corrió a Su encuentro y le expresó: «… Señor, si hubieras estado aquí, mi hermano no habría muerto» (v. 21). Incluso Marta, que conocía tan bien a Jesús, supuso que Él no había estado presente en sus vidas. No obstante, luego hizo una gran declaración de fe, al afirmar: «Aun ahora, yo sé que todo lo que pidas a Dios, Dios te lo concederá» (v. 22). Ella no esperaba que Jesús pudiera pedir o recibir nada relacionado con Lázaro, pero su fe permanecía en Jesús, considerándolo no menos que el Sanador, el Libertador y el Salvador.

Marta y María podrían perfectamente haber hablado entre sí antes de la llegada de Jesús de la siguiente manera: «¿Por qué no ha venido Jesús? Sin duda Él nos ama. Ha estado en nuestra casa, hemos cenado con Él, nos hemos reído con Él, lo hemos escuchado enseñar. Él sabe cuánto lo amamos y nosotros sabemos que Él nos ama. Entonces, ¿dónde está?». Ese es el tipo de preguntas que hoy nos hacemos cuando, como creyentes cristianos, experimentamos tormentas.

Sin embargo, la pregunta verdadera debería ser: «¿cuál es tu propósito en esto, Señor? ¿Por qué soy tan lento para ver Tu presencia y entender Tu plan?».

Jesús no dio una respuesta directa a las declaraciones de Marta, pero le habló del plan de Dios: «Tu hermano resucitará» (v. 23). Marta no entendió lo que Él quiso decir, y añadió: «Yo sé que resucitará en la resurrección, en el día final» (v. 24). Entonces Jesús afirmó: «… Yo soy la resurrección y la vida; el que cree en Mí, aunque muera, vivirá, y todo el que vive y cree en Mí, no morirá jamás. ¿Crees esto?» (vv. 25-26).

Jesús fue a la tumba de Lázaro e insistió en que quitaran la piedra. Luego oró: «… Padre, te doy gracias porque me has oído. Yo sabía que siempre me oyes; pero lo dije por causa de la multitud que me rodea, para que crean que Tú me has enviado» (vv. 41, 42). Luego gritó a gran voz: «… ¡Lázaro, sal fuera!»

(v. 43). Y Lázaro salió caminando de aquella tumba, de vuelta a la vida cuatro días después de su muerte.

¿Cuál fue el mensaje de Jesús para Marta y María, y para todos los que experimentaron la evidencia de aquel milagro? Es el mensaje sencillo de que *Jesús es*. Dondequiera que *Jesús es*, allí se encuentra la plena operación de la plenitud de Jesús.

Nosotros decimos: «¿Jesús, dónde *estabas?*», o decimos: «Cuando Jesús venga...». El hecho es que *Jesús es*. Dios se reveló a Moisés precisamente de esta manera, al decir: «YO SOY» (Éx 3:14). *Jesús es*.

Él nunca va a ser más su Salvador, su Sanador, su Libertador o su Señor de lo que es ahora. Él es el mismo ayer, hoy y siempre. La plenitud de quién Él es *está* con usted ahora mismo. Ya no queda más de Jesús que mostrarse. Él en Su plenitud está presente con usted. Él en Su plenitud ha estado con usted. Y Él en Su plenitud *seguirá* estando con usted.

Jesús declaró a María y a Marta la verdad que nos llega a través de las generaciones: «Yo *soy* la resurrección y la vida». Cuando tomamos conciencia de la presencia de Jesús con nosotros en una tormenta, debemos tomar conciencia de que Jesús está con nosotros en la plenitud de Su poder para ser la resurrección y la vida. No importa cuán golpeados, magullados o incluso muertos nos sintamos por dentro como resultado de nuestra lucha, Jesús está con nosotros para resucitarnos a una vida nueva. Independientemente de cuán agotados, quebrantados o devastados nos sintamos, Jesús está presente con nosotros para restaurarnos, sanarnos y activarnos. Él siempre viene para darnos vida y para darnos vida en abundancia (Jn 10:10). Su sola presencia con nosotros infunde vida a nuestro ser.

¿POR QUÉ NO TOMAR CONCIENCIA DE CRISTO JESÚS ANTES?

¿Por qué Jesús no se nos revela más temprano que tarde? ¿Por qué esperar hasta que los discípulos estuvieran exhaustos de remar toda la noche contra el viento? ¿Por qué esperar hasta que Lázaro estuviera cuatro días en el sepulcro? Porque entonces los discípulos estaban listos para tomar conciencia de Jesús. Porque entonces María y Marta, así como los discípulos, estaban listos para experimentar el gran milagro que ratificó a Jesús como Mesías, y dio evidencia de que Él resucitaría de Su propia muerte y sería la resurrección para todos los que creen en Él.

La aparición «tardía» de Jesús no significó que Él no estuviera presente. Más bien la aparición de Cristo de aquella manera y en su momento tenía como objetivo que los necesitados —los discípulos, María y Marta—, pudieran realmente *tomar* conciencia de Su presencia.

Si usted no está experimentando la presencia plena de Jesús en su tormenta o en su momento de angustia, pídale al Señor que le muestre qué le impide experimentar Su presencia plena e inmediata. Pídale que le muestre lo que Él desea que usted reconozca, aprenda o experimente como parte de concientizar Su presencia.

EL SAMARITANO ENVIADO A USTED

También es importante que le pida al Señor que lo ayude a reconocer a cada persona que Él envía para ayudarlo. Así como el Señor envió a un radiólogo cristiano para ayudar a la mujer cuya historia narramos anteriormente en este capítulo, Jesús puede enviarle ayuda muy precisa en la forma de una persona específica. ¡No deje de reconocer a ese mensajero del amor y la misericordia de Dios!

Jesús contó la historia de una persona que experimentó una fuerte tormenta en su vida. Mientras iba por el camino que conducía a Jericó desde Jerusalén, a este hombre lo golpearon, lo robaron y lo dieron por muerto. Dos hombres pasaron sin ofrecer ayuda al herido, y luego, dijo Jesús, un hombre de Samaria lo vio, se detuvo, lo socorrió y lo llevó a un refugio seguro en Jericó, donde pagó el alojamiento del herido, y más atención médica. Jesús preguntó a los que escuchaban esta historia: «… ¿Cuál de estos tres piensas tú que demostró ser prójimo del que cayó en manos de los salteadores?». La gente respondió rápidamente: «… El que tuvo misericordia de él». Entonces Jesús expresó: «Ve y haz tú lo mismo…» (Lc 10:30-37).

¿Cuántas veces Jesús ha llegado a usted en la forma de un buen samaritano, alguien que lo rescató, lo ministró, cuidó de usted, le ofreció ayuda práctica y procuró su bien? ¿Cuántas veces ha sido objeto de la bondad de alguien sin siquiera pedirla? ¿Ha visto a Jesús obrando en esa experiencia o incidente? ¿Ha sido consciente de que Jesús es quien estuvo detrás de escena todo el tiempo, ministrándole a través de esa persona, muy presente en su momento de necesidad?

Una razón por la que no es consciente de la presencia de Jesús es que simplemente no le ha preguntado a Jesús a quién está usando para llevar a cabo el plan y el propósito perfectos de Dios en su vida. Puede ser una persona que nunca le haya pasado por la mente.

UNA REVELACIÓN DIRECTA DE SU PRESENCIA

En muchas ocasiones, es posible que Jesús ni siquiera use a una persona para hacerlo consciente de Su presencia. Él puede hablarle directamente a través de una visión, a través de un mensaje que alguien predique, o al leer la Palabra de Dios.

Una vez escuché sobre un ministro que pastoreaba dos iglesias pequeñas, y alternaba los domingos para predicar en cada una de ellas. Estaba agotado por los viajes constantes, y las muchas necesidades que veía en cada una de sus pequeñas congregaciones rurales. Luchaba por dar lo mejor de sí, y permanecer animado en el Señor. Y en un momento comenzó a dudar de su capacidad para ministrar adecuadamente a la gente.

Entró a su oficina el lunes por la mañana y notó que había una Biblia abierta sobre el escritorio; y pensando que quizás la había dejado abierta allí el sábado por la tarde, la cerró y la puso en el librero. El lunes siguiente, la Biblia estaba allí nuevamente, abierta en su escritorio. Se detuvo a leer las dos páginas que estaban abiertas. Parte de lo que leyó fue Lucas 9:62. Las palabras simplemente parecían saltar de la página ante sus ojos: «Pero Jesús le dijo: "Nadie, que después de poner la mano en el arado mira atrás, es apto para el reino de Dios"».

Inmediatamente cayó de rodillas, pidiendo al Señor que lo perdonara por dudar de Su llamado en su vida, y por no confiar completamente en que Él le daría la capacidad para ministrar a la gente.

El siguiente lunes por la mañana, la Biblia nuevamente estaba abierta. El ministro no tenía secretaria y, que él supiera, nadie en la iglesia tenía llave de su oficina privada. Sin embargo, lunes tras lunes en las mañanas, cada vez que entraba a su oficina, la Biblia estaba abierta sobre el escritorio. Cada lunes, las palabras parecían saltar de las páginas, animándolo en su ministerio y edificándolo en la fe.

Finalmente, el pastor le pidió al Señor que le revelara quién le estaba ministrando de una manera tan profunda, a fin de darle las gracias a esa persona. El Señor le recordó al conserje que limpiaba la iglesia después del servicio del domingo en la mañana. Efectivamente, el hombre tenía una llave que le permitía acceder a todas las áreas de la iglesia, incluida la oficina del pastor. El pastor le hizo una visita.

Le dijo: «Gracias por dejarme la Biblia abierta para que yo la lea todos los lunes. Usted nunca sabrá cuánto el Señor ha usado estos pasajes de la Escritura para ayudarme y edificarme, de manera que pueda realizar la labor que Él me ha llamado a realizar».

El hombre pareció algo desconcertado. «¿No es usted quien me ha estado dejando estos versículos para que los lea?», preguntó el pastor.

El hombre respondió: «No, señor. Ojalá fuese yo. Pero mire, pastor, no sé leer. Sin embargo, parece que cada vez que entro en su oficina, está su Biblia bocabajo en el suelo. Yo pensaba que usted la había dejado caer a propósito para que la leyera. Así que la recogía con mucho cuidado y la dejaba en su escritorio en la parte abierta, pensando que tal vez usted sacaría un sermón de lo que había allí, de modo que yo podría recibir el mensaje desde el púlpito, ya que no podía leer las páginas por mí mismo. Y, efectivamente, parece que durante los últimos meses usted me ha estado predicando directamente».

El predicador nunca descubrió quién o qué hacía que su Biblia de estudio cayera al suelo cada semana. La causa realmente no importaba. Lo que importaba era que el pastor eligió ver a Jesús en las páginas de la Biblia que estaban abiertas ante sus ojos, y luego compartir al Jesús de la Biblia con los demás. Pudo haber descartado lo que estaba sucediendo como una coincidencia o algo sumamente misterioso, no muy diferente a la actitud de los discípulos que pensaron que estaban viendo un fantasma. Más bien, el pastor eligió ver a Jesús obrando. Vio cómo Jesús utilizaba una situación inusual en la cual revelarse y hacer que el pastor tomara conciencia de Su presencia.

Mientras lee la Biblia, procure que Jesús le hable directa e íntimamente, con un mensaje que sabe que es solo para usted en medio de su tormenta. ¿Qué está haciendo Jesús en el pasaje que le trae a la mente o que parece resaltar en las páginas al leer su Biblia? Jesús desea hacer esa misma obra o enseñarle la misma lección en su vida, incluso en medio de la tormenta. Él está con usted. ¡Reciba su presencia reconfortante!

Jesús se *mostrará* ante usted. Si está ansioso por experimentar Su presencia, Él lo capacitará para experimentarla. Él ya está presente. Pídale ojos espirituales para verlo obrar y oídos espirituales para escuchar Sus palabras.

PARTE DOS

DIOS SE COMUNICA CON USTED

CAPÍTULO 5

PIDAN, BUSQUEN Y LLAMEN

Si le preguntara si sabe cómo orar, probablemente me contestaría: «¡Por supuesto que sí! ¡Todos los cristianos saben cómo orar!». Sin embargo, si usted examinara seriamente el historial de sus oraciones contestadas, puede que no esté tan seguro.

En Mateo 7:7-11 Jesús enfatiza un principio importante sobre la oración. Él da por cierto que la oración es una actividad deliberada y aprendida para los hijos de Dios, disipando la noción de que la oración simplemente es algo que «surge de manera natural» a los cristianos. En este pasaje, el Señor muestra a los discípulos de una manera bastante simple los tres pasos básicos para una vida de oración efectiva: pedir, buscar y llamar.

Desafortunadamente, hay cristianos bien intencionados que pueden perderse fantásticas oportunidades y bendiciones en la vida porque han asumido un papel completamente pasivo en sus vidas de oración. Con demasiada frecuencia, se pasan por alto buscar y tocar la puerta, ya que muchos creyentes le piden algo a Dios una o dos veces y luego se relajan y se olvidan completamente del asunto.

Por ejemplo, cuando un estudiante de la secundaria comienza a hacer planes para ir a la universidad, ¿qué pasaría si simplemente se sentara en el sofá y dijera: «Señor, por favor muéstrame exactamente dónde quieres que vaya a estudiar»? Ahora bien, esta pareciera ser la mejor manera de comenzar el proceso, pero ¿qué pasaría si el joven nunca se levanta del sofá? En vez de hablar con otros estudiantes, visitar recintos universitarios, ordenar catálogos, revisar los sitios web de las universidades y reunirse con consejeros, el muchacho simplemente se sienta a esperar una respuesta de parte del Señor. ¡Lo más probable es que seguiría allí sentado cuando las clases comenzaran el siguiente ciclo!

Piense en alguien que verdaderamente desea una comprensión más profunda de la Biblia. Suponga que coloca su Biblia sobre la mesa y ora: «Señor, por favor, abre las verdades de la Escritura para mí. Anhelo con desesperación entender Tu Palabra». Esa persona puede orar de manera continua, pero la única manera en que obtendrá una comprensión más profunda de la Biblia no es simplemente al pedir, sino que también debe procurar escudriñar la Palabra de Dios. ¡Y ni siquiera eso es suficiente! También tendría que llamar a las puertas de varios pasajes de la Escritura, y lidiar con aquellos textos difíciles a fin de verlos abrirse en su totalidad.

¿Qué podemos decir sobre los asuntos de la guerra espiritual? ¿Cómo debe orar un cristiano cuando está bajo ataque? ¿Funcionan, en esos casos, las oraciones rápidas con una o dos frases religiosas? Si espera alguna vez vencer a su enemigo espiritual —y usted sabe que tiene un enemigo muy real— debe comenzar con la oración.

APRENDA A ORAR DE LA MANERA BÍBLICA

Cuando usted ora, ¿tiene la confianza de que Dios responderá, o se siente indigno de Su atención? ¿Son sus oraciones específicas o generales? ¿Es su vida de oración una reacción caprichosa a necesidades y deseos, o el alimento para la vida del Señor Jesucristo que está dentro de usted? Uno de los pasajes más simples, pero también más profundos sobre la oración en toda la Biblia se encuentra en el Sermón del Monte:

Pidan, y se les dará; busquen, y hallarán; llamen, y se les abrirá. Porque todo el que pide, recibe; y el que busca, halla; y al que llama, se le abrirá. ¿O qué hombre hay entre ustedes que si su hijo le pide pan, le dará una piedra, o si le pide un pescado, le dará una serpiente? Pues si ustedes, siendo malos, saben dar buenas dádivas a sus hijos, ¿cuánto más su Padre que está en los cielos dará cosas buenas a los que le piden?

(Mt 7:7-11)

La oración no solo pide y recibe, sino también se da gracias, se adora y se alaba al Señor Dios. Hay dos responsabilidades en la oración, la responsabilidad de Dios y nuestra responsabilidad. Usted no puede tener la una sin la otra; la oración es tanto humana como divina. Note la intensidad del Señor en la progresión de este pasaje: «Pidan… busquen… llamen». Claramente, Jesús tenía en mente que debemos involucrarnos de manera activa en el proceso de oración. ¡La oración no es un deporte para espectadores!

Cada petición, cada deseo de nuestro corazón y cada necesidad, debe comenzar con oración: debemos buscar el permiso de Dios y la manera de conocer Su voluntad. Gracias a que Jesucristo ha entrado en nuestra vida y ahora Él se ha *convertido* en nuestra Vida, tenemos el privilegio y la autoridad para acercarnos a Él y hacer peticiones (Ef 3:11-12; Heb 4:16).

Dios siempre está en el proceso de contestar la oración. Este simple mensaje es el propósito fundamental de Mateo 7:7-11. Tal vez alguien pregunte: «¿Significa eso que cualquier persona puede pedir, buscar, llamar y encontrar?». No, porque el Sermón del Monte está dirigido a los seguidores de Cristo. Él está hablando acerca de Sus propios hijos.

Hay un elemento vital en la oración que la mayoría de las personas pasan por alto, que es la perseverancia en la oración. Así veamos que no pasa nada —una demora entre lo que pedimos y lo que recibimos—, no significa que Dios no conteste nuestras oraciones. En Lucas 18:1-8, Jesús cuenta la parábola de una viuda persistente que exasperó tanto a un juez malo que este finalmente concedió lo que ella quería. Cristo usó este ejemplo para enseñarle a Sus seguidores cómo tenían que orar sin desanimarse. ¿Por qué Jesús pone tal énfasis en la perseverancia? Porque muy a menudo Él demora la respuesta a las peticiones de oración, incluso si la petición que usted hace es, de hecho, conforme a la voluntad de Dios. ¿Por qué se demora Dios? Si ve dentro de nosotros actitudes de rebelión, amargura o falta de perdón, o si nota ciertos hábitos no saludables en nuestro estilo de vida, Dios pospone la respuesta a Sus hijos. Puede que ya la haya empacado y la tenga lista para ponerla en nuestro camino, pero no puede hacerlo ni lo hará hasta que estemos en posición espiritual de recibirla.

Una segunda razón para la demora de Dios es que Él está en el proceso de probar nuestra sinceridad para formar en nosotros un espíritu persistente. Si estamos realmente serios, no daremos a conocer nuestra petición tan solo una vez y luego nos rendiremos si no recibimos respuesta después de algún tiempo.

Es por esa razón que Dios dice que oremos, y que sigamos orando, pidiendo, buscando y llamando. Persevere, no se rinda. Resista. Siga aferrado allí, incluso cuando no vea evidencia alguna de que Dios contestará su oración.

En tercer lugar, Dios a menudo demora la respuesta a la oración a fin de formar nuestra fe. Él fortalece nuestra confianza poniéndonos a prueba. ¿Cómo nos prueba Dios? Algunas veces, retirándose. Cuando usted y yo comenzamos a pedir, buscar y llamar, algo sucede en nuestro andar con Dios. Cuando le hablamos, estamos desarrollando y alimentando nuestra relación con Él. Estamos llegando a conocerlo —quién es Él y cómo opera—. ¿Se da cuenta de que tan pronto usted se convierte en uno de Sus hijos, lo que Dios quiere darle por encima de cualquier otra cosa es Él mismo? Él quiere que usted lo conozca.

Una cuarta razón de las demoras de Dios es el desarrollo de la paciencia dentro de nosotros cuando soportamos en oración hasta que Su tiempo sea el correcto. El tiempo de Dios no siempre encaja con el nuestro. A Él le interesa muchísimo más que le conozcamos, a que obtengamos de Él todo lo que desea nuestro corazón.

¿Diría usted que la oración es una parte vital e integral de su programa diario? No hay manera en que Jesucristo sea parte de mi vida a menos que yo sea un hombre de oración. Dialogo, comparto y me relaciono con Él todo el día. ¡Él es mi vida! Puedo decirle que cada momento que paso con Él es una bendición.

Conozco a incontables cristianos que se han involucrado en tantas actividades que la oración comienza a dejarse a un lado mientras ellos van diligentemente por todos lados sirviendo al Señor en sus propias fuerzas y sabiduría. Una de las razones fundamentales por la que no oramos es que nos ocupamos con tantas distracciones que no tenemos tiempo para las cosas que verdaderamente importan más. ¿Por qué hacemos esto? Estoy convencido de que tiene que ver con negar y evitar. No estamos dispuestos a que Dios tome Su escalpelo, nos abra hasta llegar a lo más íntimo de nuestro ser, y lidie con las cosas que jamás hemos vencido.

¿Sabe usted que una de las vetas de oro más grandes que jamás se han descubierto en los Estados Unidos se encontró a un escaso metro de donde mineros anteriores habían dejado de excavar? A menudo, los cristianos experimentan el mismo problema: La mayor de las bendiciones de Dios se encuentra un poquito más allá de donde nos rendimos, apenas un poco más allá de donde estamos dispuestos a ir.

Si usted le hace una petición a Dios y Él le muestra claramente que no es Su voluntad, es natural que usted deje de orar al respecto. Sin embargo, usted cree que Dios está desarrollando algo en su vida, o si existe una necesidad seria y muy profunda, no deje de orar. Dios quiere responder a esa oración. Puedo pensar en las veces cuando todo dentro de mí quería detenerse, pero yo simplemente seguía orando y clamando a Dios. Efectivamente, de repente y sin advertencia alguna, se levantaba el velo y allí estaba la respuesta, mirándome directamente a la cara. Si hubiese renunciado el día anterior, habría tomado alguna decisión precipitada por mi cuenta y me habría perdido lo que Dios quería proveer.

La Biblia no dice en ninguna parte que la oración sea fácil. Involucra una lucha, y habrá momentos en que Satanás le atacará cuando usted esté de rodillas, acosándolo con la duda y enviándole pensamientos que distraigan su mente. Una de las armas más efectivas de Satanás es que usted sienta que no vale nada delante de Dios. No estoy hablando de humildad verdadera, sino de un sentimiento nada saludable de desprecio. La Escritura hace añicos este temor proclamando que usted y yo tenemos libertad en Cristo para acercarnos con denuedo al trono mismo de Dios en oración. Cuando usted vaya al Señor, no sea tímido ni se sienta avergonzado, más bien, ¡inclínese ante Él y regocíjese! Exclame: «Señor Jesús, alabo Tu nombre porque eres mi vida. Te agradezco que pueda venir a Ti con confianza porque me has dicho que pida, que busque y que llame. Señor, vengo como Tu hijo, confiado en que escuchas lo que digo. Tengo la certeza de que le darás dirección a mi vida y la plena confianza de que responderás a mi oración. Te alabo y acepto con anticipación las respuestas a mi oración. Alabado sea Dios. ¡Amén!».

No siempre nos gustan las respuestas que Dios da. Él no prometió darle todo lo que usted pida, en vez de ello, en Mateo 7:11, promete que todo lo que da es bueno para nosotros. Con seguridad usted no quiere que Dios le dé algo que le haría daño o que por último destruyera su vida, ¿o sí? Por esa razón, Jesús establece el límite por adelantado y dice que solo nos dará lo que es bueno.

No se preocupe por pedirle a Dios algo demasiado grande. No puede pedirle a Dios nada tan monumental que Él no pueda hacer si lo considera bueno. Dios recibe la honra con las peticiones grandes, difíciles y hasta imposibles cuando pedimos, buscamos, llamamos y confiamos en que nuestro amoroso Padre siempre responderá para nuestro bien.

Si usted aplica activamente esta simple verdad, Dios transformará su vida de oración, lo cual a su vez transformará sus relaciones, su efectividad, su familia, su negocio y todos los demás aspectos de su vida. El privilegio de la oración es una herencia que le pertenece a cada hijo de Dios, un potencial que va más allá de toda comprensión humana. Es una obra de la gracia de Dios que Él nos ha dado a cada uno de nosotros. Es mi oración que usted no deje que esa herencia se desperdicie en su vida. Permítale a Dios que haga de usted el hombre, la mujer, el o la joven que Él desea que usted sea. Aprenda a relacionarse con Él. Alimente ese ser interior de Cristo en su vida de oración. Haga de su vida diaria de oración una relación continua e íntima de conversación con el Señor Jesucristo.

Tan pronto establezca una vida de oración con Dios, comenzará a aprovechar Su fuerza para pelear sus batallas espirituales. ¡Usted ganará cada vez si pelea sus batallas de rodillas!

UN ENEMIGO REAL

Escuchamos acerca de conflictos y ataques que tienen lugar en todo el mundo, pero a menudo parecen muy distantes. La verdad es que cada uno de nosotros enfrenta una guerra cada día pues batallamos contra el diablo, pero muchas personas no reconocen la obra de Satanás y confunden su ataque con las luchas de la vida diaria.

Un enemigo siempre quiere estar camuflado y cubierto para que pueda desplazarse en las sombras sin ser detectado. A Satanás le encanta que las personas duden de su existencia, pero no se deje engañar, él es muy real. Jesús reconoció claramente la realidad del diablo, quien lo tentó en el desierto (Mt 4:1). Sabemos que Pablo creía en el relato bíblico de la tentación de Satanás en el huerto (Gn 3) porque en 2 Corintios 11:3 hace referencia a la serpiente que engañó a Eva.

Satanás es un mentiroso. Trata de convencernos de que no existe. Quiere que creamos que todas las religiones son lo mismo y que toda la gente llegará al cielo de uno u otro modo. Esa es la manera en la que opera: todo suena bien, pero es una mentira.

Nuestro enemigo es muy cuidadoso en la manera en que se acerca. Apela primero a nuestra mente. Nosotros no actuamos de inmediato conforme a nuestras tentaciones. La espiral hacia abajo comienza con nuestros pensamientos. Nuestros cuerpos simplemente se vuelven en la dirección que nuestra mente esté contemplando.

En el Libro de 2 Corintios 10:5 leemos: «Destruyendo especulaciones y todo razonamiento altivo que se levanta contra el conocimiento de Dios, y poniendo todo pensamiento en cautiverio a la obediencia de Cristo». Deliberadamente, debemos tomar control de nuestro pensamiento porque nuestra mente es el campo de batalla donde Satanás se enfrenta a nosotros. Si hemos de ganar la batalla contra Satanás, debemos poner nuestros pensamientos bajo el control del Señor Jesucristo.

Satanás es un enemigo temible. Tal vez podamos controlar algunos de nuestros pensamientos, pero no podemos resistirlo por nuestra cuenta. Si quedamos abandonados a nuestros propios recursos, pecaremos al decir: «Está bien. Todo el mundo lo hace. Eso simplemente no se aplica a nuestra cultura, la Biblia está pasada de moda». Tal pensamiento proviene de permitirle entrada al diablo en nuestra mente. Debemos guardar activamente nuestro pensamiento contra su engaño.

La batalla para nuestra salvación se ganó en la cruz y el diablo sabe que es un enemigo derrotado, destinado al infierno por la eternidad. Como no puede llevarse con él a un solo hijo de Dios, en vez de ello trata de destruir nuestro testimonio. Sin embargo, cuando reconocemos el engaño de Satanás y dependemos de la fortaleza de Jesucristo para resistirlo, podemos tener confianza de la victoria.

LA FUERZA PARA PERMANECER DE PIE

¿Alguna vez ha enfrentado circunstancias tan abrumadoras que se preguntó cómo podría sostenerse bajo su peso? Todos tenemos sentimientos de debilidad, y aunque ninguno de nosotros disfruta de esas experiencias, los períodos de impotencia y vulnerabilidad no son necesariamente negativos. Si nuestra debilidad resulta en autocompasión, desesperación o pecado, entonces es dañina, pero si nos lleva a la dependencia de Dios, es beneficiosa. Frecuentemente, el temor y el desaliento son causados por el embate del enemigo, un ataque intencionado y determinado por parte del diablo con el propósito de dañar nuestro espíritu, alma y cuerpo.

Satanás no es omnipotente, pero de todas maneras es un adversario muy poderoso. Sin embargo, Dios no nos deja para que nos las arreglemos solos, y quiere que entendamos la plenitud y la certeza de Su capacidad sobrenatural para ayudarnos. Ésa es la razón por la que Efesios 6:10 nos dice que seamos fuertes en el Señor y en el poder de Su fuerza. Cuando usted confía en Jesús como su Salvador, el Espíritu Santo viene a morar dentro de usted. Esto significa que dentro suyo está viviendo un miembro de la Trinidad que tiene poder sobrenatural, un poder más grande que el de Satanás, el cual le capacita para permanecer firme. El mismo poder divino que creó los cielos y la tierra, que calmó los mares y que resucitó a los muertos está a disposición de cada creyente por medio del Señor Jesucristo, y es absolutamente esencial durante los ataques espirituales.

La Biblia nos dice que permanezcamos firmes y resistamos al diablo (Ef 6:10; Stg 4:7). No dice: «Ármate y ve a pelear contra él», en vista de que la batalla por nuestra salvación ya ha sido ganada en la cruz. Una vez que usted se convierte en hijo de Dios, está eternamente seguro y Satanás no puede tener su espíritu, su alma ni su vida eterna (Jn 10:29-30). No obstante, su meta es frustrar el plan del Señor para usted, y puede ocasionar una gran cantidad de daño. Está al acecho para robarle su paz y su gozo, para causar confusión e ira y para alentar las malas relaciones en su vida. Él hará todo lo que pueda para engañarle y robarle las bendiciones que el Señor ha prometido. Cuanto más intente usted vivir una vida más santa delante de Dios, tanto más fuertes serán los ataques. Lo que Satanás quiere dañar es su testimonio; él quiere arruinarlo y hacerlo tan ineficaz como sea posible.

¿Diría usted que la suya es una vida santa y que está andando en obediencia a Dios? Si no es así, puede que usted se haya dejado vencer por algún ataque satánico, que haya creído en la mentira del diablo, y que de algún modo se haya entregado a él. Lo que pudo haber parecido una tentación inocente al comienzo, puede al final ejercer un fuerte dominio sobre usted. Los cristianos han de estar bajo el control de Dios, pero en última instancia, el enemigo lo quiere tener a usted bajo su influencia, y hará lo mejor que pueda por destruir todo lo bueno en su vida. Los objetivos de Satanás son muy claros: alejar a los creyentes de Dios y quitarle al Señor la gloria que solo Él merece. Mientras el diablo esté cerca, sufriremos sus ataques, así que la pregunta no es cómo evitar los ataques satánicos, sino cómo vencerlos.

Pablo traza el plan de batalla en el sexto capítulo de Efesios. Primero, debemos identificar al enemigo (vv. 11-12); segundo, debemos vestirnos con toda la armadura de Dios y permanecer firmes (vv. 13-17). El siguiente versículo revela la clave para resistir las arremetidas de Satanás: debemos apropiarnos de la fortaleza del Dios viviente. ¿Cómo obtenemos Su poder en nuestra vida, para no quedar atados en cada una de las circunstancias en que nos encontremos? Solo hay una manera: por medio de la oración (v. 18).

Es a través de la oración que el Señor libera Su energía, Su divino poder y Su protección, habilitándonos para vivir una vida piadosa, santa y pacífica sin importar las circunstancias en las que nos encontremos. Es solo a través de la oración que nuestra mente y espíritu pueden discernir lo que la persona promedio no puede detectar. Solo por medio de la oración podemos percibir las advertencias de los ataques de Satanás que pueden apuntar en cualquier dirección: Las finanzas, la familia, las relaciones o la salud. Lo único que Satanás odia por encima de todo lo demás es al creyente que sabe cómo persistir en oración y reclamar las promesas de Dios. El enemigo no tiene defensa contra la oración perseverante, la cual aplasta su poder y lo hace huir deprisa. Por otro lado, cuando no oramos, nos alistamos para la derrota.

Tenemos este poder a nuestra disposición, y sin embargo, muchas veces no logramos permanecer firmes contra los ataques satánicos. Por cuanto nuestro enemigo conoce el poder de la oración, él usará las distracciones contra nosotros, para que nuestra mente se centren en todo menos en la oración. Él hará todo lo posible para evitar que pasemos tiempo en comunión con nuestro Padre celestial. Satanás quiere que estemos demasiado ocupados como para poder hablar con Aquél que todo lo sabe, siempre nos ama y desea defendernos en cualquier situación.

Pablo sabía cuán esencial es reconocer el papel de la oración para protegernos contra el ataque espiritual. Nuestro Padre celestial ve toda la zona de combate en la que usted y yo vivimos a diario. Él sabe dónde nos encontramos en el campo de batalla y conoce la naturaleza de nuestras debilidades. También está al tanto de lo que Satanás trama en nuestra vida: cada truco astuto, el lugar exacto donde atacará, y las personas a quienes usará en el esfuerzo.

Si usted no ora, si no clama por la dirección y la guía divinas, y si no se pone por fe la armadura de Dios cada día, el enemigo tendrá éxito. Además, es probable que le golpee allí donde usted menos lo espera porque esa es su estrategia de batalla.

No se puede exagerar la importancia de la oración. La comprensión que usted tenga de la Biblia estará en proporción directa con sus oraciones. La santidad y la rectitud de su vida se relacionan directamente con sus oraciones. Su productividad y utilidad para con el Dios todopoderoso también son proporcionales a su comunicación con el Padre. Es de suma importancia que pueda entender que la oración no debería ser: «Señor, por favor, bendíceme, bendícelo a él, bendícela a ella. Dame esto, dame aquello». Esas oraciones cortas y pequeñas están bien si usted anda «apresurado». Sin embargo, la oración seria es hablarle a su Padre celestial, quien escucha y desea contestar. Es cuestión de humillarse y reconocer no solo su necesidad, sino también la presencia, la santidad y la justicia de Dios. La fuente de nuestra fortaleza es el Dios vivo, y Su poder se canaliza en nuestra vida fundamentalmente cuando lo escuchamos y hablamos con Él.

Al entender exactamente lo que hace falta para liberar el formidable poder de Dios, Pablo escribe: «Con toda oración y súplica oren en todo tiempo en el Espíritu...» (Ef 6:18). Por «toda oración», se refiere a la oración en general, es decir, peticiones, acciones de gracias, alabanza e intercesión, siendo todas ellas importantes. Luego, usa la palabra «súplica», que se refiere a una petición particular y singular. Dios manifiesta Su poder por medio de la oración cuando le pedimos algo específico y hace exactamente lo que le pedimos. En cambio, si solo oramos de la siguiente manera: «Bendíceme, bendice esto, bendice aquello», ¿cómo podemos saber si Dios ha contestado?

Pablo también habla acerca de orar en todo tiempo. Somos lo más vulnerables a los ataques satánicos cuando no estamos orando. Satanás dispone una secuencia de eventos en su vida y en la mía para derrotarnos. Su meta es que usted esté demasiado ocupado, distraído, o que sea demasiado negligente para orar, porque una vez que usted deja de orar, pronto comenzará a preocuparse, las cargas se harán más pesadas y se sentirá desalentado y cansado. Finalmente, usted se sentirá emocional, espiritual y físicamente débil. Luego, cuando baje la guardia, Satanás lo golpeará. ¡Usted simplemente no puede darse el lujo de no orar!

El Libro de 1 Tesalonicenses 5:17 nos da mayor instrucción con tres palabras poderosas: «Oren sin cesar». ¿Cómo podemos orar en todo momento? Significa vivir conciente de Dios. Piense en términos de un teléfono.

Si usted cuelga, ha desconectado la llamada. «Oren sin cesar» significa que usted no cuelga, sino que permanece continuamente en la línea con Dios. Así es como Él quiere que vivamos. Por ejemplo, si me encuentro con alguien por quien he estado orando y algo bueno ha pasado en su vida, diré: «Gracias, Dios, por lo que hiciste por esta persona». Si veo que el mal continúa, diré: «Dios, confío en que corregirás esta situación». La cierto es que deberíamos ser capaces de hablarle al Padre de manera específica todo el tiempo. «Oren sin cesar» significa vivir en comunión con el Padre, y estar constantemente conscientes de Su presencia.

La única manera en la que podemos ser lo suficientemente fuertes como para resistir las trampas y las falsedades del diablo es tener una relación en la que Dios siempre hable a nuestro corazón y nosotros siempre le contestemos. Usted y yo no podemos discernir a menos que nos mantengamos en oración como debiéramos. Por eso le pregunto: ¿en qué piensa cuando va manejando por la autopista? ¿Por qué no le habla a Dios? Al sentarse en su escritorio, ¿en qué está pensando? Usted puede hablarle al Padre. Háblele acerca de todo. Satanás quiere que uno piense que hay momentos cuando no necesita a Dios, y como detesta que usted esté de rodillas, lo mantendrá demasiado ocupado para orar.

¿Es su vida de oración lamentable o poderosa? Nadie más puede ponerse la armadura espiritual por usted. Si quiere lo mejor de Dios en su vida, póngase de rodillas. El poder divino y sobrenatural está a su disposición si usted clama a Dios y lo hace por fe. Sus oraciones liberan el poder de Dios en su vida y hacen posible que usted se mantenga firme contra toda arremetida por parte del diablo.

LA ARMADURA DE DIOS

Los fastidios. Las frustraciones. Los sentimientos de insuficiencia. Los momentos de duda y de temor. ¿De dónde vienen estas emociones? ¿Son voluntarias? ¿O acaso tenemos otra fuerza que obra en contra de nosotros, alguien que, si pudiera, destruiría nuestra paz y le daría evidencia sólida a nuestros temores?

Seríamos negligentes si le diéramos a Satanás el crédito por todo lo que sale mal en nuestras vidas. Ciertamente, lo último que necesitamos hacer como creyentes es enfocar constantemente nuestros ojos espirituales en el enemigo y en sus tácticas. Josué, Josafat, Nehemías, Ester y Daniel tenían algo en común: se negaron a hacer demasiado hincapié en la intervención de Satanás en sus vidas. Cada uno enfrentó situaciones imposibles, pero todos ellos se volvieron a Dios, quien posteriormente trajo liberación.

Si bien tenemos un enemigo real que se propone destruirnos, no estamos indefensos. Tenemos la fuerza que Cristo nos dio para vencer a nuestro adversario. Esta es nuestra esperanza: Cristo venció el mal más profundo, oscuro y fuerte del que Satanás fue capaz. En Su muerte y resurrección, Cristo acabó con el poder del pecado y puso fin a la muerte eterna.

Satanás puede tentarnos al pecado, pero podemos decirle «no» a sus tentaciones (1 Co 10:13). No somos títeres que se tambalean en sus manos. Le pertenecemos al Hijo de Dios, somos Suyos y Él es nuestro Salvador eterno. Jesús ganó la victoria y proclama el nombre de todo aquel que cree en Él ante el trono de la gracia de Dios. Nada puede separarnos de Su amor eterno (Ro 8:38-39).

Por otro lado, el apóstol Pedro nos advierte: «Sean de espíritu sobrio, estén alerta. Su adversario, el diablo, anda al acecho como león rugiente, buscando a quien devorar. Pero resístanlo firmes en la fe...» (1 P 5:8-9).

Quizás usted pregunte: «Si Jesucristo ha ganado la victoria, ¿por qué seguimos en la batalla?». La razón para esto es que vivimos según el cronograma de Dios. Él sabe el momento exacto de la derrota final de Satanás. La victoria presente es nuestra a diario, al aferrarnos a Jesucristo. Sin embargo, debemos reclamar esa victoria y aprender a andar en el Espíritu, así como Cristo anduvo aquí en la tierra.

Una de las razones principales para la venida de Jesús fue para identificarse personalmente con nosotros, nuestras necesidades, nuestros sufrimientos, nuestros gozos e incluso nuestros fracasos. Aunque Cristo nunca sufrió la derrota, Él sabía lo que era estar separado del Padre. En la Cruz, por un breve momento, estuvo separado de Dios al llevar nuestros pecados. Pero la muerte no pudo asirlo. Jesús canceló el pecado de la humanidad con Su sangre expiatoria, y al hacerlo, preparó el escenario para la derrota final de Satanás. Cuando nos damos cuenta de que Dios comprende lo que estamos enfrentando y está dispuesto a proveer la fuerza que necesitamos, entonces confiar en Él incluso en los detalles más pequeños se convierte en parte natural de la vida.

Hasta que Cristo vuelva, somos soldados comprometidos en la guerra espiritual, y tenemos la victoria cuando batallamos en el poder y en el nombre del Dios viviente. Las palabras de advertencia de Pedro para nosotros no son una señal para darnos la vuelta y correr, sino para permanecer firmes en nuestra fe, confiando en Dios y negándonos a que las tentaciones y los engaños del enemigo nos desvíen de la meta. Una de las mejores maneras de defendernos y vencer las tretas de Satanás es entender nuestra posición en Cristo. El Libro de Romanos es fundamental en este aspecto.

El apóstol Pablo escribe: «Porque todos los que son guiados por el Espíritu de Dios, los tales son hijos de Dios. Pues ustedes no han recibido un espíritu de esclavitud para volver otra vez al temor, sino que han recibido un espíritu de adopción como hijos, por el cual clamamos: «¡Abba, Padre!». El Espíritu mismo da testimonio a nuestro espíritu de que somos hijos de Dios. Y si somos hijos, somos también herederos; herederos de Dios y coherederos con Cristo...» (Ro 8:14-17).

Satanás es un enemigo que se debe respetar y entender. En vez de someterse a Dios y a Su omnipotencia, el diablo se rebeló y se llevó con él a un tercio de las huestes celestiales. La victoria de Cristo sobre Satanás es total y completa. Por mucho que lo intente, nunca podrá quitarle a Dios la victoria de Su mano todopoderosa. Si usted está viviendo para el Señor Jesucristo, Él le dará el poder para hacer la voluntad de Dios y así encontrar bendición y seguridad.

Pablo nos dice cómo ponernos la armadura de Dios cuando batallamos contra nuestros enemigos espirituales:

Por lo demás, fortalézcanse en el Señor y en el poder de su fuerza. Revístanse con toda la armadura de Dios para que puedan estar firmes contra las insidias del diablo. Porque nuestra lucha no es contra sangre y carne, sino contra principados, contra potestades, contra los poderes de este mundo de tinieblas, contra las fuerzas espirituales de maldad en las regiones celestes. Por tanto, tomen toda la armadura de Dios, para que puedan resistir en el día malo, y habiéndolo hecho todo, estar firmes.

Estén, pues, firmes, *ceñida su cintura con la verdad,* revestidos con la *coraza de la justicia, y calzados los pies con la preparación para anunciar el evangelio de la paz.* Sobre todo, tomen *el escudo de la fe* con el que podrán apagar todos los dardos encendidos del maligno. Tomen también el *casco de la salvación*, y la *espada del Espíritu* que es la palabra de Dios.

(EF 6:10-17, ÉNFASIS AÑADIDO)

Aunque a veces, especialmente en nuestra era presente, parece que estamos en medio de una horrorosa conflagración física, la verdadera guerra que enfrentamos es contra los poderes de las tinieblas espirituales. La meta de Satanás no ha cambiado a lo largo de los años. Si bien el enemigo conoce su destino final, nunca cederá en su intención maligna contra el reino de Dios, hasta que Cristo lo lance al lago de fuego eterno (Ap 20:10). La única manera en que puede dañar al reino de Dios ahora es tentando a los amados hijos de Dios para que cedan al pecado, dañando así su comunión con el Señor.

Satanás tratará de desalentarle llenando su mente con una serie de dudas y confusión, pero usted no tiene que creerle porque ha recibido el mensaje del evangelio de Cristo como una autoridad segura. La Palabra de Dios le brinda todos los detalles que usted necesita saber acerca de Satanás.

Pablo también nos amonesta a «estar firmes», una expresión que denota fe extrema en Aquel que nos da vida y fortaleza. Pero el enemigo de la fe es el orgullo, un sendero seguro a la derrota espiritual. He visto a muchos en el ministerio que han caído por causa del orgullo y han quedado rezagados por su negativa a humillarse delante de Dios y aceptar Su plan para sus vidas. Ésta es una de las razones por la que es sumamente importante ponerse toda la armadura que Dios nos ha dado. La armadura nos mantiene conscientes de quién tiene el control de nuestras vidas y quién es nuestro abogado delante del Padre (1 Jn 2:1).

No podemos derrotar o tan siquiera resistir al enemigo por nuestra cuenta. Solo por medio del poder de Jesucristo tenemos la capacidad de permanecer y afirmar lo que Dios ha hecho a través de Su hijo. La victoria tuvo lugar en el Calvario (Col 2:13-15). Por supuesto, si exigimos que las fuerzas de Satanás se alejen sin usar el nombre de Jesucristo, nos colocamos en posición para ser derrotados en nuestro orgullo. El orgullo también entra en juego cuando pensamos que tenernos el control de nuestras vidas. «… DIOS RESISTE A LOS SOBERBIOS, PERO DA GRACIA A LOS HUMILDES» (Stg 4:6b).

Desarrolle el hábito de reclamar la armadura de Dios cada mañana antes de salir de su casa. Este es un acto consciente de someter su vida al Señor como su autoridad final. Reconocer su necesidad de Él no es una señal de debilidad, sino de confianza inquebrantable. Cuando usted pone su fe en Jesucristo, el cielo está de su lado.

¿Permanece usted totalmente vestido con Su armadura, o se levanta en las mañanas, toma una taza de café y sale corriendo por la puerta? ¿Piensa usted en Jesús a lo largo del día, anhelando pasar más tiempo con Él en la noche, tan solo para encontrar que hay otros compromisos que toman Su lugar?

Establezca un tiempo para estar a solas con Dios y comprométase a mantenerlo. Deje que la vida de Jesucristo sea su ejemplo. Incluso antes de comenzar Su día, el cual era mucho más atareado que el nuestro, Cristo se levantaba para estar a solas con el Padre. Tal vez su tiempo ya esté estirado hasta el límite. Dios sabe lo que usted enfrenta, y le ayudará a encontrar el tiempo para estar con Él si ese es verdaderamente el deseo de su corazón.

Sin importar qué suceda en su vida, la decisión más sabia que jamás tomará es la de pasar tiempo con el Señor con regularidad. Esto le enseña a reconocer cómo se mueve Satanás y le prepara para la batalla cuando el enemigo se aproxima. Pablo dijo a los efesios que estaban en una guerra, pero vestidos con la armadura de Dios la victoria era suya.

SEIS

UN MENSAJE PRECISAMENTE PARA USTED

¿Cuándo fue la última vez que escuchó a Dios hablarle a su espíritu?

Creo que Dios desea comunicarse a diario con cada uno de nosotros; de hecho, tantas veces como necesitemos escucharlo, lo que puede ser varias veces al día. Él siempre tiene un mensaje para nosotros que es más oportuno que las noticias del día, y más importante que cualquier mensaje que pueda traernos cualquier persona en la tierra.

En una ocasión una mujer me expresó que su suegra había muerto unas semanas antes, luego de una experiencia muy dolorosa con el cáncer de estómago. Yo comencé a darle mis condolencias, cuando la mujer me interrumpió y dijo:

—Estoy contenta de que esto pasara.

Yo me quedé un poco desconcertado.

—¿Contenta? —Le pregunté.

—Ah, sí —indicó—. Esto no fue para nada algo negativo. Fue la experiencia más positiva de su vida, y sin duda una de las experiencias más positivas de la mía.

La mayoría de la gente consideraría que el cáncer de estómago es cualquier cosa menos algo positivo. Sentí un gran interés por escuchar más de su historia; y ella estaba feliz de contarla.

—Mi suegra fue una de las mujeres más amargadas, rencorosas y difíciles que he conocido. Desde el primer momento en que ella puso los ojos en mí, supe que estaba decidida a ser mi enemiga —comenzó a explicar—. De hecho, mi esposo y yo nos fugamos para casarnos a fin de no tener que lidiar con ella en nuestra ceremonia de boda. Durante los quince años que la conocí, antes de que le diagnosticaran el cáncer, de sus labios nunca escuché una palabra amable; excepto con nuestra hija. Ella tenía un lugar suave en su corazón para nuestra hija, pero solo para ella y nadie más. No solo era mala conmigo, sino también con mi esposo, con sus otros dos hijos y con todos los que se topaba. Los diferentes técnicos reparadores me confesaron que temían que ella los llamara, e incluso el clérigo más amable que conocemos tuvo dificultades con sus reprimendas y sarcasmo.

—Debe haber sido una mujer con mucho dolor interior —aseveré.

—Sí —respondió ella—. Sin embargo, no me di cuenta de cuánto dolor interior albergaba hasta después de su diagnóstico. Hasta ese momento, solo pensé que era una mujer mala y odiosa. No me tomé el tiempo, ni hice el esfuerzo para ver más allá de su fachada.

—Quizás no le permitió ver dentro de ella —le dije.

—Creo que es así —coincidió—. Tenía un muro de piedra alrededor del corazón; y lo mantuvo allí durante varias semanas después de que su médico le dijera que tenía cáncer. Inicialmente, solo le dieron unas pocas semanas de vida. Para todos los que la conocieron y supieron sobre su enfermedad, fue increíble que viviera casi cinco meses.

—¿Y cree que fue la gracia de Dios? —Le pregunté.

—Sí —respondió—. Lo que pasó fue lo siguiente. Ella rechazó todos los ofrecimientos de ayuda excepto el de nosotros. Mi esposo y yo éramos los únicos a los que ella permitía entrar a su casa para prepararle la comida, cambiarle la ropa de cama y lavar su ropa. Cuando el dolor se intensificaba, nos pedía que le leyéramos o que nos quedáramos y conversáramos con ella para ayudarla a no pensar en el dolor. Con el paso de los días, y al ver que yo la cuidaba con amor y preocupación, sin críticas ni muestras de odio, ella empezó a contarme su historia. Y yo comencé a entender por qué estaba tan llena de ira.

—¿Fue algo que le ocurrió en la infancia? —Supuse.

—En realidad, en su adolescencia —dijo—. Una mujer en su iglesia la acusó de robar fondos que el grupo de jóvenes había reunido para salir a esquiar. Las acusaciones se hicieron de una forma sumamente hiriente y pública, y mi suegra tuvo pocas posibilidades de defenderse o de responder a los cargos. Ella no había robado el dinero, pero, irónicamente, casi al mismo tiempo, en la cuneta de una calle cerca de su casa, se había encontrado un pequeño monedero con veinte dólares, los cuales gastó, pensando que era la beneficiaria de «el que se lo encuentra se lo queda». Cuando explicó que esta fue la razón por la que había gastado más dinero últimamente, la mujer se negó a creer su historia, y no solo la llamó ladrona, sino también mentirosa.

Mi suegra se enojó tanto que se apartó de la iglesia y le dio la espalda a Dios. Durante muchos años me dijo que era atea. Después del diagnóstico, modificó eso para decir que no creía en Dios porque si había un Dios, este debería ser justo y recto, y que en esta lamentable situación no hubo justicia para ella.

—Así que estuvo enojada y amargada durante décadas —expresé.

—Sí, durante cuarenta y nueve años. Cuanto más sufría debido a su enfermedad, más concluía que no había un Dios de misericordia o bondad. Sin embargo, no podía explicar la paz que mi esposo, mi hija y yo sentíamos en nuestros corazones, ni la bondad y el amor que le prodigábamos. Poco a poco, ella comenzó a ablandarse. Incluso, cuando tenía dolor, empezó a pedirnos que le leyéramos algunos de los salmos. También sostuvimos algunas conversaciones sobre el cielo.

—¿Aceptó al Señor como su Salvador antes de morir? —Le pregunté.

—Sí, pero sucedió de una manera que nunca me hubiera imaginado —explicó mientras le brotaban lágrimas de los ojos.

Un día, cuando fui a prepararle la cena, nuestra hija me acompañó. Ella dijo: «Abuelita Lou, te amo. Y Jesús me dijo que te dijera que Él también te ama». Me quedé completamente paralizada. Me dispuse para lo que estaba segura de que sería la respuesta de mi suegra, probablemente algo como: «Para ti es bueno creer». En cambio, ella señaló: «Lo sé, querida. Él mismo me lo dijo anoche».

Ella levantó la vista y estoy segura de que leyó mi rostro, que sin duda expresaba gran sorpresa y agrado. Luego añadió: «Vi a Jesús anoche. Se acercó a los pies de mi cama rodeado de una luz brillante y dijo: "Lou, estoy aquí para decirte que te amo. Quiero que vengas a vivir conmigo"».

—¡Maravilloso! —Expresé.

Ella continuó:

—Estaba tan atónita que todo lo que pude balbucear fue: «Eso es maravilloso, madre Lou». Ella dijo: «Sé que quizás pienses que es extraño que Él viniera a invitarme así, y yo también me sorprendí bastante. Le pregunté: "¿Cómo puedes amar a una vieja arpía como yo?". Él señaló: "Cuando vivas conmigo ya no serás una vieja arpía". Y luego se fue».

Poco tiempo después, le pidió a mi esposo que hiciera la oración de fe con ella. Y aproximadamente una semana después, murió. Justo antes de morir expresó: «Perdí muchos años quejándome de Dios. En lugar de hablar tanto en Su contra, debería haberlo escuchado un poco más».

—¡Qué tremendo testimonio! —exclamé.

—Mi suegra no es la única que tiene un testimonio —respondió—. El Señor hizo algo maravilloso en mi propio corazón a través de esto. Mientras atendía a mi suegra descubrí que yo no amaba como Cristo. Me arrepentí del odio que había tenido hacia mi suegra, y le pedí a Dios que me perdonara y me ayudara a amarla como Él la amaba. Dios suavizó mi corazón y me dio una compasión y una ternura hacia ella que nunca hubiera creído posible. Ahora miro a la gente difícil con nuevos ojos. De hecho, estoy considerando tomar un puesto como voluntaria en el programa de hospicios. Creo que el Señor todavía tiene cosas que enseñarme y maneras de usarme.

—Estoy seguro de que así es —añadí.

—De algo estoy bien segura —dijo mientras nuestra conversación llegaba a su fin—, Dios puede cruzar *cualquier* barrera que podamos levantar. Estoy agradecida de que todavía Él tuviera algo que decirle a mi suegra. Tengo una nueva fe en que Él todavía tiene algo que decirme a mí también.

¡Sí, y mil veces sí! Dios sí tiene aún algo que decirnos a cada uno de nosotros. Él nunca llega a un punto donde no tiene un mensaje que sea precisamente para nosotros.

DIOS DESEA COMUNICARSE CON USTED

Cuando pensamos en comunicarnos con Dios, con mucha frecuencia pensamos en hablar con Dios. Al conversar con personas sobre la oración a lo largo de los años, he descubierto que la mayoría de las personas pasan aproximadamente el noventa y nueve por ciento de su tiempo hablando con Dios, diciéndole lo que quieren que Él haga, pidiéndole cosas que quieren que Él les dé, expresándole que creen en Sus promesas, incluso suplicándole a veces que haga cosas en sus vidas que Él ya ha hecho.

He conocido a personas que le han pedido a Dios en varias ocasiones que salve su alma. Una joven dijo: «He sido salva tres veces». Y podía describir cada ocasión con gran detalle. Ella había «ido al frente» en su iglesia cuando era una joven adolescente en respuesta a un llamado a salvación que se hizo desde el púlpito; luego había entregado su vida a Cristo cuando era adolescente, mientras se encontraba en un campamento juvenil, y finalmente, había orado para pedirle al Señor que viniera a su vida durante una reunión de oración en los dormitorios de su universidad. Un amigo le preguntó: «¿Cuál de las tres veces funcionó?».

La joven respondió: «Todas las veces sentí que Dios me perdonaba los pecados».

El hecho es que Dios perdonó su naturaleza pecaminosa y entró en su vida la primera vez que ella le pidió que lo hiciera. Ella se convirtió a Cristo la primera vez que se volvió a Dios para recibir Su perdón.

El hecho también es que Dios lo perdona cada vez que usted se acerca a Él y le confiesa que ha pecado. Él lo perdona, y luego lo ayuda a arrepentirse de sus pecados.

La salvación es una obra definitiva en su vida desde el momento en que acepta que Jesús murió en la cruz por sus pecados. El Espíritu Santo de Dios que mora en usted continúa convenciéndolo de que necesita cambiar ciertas áreas en su vida: hábitos que debe dejar o adquirir; actitudes que necesita modificar; respuestas automáticas que necesitan ser transformadas para alinearse con la Palabra de Dios y la vida de Cristo. Usted no necesita suplicarle a Dios que lo salve, lo perdone o lo cambie. Él le responde en el momento preciso en que usted se vuelve a Él para recibir Su amor. Y luego Él comienza una obra de renovación que seguirá desarrollándose por el resto de su vida.

Las personas que le piden a Dios reiteradamente que los perdone y que les salve el alma, deben aceptar el hecho indiscutible de que Él ya lo hizo. Luego, necesitan perdonarse a sí mismos y proseguir sus vidas.

Otras personas le piden cosas a Dios reiteradamente con una actitud de preocupación; y quieren asegurarse de que Dios no los olvide. No están cien por ciento seguros de que Dios les proveerá lo que necesitan. Pasan la mayor parte de sus días luchando y esforzándose para asegurarse de tener no solo suficiente riqueza material, sino también abundancia de riquezas materiales. Y luego, añaden una oración, «Oh, Dios, por favor dame esto, por favor dame aquello otro».

Jesús enseñó a Sus discípulos a orar: «Padre nuestro que estás en los cielos… El pan nuestro de cada día, dánoslo hoy» (Mt 6:9, 11, RVR1960). El concepto del pan de cada día va mucho más allá de una barra de pan integral para la nutrición física. *Pan* es un término que se refiere a todo lo que es necesario para la vida en su integridad. Se refiere a las cosas que necesitamos para el cuerpo físico, pero también a las cosas que necesitamos mental, emocional y espiritualmente. En una ocasión, Jesús les dijo a Sus discípulos: «... Yo tengo una comida [pan] que comer, que vosotros no sabéis». Cuando Sus discípulos le pidieron una explicación, Él respondió: «... Mi comida es que haga la voluntad del que me envió, y que acabe su obra» (Jn 4:32, 34, RVR1960).

Cuando usted le pide al Señor que le dé su pan de cada día, tiene la intención de que su solicitud signifique: «Dame hoy lo que sabes que necesito para llevar a cabo Tus propósitos para mí en la tierra. Confío en que suplirás todas mis necesidades».

Ahora, usted debe orar específicamente para que el Señor venza el mal; cuando sea y donde sea que lo encuentre, sea en usted mismo o en los demás. Ese es el papel principal de nuestras peticiones al Señor en oración. En Jericó, Jesús le preguntó a un ciego: «¿Qué quieres que te haga?» (Mr 10:51, RVR1960). Era evidente que el hombre era ciego; sin embargo, Jesús preguntó. Usted debe decirle al Señor lo que desea específicamente que Él haga para revertir el mal, destruir el mal y vencer al enemigo en su vida.

Sin embargo, usted no debe preocuparse en cuanto a sus necesidades diarias. Jesús enseñó:

> Por tanto os digo: No os afanéis por vuestra vida, qué habéis de comer o qué habéis de beber; ni por vuestro cuerpo, qué habéis de vestir. ¿No es la vida más que el alimento, y el cuerpo más que el vestido? Mirad las aves del cielo, que no siembran, ni siegan, ni recogen en graneros; y vuestro Padre celestial las alimenta. ¿No valéis vosotros mucho más que ellas? ¿Y quién de vosotros podrá, por mucho que se afane, añadir a su estatura un codo?... Porque los gentiles buscan todas estas cosas; pero vuestro Padre celestial sabe que tenéis necesidad de todas estas cosas. Mas buscad primeramente el reino de Dios y su justicia, y todas estas cosas os serán añadidas.
>
> (MT 6:25-27, 32-33, RVR1960)

Su comunicación con Dios debe incluir también alabanza y acción de gracias. Por lo tanto:

Entrad por sus puertas con acción de gracias,
por sus atrios con alabanza;
alabadle, bendecid su nombre.
Porque Jehová es bueno; para siempre es su misericordia,
y su verdad por todas las generaciones.

(SAL 100:4-5, RVR1960)

¡Grande es el Señor y digno de ser alabado en gran manera!

La Biblia dice: «... con acción de gracias, sean dadas a conocer sus peticiones delante de Dios», aconsejó Pablo a los filipenses (Fil 4:6, RVR1960). Usted hace sus peticiones con acción de gracias, esperando con plena certidumbre que Dios lo escuche y le responda *según la voluntad del cielo*.

Pero en medio de toda su alabanza, acción de gracias y expresión de peticiones, usted debe apartar tiempo para escuchar. Dios quiere decirle algo.

Comunicación en dos direcciones

Piense en su relación con alguien a quien ama. Si usted es el único que habla en esa relación, entonces eso no es realmente una relación, ¿verdad? La verdadera comunicación es una calle de doble sentido. Usted se expresa y luego escucha a la otra persona. Él o ella le expresa algo y usted responde. De esa manera se toman decisiones, se llega a consensos, se logran acuerdos, se resuelven problemas, se comparten secretos, se revelan sueños e ideas, se intercambia información, se influye en las actitudes, se anima, se dan y reciben consejos y se desarrolla un sentido de intimidad.

Si usted pasa todo su tiempo de oración diciéndole a Dios sobre sus problemas y necesidades, sus sentimientos, su desesperación y sus deseos, entonces no podrá escuchar los deseos de Dios, ni Sus sentimientos, ni Sus sueños para su vida y la vida de los demás. Tampoco tendrá la oportunidad de escuchar lo que Dios siente por usted.

¿QUIERE ESCUCHAR DE DIOS?

«Dr. Stanley —me confesó un hombre—, no estoy seguro de *querer* saber cómo Dios se siente respecto a mí». Si esa es su actitud, es probable que esté llevando una carga de culpa sobre sus espaldas.

Defina y examine de cerca lo que piensa que a Dios le desagradaría, luego pídale a Él que le perdone ese hábito o acto pasado y luego continúe su vida con la determinación de nunca más volver a hacerlo. Ese sentimiento de condenación que experimenta *no* es el sentimiento de Dios hacia usted; es solo la respuesta suya a haber desobedecido Sus mandamientos. El apóstol Pablo enseñó muy claramente que el propósito de la ley es llevarlo justo a este punto de convicción de pecado. Cuando su vida se opone a los absolutos de Dios y a Sus mandamientos eternos, usted se queda lejos; y se da cuenta de que ha errado.

Cada vez que usted intenta compararse a sí mismo y comparar sus logros con Dios, también se queda lejos. Considere Romanos 3:23: «Por cuanto todos pecaron y no alcanzan la gloria de Dios». Cuando se para frente a la perfección absoluta de Dios, usted tiene que admitir sus debilidades, sus fracasos, sus incapacidades, sus carencias.

Dios no cambia Su naturaleza para que usted se sienta mejor consigo mismo. Eso es algo que los seres humanos a menudo intentan hacer: modificar su comportamiento para que otras personas les respondan de manera afectuosa y acogedora. Dios no cambia. Más bien, Dios le ofrece Su gran amor y Su plan ideal para usted: ser transformado por el poder de Su Espíritu Santo que obra en su vida, para que pueda hacer Su voluntad y caminar en Sus caminos. El deseo de Dios *no* es que usted se sienta condenado o culpable, sino que cada vez que broten estos sentimientos se vuelva a Él inmediatamente para recibir Su perdón y experimentar Su amor.

Dios siempre siente amor y perdón hacia usted, independientemente de lo que haya hecho o cuánto lo haya rechazado a Él en el pasado.

En una ocasión que un joven ministro me conducía al aeropuerto, tuvimos la oportunidad de conversar. Me confesó que todavía luchaba con su percepción de Dios. Él expresó:

—He escuchado a personas que admiro mucho decirme que Dios es un Dios amoroso, incluido a usted, Dr. Stanley, pero todavía mantengo una imagen de Dios como un juez severo. Creo que crecí con la idea: *Ahí está Dios, allá arriba, sentado en Su tribunal, esperando que haga algo para asestarme un porrazo.* Me resulta difícil pensar en Dios como alguien muy cercano o muy asequible.

Le dije:

—Hábleme de su padre.

Como puede imaginarse, a su padre le gustaba llevar una disciplina férrea.

—Mi padre casi nunca estaba en casa —indicó—. Viajaba mucho por su trabajo, y cuando estaba en casa, mamá se aseguraba de que nos castigara por las cosas que habíamos hecho en su ausencia. Papá tenía reglas muy estrictas y esperaba que las siguiéramos, incluso cuando él no estaba.

—Si eso era así —le dije—, supongo que se moría de miedo cuando su padre regresaba a casa.

—Sí, así mismo —respondió.

—¿Pero al mismo tiempo quería su aprobación? —Supuse.

—Oh, sí —señaló—. Pensé que mi padre lo era todo. Anhelaba mucho su aprobación, pero él casi nunca estaba allí para verme hacer algo que pudiera aprobar. Creo que solo asistió a uno de mis partidos de baloncesto y, según recuerdo, me puse tan nervioso por su presencia que aquella noche las cosas no me salieron muy bien.

—¿No crees que le has traspasado a Dios todos los rasgos que experimentaste en tu padre terrenal? —Le pregunté—. ¿No ha hecho de Dios una versión más grande de su padre?

Pensó por un minuto y luego afirmó:

—Sí, creo que eso es lo que he hecho.

Como teníamos poco tiempo, lo animé a que volviera a su Biblia y leyera sobre Jesús en Mateo, Marcos, Lucas y Juan.

—Jesús dijo a Sus discípulos: «Si ustedes me hubieran conocido, también hubieran conocido a Mi Padre […] Las palabras que Yo les digo, no las hablo por Mi propia cuenta, sino que el Padre que mora en Mí es el que hace las obras. Créanme que Yo estoy en el Padre y el Padre en Mí…» (Jn 14:7, 10-11). Cuando vemos a Jesús, vemos la naturaleza y el carácter del Padre en acción.

Y agregué:

—Trate de ver una imagen clara de Jesús. Con sus ojos espirituales, vea a Jesús mientras tocaba con cariño a los enfermos. Mírelo mientras alzaba a los niños pequeños, los sostenía en los brazos y los bendecía, incluso cuando otras personas demandaban Su atención. Vea a Jesús mientras se detenía para hablar con la gente en el camino. Siempre tuvo tiempo para la gente. Sanó a todos los que acudieron a Él. Tuvo una comunión cercana con personas a las que la sociedad religiosa llamaba pecadores.

Mientras le hablaba de Jesús, pude ver lágrimas en los ojos de este hombre.

—Hágase una imagen clara de Jesús en la cruz. Él murió para que otros llegaran a conocer al Padre tan íntimamente como Él lo conocía, para que pudieran ser uno entre ellos y uno con el Padre. Cuando tenga una imagen realmente vívida de Jesús, tendrá la imagen correcta de Dios.

El asintió, y yo proseguí:

—¿El Jesús que conoce de los Evangelios se habría sentado en un gran trono sublime y alejado de usted, juzgándole con dureza cada vez que cometiera un error?

—No —dijo en voz muy baja—. No lo haría.

—Entonces Dios el Padre tampoco —aseveré.

Cuando usted ve a Dios juzgándolo con dureza, está proyectando en Él sus sentimientos de culpa, juicio y condenación. Es muy probable que esté proyectando en Dios los fracasos y faltas de su padre terrenal. Reconozca sus sentimientos y pida a Dios que lo ayude a tener una imagen real de quién es Él, y de cómo es. Creo que Dios se le revelará. Admita sus fracasos y pecados, y pídale que lo perdone y lo ayude a cambiar sus caminos. *¡Él lo hará!*

EL MENSAJE DE AMOR DE DIOS PARA USTED

Creo que hay al menos tres mensajes que Dios desea comunicarnos a diario a cada uno de nosotros.

El primer mensaje que Dios quiere transmitirnos es este: «Te amo». Puede que lo sepamos en un sentido amplio y general. La mayoría de nosotros aceptaríamos de buena gana el coro de niños: «Cristo me ama, yo lo sé». Pero a diario, y de una forma continua, Dios tiene una manera única de expresar Su amor por nosotros. Debemos tener oídos espirituales agudos para escuchar este mensaje.

Una mujer le expresó a un consejero matrimonial:

—Mi esposo nunca me dice que me ama.

El consejero matrimonial se volvió y le preguntó al esposo:

—¿Es eso cierto?

El hombre respondió muy arrepentido:

—Creo que sí.

—¿Ama usted a su esposa? —preguntó el consejero.

—Sí —afirmó el hombre—. La amo muchísimo.

—¿Entonces siente temor de decirle que le ama? —inquirió el consejero.

—No, no tengo miedo de decirle que la amo —fue su respuesta.

—¿Sabe entonces por qué nunca se lo dice? —El consejero preguntó.

El hombre pensó por un momento y dijo sencillamente:

—Bueno, creo que la razón principal es que ella nunca deja de hablar el tiempo suficiente para que yo se lo diga.

¿Será posible que la razón principal por la que usted nunca ha escuchado a Dios decirle cuánto lo ama es que nunca ha apartado el tiempo suficiente para dejar de pedirle y escuchar Su voz?

Dios desea comunicarle a diario Su gran amor por usted. Él desea expresarle cuánto significa para Él y cuánto se deleita en tener una relación con usted.

Una vez hablé con una joven que estaba muy enamorada del hombre que finalmente se convirtió en su marido. Ella expresó:

—Él inventa las cosas más bonitas para decirme que me ama.

—¿Cómo qué? —pregunte.

—Ah, me deja notas pequeñas en lugares diferentes. A veces coloca una rosa fresca en mi buzón o me envía un mensaje de voz cariñoso. Cada día es algo diferente.

Luego agregó:

—¡Espero que nunca se le acaben las ideas!

A Dios nunca se le acaban las ideas para decirle de una manera única que lo ama. Su amor puede llegar a su vida en la forma de una bendición inesperada, una llamada de alguien de quien no sabía hacía mucho tiempo, un gesto amable que un extraño tiene para con usted, la oportunidad de escuchar su canción favorita, el abrazo de un niño. Cada día Dios tiene una forma nueva de enviarle Su mensaje de amor.

Dios desea que usted sepa varias cosas sobre Su amor.

Dios quiere decirle que Su amor es una dádiva

Dios quiere que sepa que Su amor por usted es un «dádiva perfecta» (Stg 1:17). Usted no puede hacer nada para merecer esta dádiva, ni para merecer una expresión mayor de ella. Su amor por usted siempre ha sido un amor infinito; lo es ahora y siempre será así.

Lo único que puede hacer en relación con esta dádiva es recibirla y darle gracias a Dios por ella. No hay forma de ganar esta dádiva perfecta; tampoco hay canje posible.

Tuve una situación en mi vida en la que le dije a Dios, en términos precisos, lo que quería que le hiciera a cierta persona. Me sentía herido, frustrado e impaciente. Confié en que Él sería mi vengador, ¡pero quería que tomara venganza de inmediato! Como respuesta, Dios habló a mi corazón: *Yo no puedo hacer eso.*

—¿Por qué no? —pregunté.

—*Porque Mi amor por esa persona es tan perfecto como Mi amor por ti. Si yo no amara a esa persona tanto como a ti, tú no podrías confiar en Mi amor. Y cuando peques, no podrías estar seguro de que Mi amor permanecería siempre contigo. Cuando hieras a alguien, tampoco podrías estar seguro de Mi amor por ti. Pero como amo a esta persona tanto como a ti, puedes tener seguridad de Mi amor.*

A través de esa experiencia, aprendí que siempre podemos confiar en un amor perfecto. Un amor así solo proviene de Dios. Él es el dador de este tipo de amor para cada uno de nosotros.

Dios desea asegurarle que Su amor es eterno

Los estados de ánimo varían. Las emociones fluctúan de un día a otro, a veces de una hora a la siguiente. Sin embargo, el amor de Dios por usted no tiene variación. El Señor le regala estas palabras: «... Con amor eterno te he amado...» (Jer 31:3).

Pablo describió el amor eterno de Dios de esta manera:

Porque estoy convencido de que ni la muerte, ni la vida, ni ángeles, ni principados, ni lo presente, ni lo por venir, ni los poderes, ni lo alto, ni lo profundo, ni ninguna otra cosa creada nos podrá separar del amor de Dios que es en Cristo Jesús Señor nuestro.

(Ro 8:38-39)

No puede hacer nada para que el amor de Dios comience a fluir hacia usted, porque ya está fluyendo. No puede refrenarlo, ni detenerlo, ni interrumpirlo, ni cambiarlo. Su bandera sobre usted es amor; y siempre amor. Usted no se mereció este amor, y por lo tanto, no puede hacer nada para «desmerecerlo».

El amor de Dios hacia usted no tiene nada que ver con *su* naturaleza. Absolutamente todo tiene que ver con la naturaleza de *Dios*.

Dios desea comunicarle que Su amor sacrificial está disponible para todos

Dios envió a Su único Hijo, Jesucristo, a morir como expresión de cuánto nos ama. Dios sacrificó a Su Hijo amado por nosotros; por mí, por usted, por todas las personas que hoy están vivas. Nunca se hubiera podido pagar un precio más alto.

Cada día Dios traerá personas a su camino que pueden resultarle problemáticas, fastidiosas o pesadas. Y lo hace para recordarle constantemente que: «Incluso a él, yo lo amo. Incluso a ella, la amo». Usted es llamado de manera continua a enfrentar que se parece más a esas personas que no le caen bien de lo que está dispuesto a admitir; y que tiene defectos y fallas y manías que molestan o enojan a otros. Solo cuando acepte que Cristo murió por usted *y* que Cristo murió por todas las personas con las que usted se topa, podrá comenzar a amar a los demás como Cristo los ama.

Hace algunos años, varios de mis amigos me contaron cómo cierto hombre me había ridiculizado. Este había expresado en público que yo no le caía bien, como tampoco aquello que yo representaba. Lo clasifiqué como fanfarrón y bravucón, y prácticamente decidí hacer todo lo posible por evitarlo en mi vida. En pocas palabras, decidí que me caía mal. No importa que no lo conociera muy bien. Llegué a la conclusión de que si incluso una pequeña parte de lo que me habían contado que él había dicho y hecho era verdad, entonces este hombre no era de mi agrado.

Algún tiempo después ambos asistimos a una importante conferencia, y coincidimos en el mismo programa. Yo hice mi presentación y luego le tocó a él. Me senté y escuché con rostro inexpresivo, pero con un corazón de piedra. Sin embargo, mientras él hablaba, algo sucedió. Dios, de manera soberana, derramó Su amor por este hombre en mi corazón. Lo vi como un hombre, un pecador redimido por Cristo, así como yo había sido un pecador a quien Cristo redimió. Sentí un cariño y una compasión hacia él que nunca había soñado que fueran posible.

Después de la reunión nocturna, me encontré con este hombre en el vestíbulo del hotel donde me alojaba. Me preguntó si me gustaría acompañarlo a un café, para comer algo antes de ir a dormir. Acepté. Mientras disfrutábamos de nuestra merienda nocturna, sostuvimos una conversación maravillosa. Descubrí que me había equivocado en muchos sentidos respecto a él. Dios había llevado a cabo algunas quebraduras, refinamientos y podas en su vida; cosas como estas que también había hecho en la mía. Pudimos identificarnos mutuamente sin ningún tipo de animosidad.

A través de esa experiencia aprendí una lección preciosa. El amor de Dios se manifiesta en el perdón; perdón comprado mediante el sacrificio. Lo que Jesús hizo por mí en la cruz, lo hizo también por mi peor enemigo. Por ende, no puedo tener a esa persona como enemigo. A esto se refirió Jesús cuando enseñó, «Y cuando estéis orando, perdonad, si tenéis algo contra alguno, para que también vuestro Padre que está en los cielos os perdone a vosotros vuestras ofensas. Porque si vosotros no perdonáis, tampoco vuestro Padre que está en los cielos os perdonará vuestras ofensas» (Mr 11:25-26, RVR1960).

Dios quiere decirle que Su amor por usted es inconmensurable

El amor que Dios tiene por usted es inagotable, y queda fuera de cualquier forma de medición. No se puede multiplicar, sumar, dividir ni restar. Aunque nunca podremos comprender plenamente la inmensidad del amor de Dios, Pablo animó a los efesios a crecer en su comprensión del amor de Dios:

Por esta causa doblo mis rodillas ante el Padre de nuestro Señor Jesucristo… para que habite Cristo por la fe en vuestros corazones, a fin de que, arraigados y cimentados en amor, seáis plenamente capaces de comprender con todos los santos cuál sea la anchura, la longitud, la profundidad y la altura, y de conocer el amor de Cristo, que excede a todo conocimiento, para que seáis llenos de toda la plenitud de Dios.

(Ef 3:14, 17-19, RVR1960)

A medida que su relación con Dios se profundiza, usted descubrirá que el Señor le revela Su amor cada vez más y más. Sin duda, se escuchará diciendo una y otra vez «Señor, no sabía que podías amar tanto a una persona. No sabía que fuera posible amar de esa manera».

A menudo descubrimos esta verdad cuando otras personas nos hieren. Dios nos ama más de lo que nos duelen las heridas; pues Él las cubre con Su amor. Independientemente de cuánto nos critiquen, nos rechacen o nos dañen, si nos volvemos a Dios en nuestro dolor, Él nos extiende amor suficiente para compensar completamente ese dolor. Vamos a Él con una libra de dolor, y Él nos devuelve dos libras de amor. Él nos otorga amor suficiente no solo para sanarnos, ¡sino para abastecer un torrente de amor que podemos extender a las mismas personas que nos hieren!

La Biblia enseña que debemos bendecir a nuestros enemigos y hacerles el bien. La expresión de nuestro amor hacia aquellos que nos dañan será igual a un montón de carbones de convencimiento encendidos y vertidos sobre sus cabezas, en otras palabras, nuestro amor les obligará a acercarse a Dios para pedir misericordia. De esta manera venceremos el mal con el bien (Ro 12:20-21).

Hubo una época en mi vida en la que experimenté mucho dolor emocional debido a una relación en particular. Hiciera lo que hiciera, a los ojos de esta persona, todo lo que yo hacía estaba incorrecto. Acudí a Dios una y otra vez, arrojándome a Su misericordia y amor, y pidiéndole que sanara mis heridas y me ayudara a responder a esta persona de la manera adecuada. Y una vez tras otra sentí cómo Su gran amor se derramaba sobre mi corazón cual bálsamo sanador. Era como si me envolviera en Sus brazos una y otra vez para poder abrazarme fuerte y expresarme que me amaba.

Dios me extendió Su amor en proporciones desbordantes. Uno de mis amigos, que sabía por lo que estaba pasando, me dijo:

—Yo no sé cómo puedes hablar tan tranquilamente de esta persona. No sé cómo no estás lleno de ira. ¿Estás en una fase de negación? Le contesté:

—No, no estoy en negación respecto a las circunstancias. Me duele; pero no odio. Solo siento amor por esta persona. Cuando Dios trató con mi dolor, me dio una sobredosis de Su amor, y cuando Su amor se ha derramado hasta el punto de rebosar en tu corazón es imposible sentir odio.

El amor que Dios nos da es amor divino, Su amor, amor *ágape*. El amor que sentí por esta persona que me había herido no era humano. Era un rebose del amor de Dios. Y amigo, no existe una clase de amor mejor que esa.

EL MENSAJE DE DIOS SOBRE SU
PRESENCIA CON USTED

El segundo gran mensaje que Dios desea comunicarle diariamente es que Él está con usted; pase lo que pase. Una y otra vez, Dios le dice a su corazón: «Estoy aquí».

En el proceso de comunicarle Su presencia en su vida, el Espíritu Santo le da varios mensajes específicos.

Él habla palabras de afirmación

El Espíritu Santo está entregado totalmente a edificar su vida. El término bíblico para esto es *edificación*, y significa edificarlo para darle fortaleza y ministrarle. El Espíritu Santo le afirma de manera continua que usted «es parte», «es digno», «es valioso».

¿Existe alguien en su vida que le diga sin reservas ni condiciones: «Creo en usted, en sus talentos, en que tiene un futuro mejor»? Esa persona le está mostrando un amor incondicional. El Espíritu Santo tiene un mensaje igual para usted. Él *cree* en usted.

Una de las principales garantías que el Espíritu Santo le da es que usted es salvo, que es miembro del cuerpo de Cristo. El Espíritu Santo trae a tu mente versículos de la Escritura que afirman que usted es salvo por la sangre expiatoria de Jesucristo, y que si ha creído en Jesús con su corazón y ha confesado fe en Él con sus labios, será perdonado para siempre y tendrá la seguridad de la vida eterna. El Espíritu Santo le afirma esta verdad, y le asegura: «Estás limpio. Estás perdonado. Tú ya tienes vida eterna. Ya tienes un hogar en la gloria».

Él habla palabras de aliento para infundirle valor

Juan hizo esta observación: «En esto se ha perfeccionado el amor en nosotros, para que tengamos confianza en el día del juicio; pues como él es, así somos nosotros en este mundo. En el amor no hay temor, sino que el perfecto amor echa fuera el temor...» (1 Jn 4:17-18, RVR1960).

Cuando Pedro y Juan fueron encarcelados por haber sanado a un hombre que no podía caminar y por haber usado ese milagro como una oportunidad para proclamar el evangelio, las autoridades que los tenían prisioneros los pusieron en libertad finalmente, y les amenazaron seriamente que debían dejar de predicar a Jesús.

¿Cómo respondieron Pedro y Juan? Fueron a donde estaban sus compañeros creyentes, les informaron sobre lo que los jefes de los sacerdotes y de los ancianos les habían dicho, y luego todos levantaron sus voces a Dios al unísono y expresaron:

> Soberano Señor, tú eres el Dios que hiciste el cielo y la tierra, el mar y todo lo que en ellos hay... Y ahora, Señor, mira sus amenazas, y concede a tus siervos que con todo denuedo hablen tu palabra, mientras extiendes tu mano para que se hagan sanidades y señales y prodigios mediante el nombre de tu santo Hijo Jesús.
>
> (Hch 4:24, 29-30, RVR1960)

Pedro y Juan no oraron en contra de sus enemigos. Más bien, ellos llegaron a la conclusión de que «Porque verdaderamente se unieron en esta ciudad contra tu santo Hijo Jesús, a quien ungiste, Herodes y Poncio Pilato, con los gentiles y el pueblo de Israel, para hacer cuanto tu mano y tu consejo habían antes determinado que sucediera» (Hch 4:27-28, RVR1960). Ellos veían la mano de Dios en la persecución que padecían; veían su aflicción como un medio para extender el evangelio. Por lo tanto, no oraron para ser librados de la persecución; más bien, oraron para poder hablar de manera aún más valiente frente a ella.

Cuando el diablo ruja contra usted, no ore para que los rugidos cesen, sino para tener el valor a fin de que su testimonio del evangelio de Jesucristo pueda rugir con mayor intensidad. Dios asegura que está con usted, que nunca lo dejará ni lo abandonará. Además, Él es el Dios de toda la creación; Él tiene todo poder y autoridad. Él está de su parte. Y Él tiene un propósito que cumplirá si usted sustituye el miedo por amor, y se mantiene fuerte en Su presencia.

Él le da una palabra específica para testificar

Jesús enseñó a Sus seguidores: «Cuando os trajeren a las sinagogas, y ante los magistrados y las autoridades, no os preocupéis por cómo o qué habréis de responder, o qué habréis de decir; porque el Espíritu Santo os enseñará en la misma hora lo que debáis decir» (Lc 12:11-12).

Es posible que a diario usted no sepa cómo responder a las personas que le hacen preguntas sobre su fe. Quizás le sorprendan aquellos que intentan contarle chistes verdes, o que hacen comentarios sarcásticos contra los cristianos y la Palabra de Dios, o que intentan incitarlo a realizar ciertas actividades que usted sabe que son contrarias a los mandamientos de Dios. A veces personas que usted considera amigas lo tentarán a hacer lo que sabe que no debe hacer. ¿Qué les dirá?

En momentos así, puede confiar en que el Espíritu Santo estará presente con usted. Puede hacer una oración para sus adentros: «Ayúdame, Señor. Dame palabra Tuya». Y luego decir lo que le venga de manera inmediata a la mente. Si a sus comentarios antepone una oración así, y está realmente abierto a escuchar lo que Él tiene que decirle a usted y a través de usted, puede confiar en que el Señor asumirá las consecuencias de sus palabras. Él lo moverá a decir lo que Él quiere que usted diga, y hará que la otra persona escuche lo que necesita escuchar.

Él le da visión del plan eterno de Dios

Jesús predijo que Sus seguidores sufrirían tiempos de tribulación. A Sus discípulos le advirtió: «Os expulsarán de las sinagogas; y aun viene la hora cuando cualquiera que os mate, pensará que rinde servicio a Dios. Y harán esto porque no conocen al Padre ni a mí» (Jn 16:2-3, RVR1960).

Cuando Jesús dio esta palabra profética a Sus discípulos, Él incluso añadió: «Pero cuando venga el Espíritu de verdad, él os guiará a toda la verdad; porque no hablará por su propia cuenta, sino que hablará todo lo que oyere, y os hará saber las cosas que habrán de venir» (Jn 16:13, RVR1960).

Existe una gran diferencia entre los hechos y la verdad. Los hechos se fundamentan en detalles que expresan quién, qué, cuándo, dónde y cómo. Sin embargo, la verdad comprende más que hechos, y se fundamenta en la *transcendencia* y el *significado*. Usted puede conocer los hechos de un suceso, situación o experiencia, pero solo cuando comprende el significado de la transcendencia de lo sucedido podrá llegar a conocer la verdad. En última instancia, la verdad posee una cualidad eterna y divina. Toda verdad fluye de Dios. Toda verdad apunta a Dios. Su tarea no debe consistir solamente en descubrir los hechos de la vida, sino en entender los hechos de la vida en el contexto de los propósitos eternos de Dios. Usted debe procurar tener la comprensión de Dios y conocer, desde Su perspectiva, el significado de las cosas.

Jesús afirmó que el Espíritu Santo lo guiaría a la verdad. Él le revelará *por qué* están sucediendo ciertas cosas, *cómo* estas cosas encajan en los propósitos más generales de Dios y *qué* podría esperar al final.

Cuando se enfrente a situaciones desconcertantes o a problemas difíciles, pídale al Señor que le revele no solamente la solución inmediata, sino también la verdad del asunto. Pídale que le diga por qué ha permitido que ciertas cosas sucedan, y qué espera Él lograr al final de todo, no solo en su vida, sino en la de todos los demás involucrados directa o indirectamente en la situación. Jesús afirmó que el Espíritu Santo sería fiel en guiarle a toda verdad.

Él le da la dirección

Dios revelará el propósito y el significado de las cosas que suceden en su vida, y Él desea impartirle sabiduría para que usted sepa cómo responder ante las cosas que le suceden. Santiago instó: «Y si alguno de vosotros tiene falta de sabiduría, pídala a Dios, el cual da a todos abundantemente y sin reproche, y le será dada. Pero pida con fe, no dudando nada...» (Stg 1:5-6, RVR1960).

Dios no quiere que usted viva rodeado de una niebla oscura, sin nunca saber qué camino tomar o cómo responder a las circunstancias que a veces lo abruman cual inmensas olas. ¡No! Dios quiere que usted tome decisiones sensatas, elija de manera racional y haga planes bien fundamentados.

Generosamente

Dios no juega con la sabiduría. Dios desea que conozca de manera plena lo que Él quiere que usted sea y haga. Dios no desea que Su pueblo ande dando tumbos por la ignorancia, preguntándose si están actuando de una manera que le agrada o le desagrada. La Biblia plantea los mandamientos y principios de Dios de forma muy clara. Es sumamente clara al declarar los pactos de Dios; lo que Él desea hacer por Su pueblo y lo que espera de Su pueblo.

A cierto hombre le preguntaron:

—¿Entiende todos los versículos de la Biblia?

—No —admitió—, pero entiendo lo suficiente.

La otra persona preguntó:

—¿Qué quiere decir con «lo suficiente»?

A lo que el primero respondió:

—Bueno, entiendo lo suficiente como para estar inquieto. Las partes de la Biblia que me inquietan no son las que *no* entiendo, sino las que *sí* entiendo. Y comprendo lo suficiente de la Biblia como para saber lo que *debería* estar haciendo.

La gran mayoría de la gente es capaz de distinguir el bien del mal. Ellos desobedecen la Palabra de Dios no por falta de comprensión de la Biblia, ni incluso por no comprender los mandatos de la conciencia creada por Dios, sino que no han leído la Biblia, o no quieren hacer lo que saben que deben hacer.

1. *Guía mediante Su Palabra, la Biblia.* Si usted tiene alguna duda sobre la estrategia a seguir, recurra primero a su Biblia. Dios se comunica con usted principalmente a través de la Biblia; en ella encontrará la revelación completa de Dios. Él no necesita añadir nada más a este Libro. A través de los siglos, la revelación de Dios manifestó Su verdad sobre sí mismo. En Jesús, esa verdad se cumplió. Como indicó de sí mismo, Él no vino a cambiar nada de la ley ni de los mandamientos; vino a mostrarnos con Su ejemplo de vida cómo vivir plenamente el plan de Dios en las nuestras y cómo obedecer Sus mandamientos (Mt 5:17).

La Palabra de Dios es para todas las personas porque le habla a la condición humana esencial. La Biblia aborda cada emoción, problema del corazón, dinámica de las relaciones humanas, aspecto del alma, tentación, deseo, tristeza, alegría, problema de fe, amor o esperanza que uno pueda experimentar.

Pídale a Dios que le hable a través de Su Palabra. En respuesta a su oración, el Señor a menudo llevará sus pensamientos a un determinado pasaje de la Escritura que usted haya encontrado en su habitual lectura diaria de la Biblia. Él le recordará Su verdad sobre el asunto que le preocupa.

Si no logra escuchar de parte de Dios dónde buscar exactamente en la Escritura, comience a leer las palabras de Jesús. (Le sugiero que lea una Biblia que tenga las palabras de Jesús resaltadas en tinta roja; pues así es muy fácil ver lo que Jesús dijo).

Quizás necesite usar una concordancia para encontrar versículos relacionados con un problema o interrogante en particular. En muchas ocasiones me ha pasado que Dios no me dirige inmediatamente al pasaje que me ofrece guía, pero a medida que continúo leyendo y estudiando, Dios me lleva paso a paso a la información que Él quiere que yo vea con una nueva perspectiva espiritual.

Finalmente, usted llegará a un episodio en la Escritura, un pasaje, o incluso un solo versículo que esté relacionado directamente con su preocupación, su interrogante o su problema.

Por supuesto, no es prudente esperar a momentos de extrema necesidad o crisis para escudriñar la Escritura. Lea Su Palabra diariamente: «Nunca se apartará de tu boca este libro de la ley, sino que de día y de noche meditarás en él, para que guardes y hagas conforme a todo lo que en él está escrito; porque entonces harás prosperar tu camino, y todo te saldrá bien» (Jos 1:8, RVR1960).

Al leer la Biblia diariamente, Dios lo dirige, lo desafía, lo advierte, lo conforta y le da seguridad. La lectura diaria es como una protección preventiva de la salud espiritual. Es mejor desviar un problema o tratar una cuestión antes de que se convierta en una preocupación de mayor envergadura. Mediante la lectura diaria, Dios lo refina, poco a poco, transformando sus pensamientos y respuestas —de manera pausada y continua— en los pensamientos y respuestas de Jesús.

La guía que Dios le provee en Su Palabra es completa. Es una respuesta exhaustiva. Mientras más lea la Biblia, más empezará a ver cómo los principios se conectan y se refuerzan entre sí. Los temas y las enseñanzas principales de la Biblia se repiten una y otra vez; en palabras diferentes, en personas diferentes, en situaciones diferentes.

2. *Guía por parte del Espíritu Santo.* Una segunda forma en la que Dios le habla es a través de Su Espíritu Santo, que mora en su interior. El Espíritu Santo «testifica» a su espíritu mediante un sí o un no. El Espíritu Santo dirá un no a su corazón ante todo aquello que lo perjudicará; y dirá un sí a todo lo que le traerá bendición. En ocasiones, Él añade una aclaración al sí, y le dice: «Sí, pero primero esto», o: «Sí, pero espera». A este saber que usted posee, algunos podrían llamarle intuición. La respuesta del Espíritu la siente usted en su espíritu.

Es necesario que usted pida Su guía. Quizás usted haga planes, y luego los lleve a cabo, sin someterlos primero a la aprobación y dirección del Espíritu Santo. Luego, cuando se mete en problemas o padece necesidades, se pregunta: «¿por qué Dios permitió esto? ¿Por qué a mí?». El hecho es que usted nunca consultó al Señor primero en cuanto a lo que estaba a punto de hacer.

Usted puede preguntarle todas las veces que sean necesarias al Espíritu Santo: «¿Debo hacer esto, sí o no?», o: «¿Debo decir esto, sí o no?». Por lo general, tendrá una sensación de entusiasmo y un ávido deseo caracterizado por gran gozo y libertad, o tendrá una sensación de desasosiego, peligro, precaución o necesidad de silencio.

Creo que es mucho más fácil recibir dirección del Espíritu Santo si le pedimos un consejo de sí o no que hacerle la pregunta general e indefinida: «¿Qué quieres que haga hoy?». Usted ya tiene una idea de lo que hay que hacer.

Pregúntele al Señor específicamente si su sabiduría sobre ese tema coincide con la Suya; sí o no.

3. *Guía mientras ora.* Al impartirle sabiduría, el Espíritu Santo con mucha frecuencia traerá a su mente lo que Dios le ha dicho y hecho por usted en el pasado. A veces le dará con todo detalle las palabras que debe decir o instrucciones muy claras en cuanto a dónde ir y qué hacer. A veces lo guiará mientras ora.

En innumerables ocasiones, yo no he empezado a orar por algo en específico, pero al esperar en silencio que el Espíritu Santo me traiga a la mente varios aspectos de una situación dada, me doy cuenta de que Él me revela cosas, y me siento impulsado a orar en una dirección que no había previsto.

4. *Guía mediante los consejos piadosos de otras personas.* Además de hablarle mediante Su Palabra y el Espíritu Santo, Dios usa a otras personas para hablarle. Algunas pueden ser personas que ni siquiera conoce. Pueden ser miembros de su familia inmediata o amigos. Él usa pastores, maestros, y líderes de grupos de estudio bíblico.

Cuando usted se abra para escuchar la palabra de Dios por boca de otras personas, asegúrese de que la palabra que le den esté en conformidad plena con la Palabra escrita de Dios. Él no olvida lo que ya ha dicho, ni se contradice a sí mismo. Si una palabra es de Dios, será acorde con lo que Él ya ha revelado a través de la Escritura y en la vida de Su Hijo, el Señor Jesucristo. Asegúrese también de que la persona que lo aconseje no tenga ningún motivo personal oculto. Cuando usted se encuentra en situaciones de confusión, dolor o necesidad extrema, es mucho más propenso a ser manipulado que en otros momentos. Asegúrese de que la persona no quiera algo de usted, que no intenta manipularlo para fines personales, ni busque alabanza y gloria personales por el consejo dado.

La palabra de Dios mediante otras personas nunca será algo que pueda dañar a otros. Si alguien le aconseja que emprenda acciones que dañen o destruyan la reputación, las relaciones, el crecimiento espiritual o la propiedad de otra persona, no acepte ese consejo. La palabra de Dios es para el bien supremo y eterno suyo, pero también para el bien supremo y eterno de todos Sus hijos.

Escuche a dos o más testigos. El Señor puede llevarlo a dos o más pasajes de la Biblia que transmitan el mismo significado. Él puede poner en su camino a una persona totalmente extraña que le dé una palabra muy similar a la que escuchó de su pastor en el sermón del último domingo. Puede usar una canción cristiana en la radio para confirmar lo que un amigo le aconsejó hacer. Dios da Su sabiduría *generosamente*. Él quiere darse a conocer y revelar todo los detalles de lo que desea para su vida.

Sin menosprecio

Dios nunca le ofrece Su guía con la actitud: «Esa pregunta es de tontos» o «No sabes nada». Dios nunca lo avergüenza por no tener Su sabiduría. El Padre celestial no imparte Su sabiduría con menosprecio; al contrario, Él lo instruye como un maestro paciente instruye a un estudiante muy apreciado.

Si no entiende a Dios claramente, Él le hablará una y otra vez; y utilizará un método y luego el siguiente, para que usted entienda Su mensaje. Y mientras procura buscar Su guía, Él continúa enviándole Sus mensajes de consejos sabios.

El menosprecio es una herramienta del enemigo. Satanás afirma: «Nunca serás una buena persona», «Has pecado hasta el punto de que Dios nunca podrá perdonarte», «Has cometido tantos errores que Dios ya no puede usarte», «Nunca vas a arreglar esto», «No puedes dejar este mal hábito así que deja de intentarlo» o «No eres digno del amor de Dios».

El diablo le dice mentiras sobre su capacidad para recibir y entender la sabiduría de Dios, o sobre su capacidad para incorporarla de manera práctica a su vida.

El menosprecio del enemigo a menudo se expresa con respecto al momento oportuno: «Si no actúa ahora mismo, perderá la oportunidad» o «Si actúa en este momento, la gente pensará que eres impulsivo; espera un poco». El menosprecio consiste en esto: no puede conocer el momento oportuno de Dios.

Parte de la sabiduría que Dios le ofrece consiste no solo en *qué* hacer, sino también *cómo* hacerlo y *cuándo* hacerlo. Asegúrese de esperar que el Señor le ofrezca Su consejo pleno sobre un asunto. Él le revelará los métodos que debe usar, incluso el tono de voz que debe mantener, y le mostrará cuándo debe actuar. David conocía esto muy bien. Una y otra vez le preguntó al Señor qué hacer, cómo hacerlo y cuándo actuar. Él expresó: «Alma mía, en Dios solamente reposa, porque de él es mi esperanza» (Sal 62:5, RVR1960).

Hay momentos en los que el Señor le dirá que espere. Quizás Él necesita hacer ciertas cosas en la vida de otra persona antes de cumplir Sus planes en la suya. Habrá otros momentos en los que el Señor le dirá: «Actúa ahora. No te demores». Sea sensible al momento oportuno de Dios. El Señor desea que usted cumpla Su voluntad con eficacia y éxito. Él no cree que usted sea incapaz de discernir Sus métodos y Su tiempo oportuno.

Una vez que haya escuchado a Dios, haga lo que Él le diga; sin dudas ni vacilación.

Él habla palabras de paz a su corazón

Aunque el Señor le puede dar denuedo, Él le da calma. ¿Ha experimentado alguna vez esto en su vida? En ese momento, sabía lo que era necesario hacer, y sabía que usted era la persona indicada para hacerlo; sin embargo, junto con el denuedo que sentía, sentía también una gran sensación de calma interior de que, pasara lo que pasara, usted tenía que actuar. Esa es la paz de Dios que siempre acompaña a la presencia indeleble de Dios. Es una paz que afirma, «Sé que Dios está al mando de mi vida, y de este momento. Pase lo que pase, pertenezco al Señor, y Él está aquí conmigo».

Pablo escribió estas palabras de consuelo a los filipenses:

> Por nada estéis afanosos, sino sean conocidas vuestras peticiones delante de Dios en toda oración y ruego, con acción de gracias. Y la paz de Dios, que sobrepasa todo entendimiento, guardará vuestros corazones y vuestros pensamientos en Cristo Jesús.
>
> (FIL 4:6-7, RVR1960)

Tenga en consideración que Pablo escribió esa carta desde una prisión romana. Llevaba años bajo custodia romana. Desde el punto de vista de Roma, Pablo nunca podía saber cuál sería su destino de un día para otro. No obstante, desde el punto de vista de Dios, él siempre supo cuál sería su destino.

Él estaba confiado en que Dios estaba a cargo, y que Dios seguiría estando a cargo hasta su último aliento en esta tierra, e incluso entonces, Dios seguiría estando a cargo de su vida. Por consiguiente, Pablo podía hacer sus peticiones a Dios con acción de gracias, podía pedir lo que deseaba y, al mismo tiempo, agradecer a Dios porque Él estaba a cargo, y porque Su voluntad se cumpliría. La capacidad de orar con acción de gracias le dio a Pablo una paz profunda, sin ansiedad ni preocupación alguna.

¿Conoce a una persona que siempre está agobiada, siempre preocupada, siempre molesta por lo que debe hacer o por lo que va a pasar? Esa persona puede incluso ser usted.

El antídoto para la preocupación es tener una mayor conciencia de la presencia de Dios. Cuando sienta un aumento de la ansiedad en su vida, pídale a Dios que le haga saber que Su presencia está con usted. Cuéntele que está confiando en Él. Dígale lo que desea que suceda, pero a su petición añada acción de gracias por lo que Dios ha hecho en su vida en el pasado, y alabe a Dios por lo que es. Cuanto más agradezca y alabe a Dios, mayor será la calma que experimentará en su interior. ¡Él es el Señor de todo! ¡De hecho todas las cosas provienen de Él! Él es nuestro Proveedor, nuestro Libertador, nuestro Salvador, nuestro Redentor, nuestra Roca, nuestra Fortaleza, nuestra Confianza, nuestra Vida. Él es el Rey del universo, y está aún en Su trono eterno.

Y entonces, habiendo presentado su petición a Dios con acción de gracias y alabanza, decida pensar en otra cosa que no sea su problema. No por casualidad, luego de hablar sobre no estar afanosos por nada, Pablo añadió:

> Por lo demás, hermanos, todo lo que es verdadero, todo lo honesto, todo lo justo, todo lo puro, todo lo amable, todo lo que es de buen nombre; si hay virtud alguna, si algo digno de alabanza, en esto pensad.
>
> (Fil 4:8, rvr1960)

Quite la atención de su problema y enfóquela en las cosas que son verdaderamente buenas. Dirija su mente a las soluciones y respuestas que Dios le ha dado en el pasado. Dirija su mente a Sus bendiciones y Sus promesas. Concentre sus pensamientos en Su bondad y Su amor por usted.

Y entonces Pablo aconsejó: «Lo que aprendisteis y recibisteis y oísteis y visteis en mí, esto haced; y el Dios de paz estará con vosotros» (Fil 4:9, rvr1960).

Una vez que haya orado con acción de gracias y alabanza, y haya dirigido su mente hacia lo que es de Dios y provenga de Él, entonces debe comenzar a hacer lo que Dios lo guía a hacer. Pablo expresó: «Hagan lo que yo he hecho». ¿Y qué hizo Pablo? Trabajó, oró, testificó, enseñó la Escritura a los que querían aprender. Estuvo muy ocupado haciendo cosas buenas que fueron beneficiosas para él mismo, para otros, y en última instancia, para el reino de Dios.

Pablo afirma que ese patrón de orar, enfocarse en lo positivo, y hacer el bien lo hará mantenerse sumamente consciente de que «... y el Dios de paz estará con ustedes» (Fil 4:9).

Él le expresa que Su presencia en usted es permanente

¿Con qué frecuencia puede usted pedirle a Dios denuedo, visión o dirección? Tantas veces como sea necesario. Él siempre está disponible. El Espíritu Santo no visita su vida de manera periódica. No... Él *permanece* con usted. Él mora dentro de usted. Jesús afirmó, «... el que permanece en Mí y Yo en él, ese da mucho fruto...» (Jn 15:5).

Puede confiar en que Dios le dará la sabiduría y el denuedo efectivos. Usted dará frutos; realizará la labor que Dios quiere que se realice. Y durante ese trayecto, usted tendrá una comprensión de lo que Dios busca lograr en su vida, y a través de su vida. Tendrá la paz y la calma de Su presencia. El Espíritu Santo no viene y va de su vida. Él *siempre* está con usted.

EL MENSAJE DE DIOS PARA USTED ACERCA DEL CIELO

Dios le tiene un tercer mensaje, y ese mensaje es sobre su futuro y su destino final.

Uno de los mayores actos de amor de Dios hacia nosotros es que nos creó el cielo para que allí tengamos nuestro hogar eterno. Dios no solo nos ama lo suficiente como para crearnos y regalarnos varias décadas de vida en esta tierra. Él nos ama por toda la eternidad, y desea estar por siempre con nosotros.

Jesús dijo a Sus discípulos:

No se turbe vuestro corazón; creéis en Dios, creed también en mí. En la casa de mi Padre muchas moradas hay; si así no fuera, yo os lo hubiera dicho; voy, pues, a preparar lugar para vosotros. Y si me fuere y os prepararé lugar, vendré otra vez, y os tomaré a mí mismo, para que donde yo estoy, vosotros también estéis.

(Jn 14:1-3, RVR1960)

¿No es maravilloso saber que Jesús está preparando un lugar justamente para *usted*? Si Jesús lo está preparando, de seguro que será bueno; incluso más allá de sus expectativas más elevadas. Cierto hombre me comentó: «No sé qué clase de lugar está preparando Jesús para mí, pero ya lleva casi dos mil años preparándolo; a Él solo le hizo falta siete días para hacer el mundo, así que sea como sea ese lugar, ¡sé que será mucho más maravilloso que cualquier cosa que pueda imaginar!». Sin duda Pablo se sintió de igual manera cuando escribió a los efesios: «Y a Aquel que es poderoso para hacer todas las cosas mucho más abundantemente de lo que pedimos o entendemos...» (Ef 3:20, RVR1960).

A los colosenses, Pablo les escribió sobre el cielo de manera sumamente específica:

> Siempre orando por vosotros, damos gracias a Dios, Padre de nuestro Señor Jesucristo, habiendo oído de vuestra fe en Cristo Jesús, y del amor que tenéis a todos los santos, a causa de la esperanza que os está guardada en los cielos, de la cual ya habéis oído por la palabra verdadera del evangelio.
>
> (COL 1:3-5, RVR1960)

¿Cuál es la esperanza del cielo?

Ante todo, es la esperanza de estar con Dios por toda la eternidad. Es la esperanza de la vida eterna en la presencia directa de su Creador.

En segundo lugar, es la esperanza de que su vida dará todos sus frutos. Dios revelará y juzgará todo lo que usted ha hecho, dicho y lo que ha sido en esta vida. El creyente en Cristo Jesús no tiene nada que temer respecto a este juicio. Más bien, es algo que debe esperar con gozo. El cielo es el lugar donde se le recompensará por su fidelidad.

Esta esperanza del cielo produce un efecto purificador en su vida. Cuando usted se enfoca bien en el cielo y en las recompensas de Dios, su deseo y compromiso de vivir como Dios quiere que viva aumentarán, y querrá poner todo su empeño en decir y hacer todo lo que Dios le pide que diga y haga. La esperanza del cielo lo impulsa a crecer, a rendirse a la obra transformadora de Dios en su vida, y a convertirse en la persona que Él lo ha destinado a ser. Cuando mira a su alrededor, usted puede fácilmente desanimarse y sentir que no ha tenido éxito según los estándares del mundo. No obstante, de acuerdo con los estándares de vida en su hogar celestial, usted se siente alentado y considera que *está* teniendo éxito de acuerdo con los estándares de Dios.

En tercer lugar, la esperanza del cielo es una vida totalmente apartada del mal. En el cielo no hay sombra, ni oscuridad, ni presencia negativa. En la visión que Juan tuvo del cielo, escuchó una voz del cielo que proclamaba: «Él enjugará toda lágrima de sus ojos, y ya no habrá muerte, ni habrá más duelo, ni clamor, ni dolor, porque las primeras cosas han pasado» (Ap 21:4).

Intente imaginar todo de la mayor calidad, del carácter más noble y de la más brillante belleza; eso es lo que experimentará en el cielo, porque estará en la presencia de Dios, y de aquellos que están llenos del Espíritu de Dios, sin influencia alguna del pecado ni de las debilidades de la carne.

LA RAZÓN PARA SABER SOBRE EL CIELO

Dios quiere decirle más sobre el cielo. ¿Cómo sé que es así? Porque Dios desea ver que cada uno de nosotros traiga a esta tierra muchas cosas del cielo a través de nuestras oraciones, palabras y acciones.

Jesús enseñó a Sus discípulos a orar:

Venga Tu reino. Hágase Tu voluntad,
Así en la tierra como en el cielo.

(Mt 6:10)

¿Por qué está orando usted exactamente? Si usted no tiene una comprensión sobre el cielo, sobre el gobierno de Dios en el cielo, los métodos de Dios en el cielo, los propósitos de Dios en el cielo, ¿cómo puede saber si la voluntad de Dios se está haciendo en esta tierra?

No hemos sido destinados a vivir solo en esta tierra. Nuestro verdadero hogar es el cielo. Somos ciudadanos del cielo, y por lo tanto, debemos acatar las leyes y mandamientos más sublimes del cielo. Solo somos peregrinos en esta vida. Pablo nos llamó «conciudadanos de los santos» y «embajadores de Cristo» (Ef 2:19; 2 Co 5:20). Somos los emisarios de Cristo en esta tierra; debemos verdadera lealtad al cielo.

Dios desea revelarle más sobre su hogar eterno, para que así conozca mejor cómo vivir en su hogar temporal, esta tierra.

¿Cuáles son algunas de las peculiaridades del cielo?

Alabanza

En su revelación, Juan nos describe que el trono de Dios está rodeado continuamente por aquellos que lo alaban. Ellos proclaman día y noche:

… Santo, santo, santo
es el Señor Dios Todopoderoso,
el que era, el que es, y el que ha de venir…
Señor, digno eres de recibir la gloria y la honra y el poder;
porque tú creaste todas las cosas,
y por tu voluntad existen y fueron creadas.

(AP 4:8, 11, RVR1960)

Cuando alaba a Dios en la tierra, usted está ensayando algo que hará por siempre. De seguro una parte primordial de su tarea de traer el cielo a la tierra se realiza y se manifiesta mediante la alabanza.

La exaltación de Jesús

Los que ofrecen alabanzas en el cielo también proclaman la dignidad de Jesús. Ellos proclaman sobre nuestro Señor:

… Digno eres de tomar el libro
y de abrir sus sellos;
porque tú fuiste inmolado,
y con tu sangre nos has redimido para Dios,
de todo linaje y lengua y pueblo y nación;
y nos has hecho para nuestro Dios reyes y sacerdotes,
y reinaremos sobre la tierra…
El Cordero que fue inmolado
es digno de tomar el poder, las riquezas, la sabiduría,
la fortaleza, la honra, la gloria y la alabanza…

Al que está sentado en el trono,
y al Cordero, sea la alabanza, la honra, la gloria y el poder,
por los siglos de los siglos.

(Ap 5:9-10, 12-13, RVR1960)

El propósito suyo como cristiano en esta tierra es exaltar a Jesús, quien expresó: «Y como Moisés levantó la serpiente en el desierto, así es necesario que el Hijo del Hombre sea levantado, para que todo aquel que en él cree, no se pierda, mas tenga vida eterna (Jn 3:14-15, RVR1960). También afirmó: «Y yo, si fuere levantado de la tierra, a todos atraeré a mí mismo» (Jn 12:32, RVR1960).

Jesús estaba profetizando Su muerte en la cruz, pero el hecho es que cuando usted hace que la gente mire a la cruz y al sacrificio que Jesús hizo allí, Él atrae a los pecadores a sí mismo, como Salvador de sus vidas. Su propósito es hacer que Jesús sea exaltado. Reitero, esto es algo que usted hará por toda la eternidad. Es una forma de traer el cielo a la tierra.

Humildad para servir y autoridad para reinar

Sobre los siervos de Dios en el cielo, Juan expresó: «… y sus siervos le servirán… y reinarán por los siglos de los siglos» (Ap 22:3, 5, RVR1960).

Parte de lo que usted hace para traer el reino de los cielos a la tierra se materializa cuando sirve a los demás, cuando satisface sus necesidades, los afirma, les enseña los caminos de Dios, y les ministra los dones del Espíritu Santo; a medida que Él derrama estos dones a través de usted como vasija Suya. Usted sirve a los demás cuando les proclama el evangelio de Jesús y les hace discípulos del Señor, deseosos de obedecer Sus mandamientos y seguir Sus pisadas. El servicio que usted ofrece a los demás debe ser abierto y puro, sin sombra alguna de malos motivos.

Cada siervo tiene un amo. Pablo escribió a los efesios que el Amo está en el cielo (Ef 6:9). Debemos llevar a cabo Sus órdenes con prontitud.

Mientras usted sirve, también debe reinar; pero no sobre la gente, sino sobre el mal. Con la motivación del amor de Cristo y el empoderamiento del Espíritu Santo, usted es llamado a servir a la gente y a ejercer dominio sobre los poderes de Satanás. Muchas personas entienden esto al revés: gobiernan sobre las personas y sirven a Satanás. Su papel como creyente en Cristo y discípulo del Señor es exactamente lo contrario. Debe modelar para los demás la forma en que Jesús vivió Su vida, una vida de servicio diario a los necesitados, y de victoria total sobre el poder del diablo. Usted debe tener autoridad y poder plenos sobre el enemigo, y recurrir al nombre de Jesús para resistir los ataques del diablo, resistir sus tentaciones y soportar cualquier prueba que él le ponga (Ef 6:9-10; Stg 4:7; 1:12).

El Señor procura revelarle muchas más cosas sobre el cielo, pero hay algo de lo que puede estar seguro: la guía del Espíritu Santo para su vida está en plena concordancia con el «manual de operaciones» del cielo. El destino que Dios tiene en mente para usted es el cielo, y Él dirige Sus esfuerzos a proteger sus pasos y guiarlo en su sendero para que camine en línea recta hacia su hogar eterno.

DIOS SIEMPRE ESTÁ HABLANDO, ¿LO ESCUCHARÁ USTED?

Dios tiene mucho que decirle cada día, sobre Su gran amor, sobre la forma en que desea que usted viva y experimente Su presencia, sobre su destino final. La pregunta que debe hacerse es: *¿Estoy escuchando?*

Dios siempre está hablando. El problema en su comunicación con Dios no radica en Él, radica en su falta de interés, en su incapacidad para escucharlo de forma clara y en su poco tiempo para escuchar todo lo que Él anhela decirle.

Al contarle sobre Su amor por usted, Dios le da la motivación para enfrentar la vida con fe y entusiasmo.

Al contarle Sus planes, darle Su guía e impartirle Su presencia, Dios le brinda una gran sensación de seguridad y propósito.

Al hablarle de su hogar futuro, Dios le ofrece la meta que Él tiene para su vida.

Con amor en el corazón; con ideas, planes y verdad en la mente, y con una meta para sus esfuerzos, ¡usted no puede evitar tener esperanza! Estará ansioso por escuchar más de lo que Dios tiene que decir. Y la buena noticia es que Dios siempre desea compartirle, revelarle e impartirle más detalles para que usted pueda ser consolado, guiado y perfeccionado.

SIETE

¿ESCUCHAMOS A DIOS?

Samuel fue uno de los profetas más poderosos del Antiguo Testamento. No es mera coincidencia que su primera tarea de parte de Dios haya requerido que aprendiera a escuchar Su voz. En 1 Samuel 3:4-10 (RVR1960), leemos que Samuel, que había sido confiado al cuidado de Elí el sacerdote, estaba acostado una noche cuando el Señor le habló:

> Jehová llamó a Samuel; y él respondió: Heme aquí. Y corriendo luego a Elí, dijo: Heme aquí; ¿para qué me llamaste? Y Elí le dijo: Yo no he llamado; vuelve y acuéstate. Y él se volvió y se acostó. Y Jehová volvió a llamar otra vez a Samuel. Y levantándose Samuel, vino a Elí y dijo: Heme aquí; ¿para qué me has llamado? Y él dijo: Hijo mío, yo no he llamado; vuelve y acuéstate. Y Samuel no había conocido aún a Jehová, ni la palabra de Jehová le había sido revelada. Jehová, pues, llamó la tercera vez a Samuel. Y él se levantó y vino a Elí, y dijo: Heme aquí; ¿para qué me has llamado? Entonces entendió Elí que Jehová llamaba al joven. Y dijo Elí a Samuel: Ve y acuéstate; y si te llamare dirás: Habla, Jehová, porque tu siervo oye. Así se fue Samuel, y se acostó en su lugar. Y vino Jehová y se paró, y llamó como las otras veces: ¡Samuel, Samuel! Entonces Samuel dijo: Habla, porque tu siervo oye.

¡Qué forma más hermosa de contestar a Dios: «Habla, porque tu siervo oye»! Elí enseñó a Samuel a escuchar a Dios, y si hoy hemos de ser hombres y mujeres Suyos, tenemos que aprender en qué forma podemos oír lo que Él nos dice. Lo hacemos de varias maneras que vamos a considerar brevemente aquí.

CON EXPECTATIVA

Si deseamos escuchar a Dios, tenemos que acudir a Él con expectativa. Debemos anticipar que Él nos quiere hablar. Jeremías 33:3 (RVR1960) da un ejemplo de este anhelo cuando cita a Dios mismo: «Clama a mí, y yo te responderé, y te enseñaré cosas grandes y ocultas que tú no conoces». En toda la Escritura encontramos la promesa de que Dios realmente nos habla, pero si nos acercamos a Él con duda de Su capacidad para hablar, tendremos grandes dificultades para escuchar Su voz. El acto de creer con expectativa las promesas de Dios equivale a expresar fe, sin la cual «es imposible agradar a Dios» (Heb 11:6). Es preciso que tengamos grandes expectativas cuando se trata de oír hablar al Señor.

Dicha actitud se basa en la confiabilidad. Cuando Elías se enfrentó a los cuatrocientos cincuenta profetas de Baal y los cuatrocientos de Asera, lo hizo con una confianza que parecía rayar en la abierta insolencia. Después de burlarse de los falsos profetas que no pudieron hacer bajar fuego del cielo para consumir el sacrificio de bueyes que habían preparado, le correspondió su turno. Casi podemos imaginar la sonrisa de complacencia en su rostro mientras se preparaba para invocar al Dios de Israel.

Sin embargo, antes de hacerlo, hizo que alguien derramara cuatro cántaros de agua sobre la leña y los bueyes. Para mayor seguridad hizo que empaparan la leña con cuatro cántaros más de agua, y para que nadie pensara que no estaba suficientemente mojada, agregó cuatro más: «El agua corría alrededor del altar, y también llenó la zanja de agua» (1 R 18:35).

¿Esperaba que Dios contestara? Claro que sí. Elías sabía quién era el Dios vivo y verdadero porque ya lo había visto predecir y llevar a cabo una sequía. Ya había sido testigo de Su gran poder cuando hizo volver a la vida al hijo de la viuda de Sarepta. Había comprobado la provisión hecha para ella por Dios al volver a llenar en forma sobrenatural la tinaja de harina y la vasija de aceite.

Elías esperaba que Dios contestara porque había respondido fielmente en el pasado. El Dios de Elías es también nuestro Dios, y Su confiabilidad no se ha modificado en lo más mínimo.

CON QUIETUD

El salmista escribió: «Estén quietos, y sepan que Yo soy Dios...» (Sal 46:10). Si deseamos escuchar a Dios, tenemos que estar quietos y dejar que Él sea el que hable. Muchos, cuando oran, se limitan a leer una lista de pedidos, luego se levantan y se van. En lugar de oír a Dios, nos limitamos a informarle lo que queremos. ¿Cómo puede Dios hablarnos si no nos damos tiempo para escuchar? La quietud es esencial para ello. Si estamos demasiado ocupados como para prestar atención, no oiremos nada. Si pasamos noche tras noche mirando la televisión y luego tratamos de escuchar, encontraremos que nuestra mente está repleta de interferencias carnales. Prepararse para escuchar a Dios requiere tiempo y quietud. «Alma mía, en Dios solamente reposa, porque de él es mi esperanza» (Sal 62:5, RVR1960).

Es por eso que a través de los siglos tantas personas han procurado recluirse en los desiertos, en las montañas o en los monasterios. Allí el ruido de la civilización desaparece y la voz de Dios no tiene tanta competencia. Sin embargo, ese silencio podemos encontrarlo en la quietud del sofá de una sala de estar entrada la noche o en la mesa de la cocina temprano por la mañana. El lugar no tiene importancia. Lo que importa es la escala de los decibeles. La voz de Dios es quieta y suave, y es fácil sepultarla bajo una avalancha de clamor.

CON PACIENCIA

Hay cosas que Dios no nos va a decir instantáneamente. Algunas revelaciones especiales las oiremos únicamente después de haber esperado un poco de tiempo. Una de las razones es sencillamente que no siempre estamos preparados. Debido a ello, a veces Dios retiene información hasta que estemos preparados para escuchar.

Debemos estar dispuestos a escucharlo pacientemente, porque esos períodos pueden prolongarse y poner a prueba nuestra fe. Dios ha prometido hablarnos al corazón, de modo que podemos esperar que lo haga, pero no está obligado a decirnos todo lo que queremos saber al momento en que deseamos contar con la información.

Nos gustaría decir: «Señor, esta es mi orden para hoy. Te ruego que me des una respuesta antes de que me levante de mis rodillas». Puede ocurrir que Dios no nos hable sobre esto sino semanas después, no porque se haya olvidado, sino porque en el proceso de esperar, nos cambia y prepara para oír Su mensaje, el que quizás no hubiéramos aceptado si hubiese hablado instantáneamente.

DE MANERA ACTIVA

Para escuchar a Dios es preciso que esperemos activamente meditando en Su Palabra. Colosenses 3:16 (RVR1960) expresa: «La palabra de Cristo more en abundancia en vosotros, enseñándoos y exhortándoos unos a otros en toda sabiduría, cantando con gracia en vuestros corazones al Señor con salmos e himnos y cánticos espirituales».

Si solo conocemos porciones de la Palabra y nos ocupamos de un tema favorito, dejamos de buscar todo el consejo de Dios. La forma en la que nos hacemos ricos y rebosantes en la verdad de la Palabra es al meditar sobre la Escritura, escudriñarla, digerirla y aplicarla a nuestro corazón.

Frente a una de las decisiones más difíciles de mi vida le pedí a Dios que hablara a mi corazón temeroso y titubeante. Estaba leyendo Isaías 41 cuando llegué a la última parte del versículo 9, y fue como si Dios me dijera: «Pues bien, Charles: "Mi siervo eres tú; te escogí, y no te deseché. No temas, porque yo estoy contigo; no desmayes, porque yo soy tu Dios que te esfuerzo; siempre te ayudaré, siempre te sustentaré con la diestra de mi justicia"» (vv. 9-10, RVR1960). Medité sobre ese pasaje día y noche durante varias semanas, me recordaba continuamente Su llamado a no temer y me daba la seguridad de que contaba con ayuda divina. «Porque yo Jehová soy tu Dios, quien te sostiene de tu mano derecha, y te dice: No temas, yo te ayudo» (v. 13, RVR1960).

Cuando llegó el momento de la crisis, estaba lleno de una asombrosa paz. Ese pasaje me impactó completamente. Sentía que estaba mirando la situación desde la perspectiva de Dios, confiando en Su promesa y en Su poder para llevarla a cabo. Una vez más comprendí lo que Pablo quiere decir por esa paz que sobrepasa todo entendimiento.

En otro momento de mi vida y durante varias semanas el Señor me llevó de nuevo a Salmos 81 en mis meditaciones matutinas. El versículo 6 captaba mi atención constantemente: «Aparté su hombro de debajo de la carga; sus manos fueron descargadas de los cestos». Sabía que Dios estaba tratando de hablarme por medio de ese pasaje, pero no estaba seguro de lo que me quería decir. Cuanto más leía y meditaba, más comencé a darme cuenta de que me estaba preparando para un cambio. En ese momento era pastor de una iglesia numerosa en una gran ciudad. Teníamos una escuela cristiana que crecía rápidamente y me encontraba muy sobrecargado porque buena parte de la responsabilidad caía sobre mis propios hombros.

Después de pasar varias semanas meditando sobre ese pasaje y tomarlo como una promesa de liberación, el Señor me mandó a una miembro del personal que literalmente me sacó la carga de los hombros y liberó mis manos de los cestos. Ella se hizo cargo de la responsabilidad total de la escuela y yo quedé libre para ocuparme de la iglesia.

Dios es sumamente preciso en las instrucciones y las promesas que ofrece a través de Su Palabra. La meditación en torno a la Palabra de Dios es una de las formas más maravillosas en la que podemos escuchar la voz de Dios en busca de orientación divina.

CON CONFIANZA

Debemos confiar que cuando escuchamos a Dios oiremos lo que necesitamos. No siempre será lo que deseamos, pero Dios nos comunica lo que resulta esencial para nuestro andar con Él.

¿Nos negaríamos a revelar a nuestros hijos la información necesaria a fin de obedecer nuestras instrucciones? ¿Les diríamos: «Esto es lo que quiero que hagan», y luego nos negaríamos a darles la información necesaria? Claro que no. El Señor Jesús dijo: «Pues si vosotros, siendo malos, sabéis dar buenas dádivas a vuestros hijos, ¿cuánto más vuestro Padre que está en los cielos dará buenas cosas a los que le pidan?» (Mt 7:11, RVR1960).

EN FORMA DEPENDIENTE

Al acercarnos a Dios es preciso que reconozcamos que dependemos totalmente del Espíritu Santo para que nos enseñe la verdad. Si acudimos a Él con una actitud arrogante, será muy difícil que el Espíritu Santo nos instruya. En 1 Corintios 2:7-11 (RVR1960) Pablo escribió lo siguiente:

Mas hablamos sabiduría de Dios en misterio, la sabiduría oculta, la cual Dios predestinó antes de los siglos para nuestra gloria, la que ninguno de los príncipes de este siglo conoció; porque si la hubieran conocido, nunca habrían crucificado al Señor de gloria.
Antes bien, como está escrito:

Cosas que ojo no vio, ni oído oyó,
ni han subido en corazón de hombre,
son las que Dios ha preparado
para los que le aman.

Pero Dios nos las reveló a nosotros por el Espíritu; porque el Espíritu todo lo escudriña, aun lo profundo de Dios. Porque, ¿quién de los hombres sabe las cosas del hombre, sino el espíritu del hombre que está en él? Así tampoco nadie conoció las cosas de Dios, sino el Espíritu de Dios.

No hay modo de escuchar a Dios aparte del ministerio del Espíritu Santo. Cuando Dios habla por medio de otros o por medio de las circunstancias, se trata de la obra del Espíritu.

Jesús dijo en Juan 16:7 (RVR1960): «Pero yo os digo la verdad: Os conviene que yo me vaya; porque si no me fuese, el Consolador no vendría a vosotros; mas si me fuere, os lo enviaré». Y en Juan 16:13 (RVR1960) Cristo explica que el Espíritu «... no hablará por su propia cuenta, sino que hablará todo lo que oyere, y os hará saber las cosas que habrán de venir».

Cada uno de nosotros posee un receptor divino que vive dentro de nosotros en la persona del Espíritu Santo. Es por esto que Pablo agregó en 1 Corintios 2:12 (RVR1960) que «... nosotros no hemos recibido el espíritu del mundo, sino el Espíritu que proviene de Dios, para que sepamos lo que Dios nos ha concedido». La oración no consiste en que Dios está arriba y nosotros aquí abajo; es el Espíritu Santo hablando dentro de nosotros, dando testimonio a nuestro espíritu para que conozcamos la mente de Dios. La verdad es que tenemos la mente de Cristo, pero ¿cómo hacemos para apropiarnos de ella en un momento dado? Al aceptar en ese momento, por la fe, que el Espíritu Santo que vive en nosotros contestará nuestras peticiones, hablará a nuestro corazón y nos dará instrucciones.

Para recibir las instrucciones de Dios es necesario que estemos en buenas relaciones con Él. Eso significa que debemos ser llenos de Su Espíritu y aprender a andar en Su Espíritu, sin contristar al Espíritu Santo de Dios (Ef 4:30). Si contristamos a Dios al decirle sí al pecado y apagamos al Espíritu al decirle no a Dios, ¿cómo puede el Espíritu Santo, que es receptor y comunicador para nuestro espíritu, declararnos la revelación de Dios? Una de las principales razones por las que la gente no oye nada cuando habla con Dios es que no está viviendo en el Espíritu. Su estilo de vida está en silenciosa rebelión contra Dios.

Una de las razones por las cuales Dios nos manda a ser llenos del Espíritu es que no solo nos da el poder necesario para el servicio, sino también que el Espíritu es esencial para que podamos oír a Dios. Si apagamos y contristamos al Espíritu, no puede entregarnos el mensaje de Dios porque no estamos escuchando. Si rehusamos oír lo que el Espíritu Santo nos dice, entonces nuestra oración resultará un inútil parloteo dirigido hacia el cielo, el cual no es oído por Dios. Nuestra forma de vivir establece la diferencia en lo que oímos. El creyente puede vivir lo que la mayoría caracterizaría como una vida cristiana normal y aun así estar equivocado, porque no escucha al Espíritu. Jamás podremos adquirir suficiente educación y suficiente experiencia como para vivir independientemente del Espíritu Santo. El debe darnos la mente de Cristo, o no la poseeremos. El Espíritu no va a hablar mientras no admitamos que aparte de su genuina, obra en nuestras vidas, somos incapaces de recibir algo de Él.

No podemos obligar a Dios a que nos diga algo ni un segundo antes de que esté resuelto a hacerlo. Podemos ayunar, orar, gemir y ofrendar, pero nada de eso lo impresiona en absoluto. La única forma es acudir humildemente a Él, dependiendo de la obra efectiva y perdurable del Espíritu Santo dentro de nosotros.

DE MANERA RECEPTIVA

Debemos acercarnos a Dios abiertamente. En 2 Timoteo 3:16 (RVR1960) es un pasaje familiar en el cual Pablo escribió: «Toda la Escritura es inspirada por Dios, y útil para enseñar, para redargüir, para corregir, para instruir en justicia».

Escuchar abiertamente significa estar dispuestos a oír que Dios nos corrija además de consolarnos, nos acuse además de darnos seguridad. Podemos esperar que Dios nos dé una palabra de consuelo sin pensar que desea darnos una palabra de corrección. Si acudimos a Él únicamente en busca de consuelo y prosperidad, solo en busca de lo que reconforta el oído, entonces no siempre oiremos lo que tiene para decirnos.

Si no estamos dispuestos a escuchar Su corrección, no pasará mucho tiempo antes de que aumente en forma dramática nuestra necesidad de ella. Mientras escuchamos Su voz, al depender humildemente del Espíritu Santo, Dios traerá a nuestra memoria aspectos que requieren disciplina, y debemos aceptar tanto lo positivo como lo negativo.

Muchos son los que se han puesto de rodillas delante de Dios y Él les ha hablado, pero no les ha dicho lo que esperaban oír. Incluso con las correcciones Dios tiene a la vista una meta positiva, la cual consiste en impedir que cometamos errores desastrosos y nos arruinemos la vida. Cuando acudimos a Él con un cedazo espiritual en la mente, resueltos a elegir únicamente lo que queremos oír, no escucharemos con exactitud.

CON ATENCIÓN

Escuchar a Dios requiere nuestra plena atención. Si nos habla por medio de Su Palabra (por medio de Su Espíritu, por medio de otros o por medio de las circunstancias), tenemos que vivir cada día de manera cuidadosa y alerta.

Alguien puede decir algo que nos sirva de piadosa admonición o advertencia. Dios quiere que penetre en nuestro espíritu, nutra la verdad y le dé vida, de modo que se convierta en corrección y consuelo. Sin embargo, es preciso estar atentos a fin de que se produzca ese fruto espiritual. Nuestras antenas espirituales tienen que estar plenamente extendidas. Tenemos que ser vigilantes a fin de discernir la voz de Dios en las circunstancias de nuestra vida cada día. Debemos preguntarnos constantemente: «¿Qué es lo que está pasando realmente? ¿Qué significa esta circunstancia en particular?». Como cristianos no podemos dividir nuestra vida en compartimientos seculares y espirituales. Todo nuestro andar es espiritual porque Cristo es vida. Desde luego que no todo lo que hacemos, pensamos o decimos es de carácter espiritual, pero nuestro andar es espiritual porque somos nuevas creaciones en Cristo Jesús. Así, en todo lo que Dios permite en nuestra vida, debemos buscar siempre sus impresiones digitales. Debemos procurar escuchar la voz de Dios en todo sonido.

CON CUIDADO

Hebreos 4:12 (RVR1960) nos habla acerca del poder de la Palabra. Dice así: «Porque la palabra de Dios es viva y eficaz, y más cortante que toda espada de dos filos; y penetra hasta partir el alma y el espíritu, las coyunturas y los tuétanos, y discierne los pensamientos y las intenciones del corazón».

En este versículo Dios nos informa que todo lo que oímos ha de ser cernido a través de la Palabra. Antes de incorporar algo a nuestra vida deberíamos filtrarlo a través de la Escritura y eliminar todo lo que esté en contradicción con ellas. Si se trata de algo contrario a la Palabra de Dios debe ser neutralizado. Esta es la razón por la que debemos escuchar Su voz cuidadosamente, porque la Palabra de Dios revela las intenciones y las motivaciones más profundas de nuestra vida. La Palabra de Dios retira el velo de modo que podamos ver la realidad de todo lo que nos rodea. La luz de la Palabra ilumina todo, permitiéndonos separar la verdad del error. Todo lo que oímos tiene que ser prolijamente controlado valiéndonos de la norma absoluta de la verdad divina.

CON SUMISIÓN

Debemos escuchar a Dios de manera sumisa, porque habrá ocasiones en las que no nos gustará lo que hable a nuestro corazón. Cuando el Señor nos dice algo que no queremos escuchar, es posible que no reaccionemos con un espíritu de total obediencia. Pero Dios no se vuelve hostil ante nuestro espíritu rebelde; esa no es su forma de reaccionar. Él nos conoce desde antes de que nos dispusiéramos a escucharlo y sabe exactamente en qué forma reaccionaremos. Puede que lo entristezca nuestra reacción negativa, pero no manda un escuadrón de airados ángeles a destruirnos. Él sabe que vamos a tener que luchar con ciertas cosas.

Cuando Jesús fue al huerto de Getsemaní, ya estaba sometido a la voluntad del Padre. No obstante, contendió con el Padre para determinar si existía alguna otra forma de lograr el propósito de Dios. Batalló con la separación del Padre mientras que a la vez estaba consagrado a Su voluntad. Habrá momentos cuando acudamos a Él, le escuchemos y luego luchemos con lo que oímos. Es posible que no desobedezcamos constantemente lo que oímos; sin embargo, algunas veces no comprendemos cómo ni por qué Dios va a hacerlo. Quizás seamos tan sumisos como sepamos ser en el momento, y aún batallar con lo que Él dice. En última instancia, la sumisión siempre tendrá que estar acompañar con la tarea de escuchar si queremos oír plenamente a Dios. Es esencial que hagamos esto si anhelamos seguir al Señor.

Recuerdo a un hombre que acababa de salir de las fuerzas aéreas después de la Segunda Guerra Mundial. Había sido un hábil instructor y esperaba incorporarse a una línea aérea importante y dedicar el resto de su vida a trabajar como piloto. Pensaba que iba a recibir un buen sueldo y que al mismo tiempo podría testificar de Cristo.

El Señor tenía otras ideas. Al estudiar varios ofrecimientos, un viejo amigo le pidió que se uniera a él en su actividad evangelística. No le gustaba la idea y se lo dijo a Dios. Sin embargo, cuando llegó el momento de responder a las líneas aéreas rechazó las ofertas y entró en el ministerio cristiano a tiempo completo, donde se desempeñó exitosamente durante treinta años.

Me dijo que muchas veces veía sobre su cabeza los jets y soñaba con la idea de volver a pilotear. Siguió recibiendo lucrativos ofrecimientos para volver a volar, pero los fue rechazando todos porque quería ser sumiso a la voluntad de Dios. En razón de esa voluntad de sumisión, cumplió el propósito de Dios para su vida realizando las obras que le había ordenado, en lugar de seguir sus propios planes tan bien trazados.

CON AGRADECIMIENTO

Cuando nos acercamos al Padre, deberíamos hacerlo en una actitud agradecida. Deberíamos sentir agradecimiento de que el Padre nos amara tanto como para mandar a Su unigénito Hijo a la cruz; agradecidos por la crucifixión; agradecidos por nuestra salvación; agradecidos de que Dios nos haya arrebatado del reino de las tinieblas y nos haya colocado en el de la luz. Como lo explicó Pablo en Filipenses 4:6-7: «Por nada estéis afanosos, sino sean conocidas vuestras peticiones delante de Dios en toda oración y ruego, con acción de gracias. Y la paz de Dios, que sobrepasa todo entendimiento, guardará vuestros corazones y vuestros pensamientos en Cristo Jesús».

Aunque hay millones de personas en el universo, Dios se interesa en cada uno de nosotros. Tiene un conocimiento íntimo de nosotros en Su mente incomparable e indescriptible. Cuando nos acercamos a Él, deberíamos hacerlo con un corazón agradecido, porque no entramos en contacto con un Padre celestial que habla a las masas, sino con un Padre que habla con individuos. Esta verdad debería comprometer nuestra ilimitada gratitud.

CON REVERENCIA

El fundamento sobre cuya base deberíamos escuchar a Dios lo constituye un corazón reverente. Debería asombrarnos que podamos hablar con Dios, aquel que creó el sol y el mundo de la nada, el que creó todas las complejidades de la vida humana.

Deberíamos ser humildes al comprobar que este mismo Dios omnipotente está dispuesto a escucharnos en silencio, mientras que de manera simultánea da dirección a la inmensidad del universo. Su atención total, concentrada e ininterrumpida, está centrada en nosotros individualmente. Esto debería humillarnos y crear dentro de nosotros una reverencia que reconozca que Dios es realmente el todopoderoso Creador.

OCHO

SENTADOS EN LA PRESENCIA DEL SEÑOR

La sola mención de la palabra *meditación* evoca diversas y variadas imágenes, todas, en alguna medida extrañas a la mentalidad occidental. De algún modo u otro, los creyentes contemporáneos han eliminado esta palabra del vocabulario bíblico. En la actualidad su uso se ha limitado principalmente a la práctica de las religiones orientales y así, para el cristiano, ha sido arrojada a una esfera casi obsoleta y prohibida. Este abandono del vocablo se ha hecho a costa de un gran peligro, porque la meditación y su aplicación escritural son de inmenso valor si queremos escuchar acertadamente a Dios.

Tal vez nadie se haya ocupado de esta piadosa práctica más fervorosamente y con mayor éxito que el rey David. Muchos de los salmos son producto de su silenciosa reflexión y espera en Dios. Como «varón conforme al corazón de Dios», David tenía que conocer antes que nada la mente y el corazón de Dios. En gran medida lograba esto mediante la persistente práctica de la meditación santa. Podemos encontrar una ilustración gráfica en 2 Samuel 7. En ese capítulo vemos que David alcanzó un lugar de reposo en su reino. Sus campañas militares ya no figuran en su tablero de planeamiento, y ahora considera la posibilidad de edificar un templo para el Señor. El profeta Natán da a conocer un alentador mensaje acerca de la fidelidad de Dios hacia David y el plan del Señor de construir el templo. La respuesta de David ante el comunicado de Natán se encuentra en 2 Samuel 7:18: «Entonces el rey David entró y se sentó delante del Señor y dijo: "¿Quién soy yo, oh Señor Dios, y qué es mi casa para que me hayas traído hasta aquí?"». Notemos la frase «David… se sentó delante de Señor». Claro que no estaba sentado en una silla, como quizás lo haríamos nosotros. Estaba arrodillado y echado hacia atrás sobre sus talones, escuchando y hablando con el Señor. David estaba meditando.

J. I. Packer, en su libro *Hacia el conocimiento de Dios*, nos da una buena definición de lo que es meditación, tal como lo he visto:

> Meditación es la actividad que consiste en recordar, en pensar, en reflexionar y en aplicar a uno mismo todo lo que sabe acerca de las obras, el proceder, los propósitos y las promesas de Dios. Es la actividad del pensar consagrado que se realiza conscientemente en la presencia de Dios, a la vista de Dios, con la ayuda de Dios y como medio de comunión con Dios. Tiene como fin aclarar la visión mental y espiritual que tenemos de Dios y permitir que la verdad de la misma haga un impacto pleno y apropiado sobre la mente y el corazón. Se trata de un modo de hablar con uno mismo sobre Dios y uno mismo; más aun, con frecuencia consiste en discutir con uno mismo, a fin de librarse de un espíritu de duda e incredulidad, para adquirir una clara aprehensión del poder y la gracia de Dios. Tiene como efecto invariable humillarnos cuando contemplamos la grandeza y la gloria de Dios y nuestra propia pequeñez y pecaminosidad, como también alentarnos y darnos seguridad —«consolarnos», para emplear el vocablo en el antiguo sentido bíblico del mismo— mientras contemplamos las inescrutables riquezas de la misericordia divina desplegadas en el Señor Jesucristo.[1]

La meditación no era nada nuevo para David porque hacía mucho que sabía lo que significaba. Leemos en los salmos que con frecuencia escuchaba al Padre y hablaba con Él en el campo. Incluso cuando escapaba de Saúl y esquivaba sus lanzas, David se tomaba tiempo para meditar en Dios.

Dado que la meditación es una de las actividades que debería constituirse como prioridad diaria de los creyentes, es justamente una de las disciplinas que Satanás procura tenazmente impedir que cumplamos. Sin embargo, cuando examinamos las recompensas y los resultados de la meditación, nos damos cuenta, muy pronto, que no puede ocupar un lugar secundario. Tiene que ser lo primero.

Muchos creyentes piensan que la meditación es solo para los pastores u otros líderes espirituales. No ven su papel en un mundo secularizado donde reinan las contiendas y la competencia. Parece algo extraño para quienes tienen que levantarse y salir a la autopista a las siete de la mañana, estar en una ruidosa oficina todo el día y luego luchar con el tránsito para volver a casa, donde seguidamente tienen que ocuparse de los problemas domésticos. No obstante, es en medio de ese constante tumulto donde el creyente se encuentra sumamente necesitado de los efectos tranquilizadores de la meditación, a fin de que pueda destilar la voz de Dios apartándola del fragor del diario vivir. Dios concibió la práctica de la meditación no solamente para predicadores, sino también para todos Sus hijos a fin de que nos relacionemos mejor con Él. La meditación personal y privada comienza cuando nos aislamos con el Señor y estamos en silencio delante de Él. Puede ser nada más que cinco minutos, treinta o incluso toda una hora. Lo importante es que estemos a solas con el Señor para descubrir Su dirección y Su propósito para nuestra vida.

La dirección personal y convincente es solo uno de los beneficios de la meditación. Salmos 119:97-100 enumera algunas de las otras recompensas de la meditación, tales como la sabiduría, el discernimiento, una visión clara y una obediencia agudizada.

Josué 1:8 (RVR1960) es un maravilloso versículo de la Escritura sobre los benditos beneficios de concentrarse en la meditación. «Nunca se apartará de tu boca este libro de la ley, sino que de día y de noche meditarás en él, para que guardes y hagas conforme a todo lo que en él está escrito; porque entonces harás prosperar tu camino, y todo te saldrá bien». La meditación es la forma en la que Dios corona nuestra vida del éxito Suyo y da prosperidad del alma, del espíritu y del cuerpo. Es también un catalizador para vivir de manera obediente.

Quiero compartir cuatro principios que lo guiarán hacia una meditación significativa. Estos constituirán verdades liberadoras que le harán oír la voz de Dios de un modo nuevo y vigorizante.

ANALIZAR EL PASADO

Analizar el pasado es una forma excelente de comenzar nuestro momento de meditación, porque al hacerlo veremos patrones que Dios ha entretejido en nuestra vida. Uno de los primeros pasos que dio David en 2 Samuel 7:18 fue rememorar las bendiciones de Dios: «… Señor Jehová, ¿quién soy yo, y qué es mi casa, para que tú me hayas traído hasta aquí?». David recordó su pelea con Goliat. Recordó los años pasados mientras escapaba de Saúl, las batallas que había ganado. Ahora que había paz en su vida, tenía el privilegio de saborear las maravillosas obras de Dios.

Cuando meditamos, deberíamos centrar la atención en la forma en que Dios ha obrado en nuestra vida en el pasado. Deberíamos procurar descubrir Su mano en todos nuestros asuntos. Al hacerlo, veremos Su mano de corrección, de consuelo y de exhortación, y podremos distinguir mejor Su modo de actuar en nuestra vida en el presente.

REFLEXIONAR SOBRE DIOS

Después de analizar el pasado deberíamos reflexionar sobre Dios. Escuchemos lo que dice David: «Y aun te ha parecido poco esto, Señor Jehová, pues también has hablado de la casa de tu siervo en lo por venir. ¿Es así como procede el hombre, Señor Jehová? ¿Y qué más puede añadir David hablando contigo? Pues tú conoces a tu siervo, Señor Jehová. Todas estas grandezas has hecho por tu palabra y conforme a tu corazón, haciéndolas saber a tu siervo» (2 S 7:19-21).

Al comenzar a reflexionar acerca de Dios, deberíamos considerar tres facetas: Primero, Su grandeza; segundo, Su gracia, y tercero, Su bondad. Cuando meditamos en la grandeza de Dios y Sus nombres: Jehová, Yahveh, Elohim, Eterno, Infinito en poder, Absoluto en fidelidad nuestras gigantescas montañas de problemas y dolores del alma se vuelven pequeños. A la luz de la presencia y la grandeza de Dios nada es imposible en nuestra vida. Nuestras cargas se disipan en Su presencia.

Si nos centramos en las dificultades, el problema aumenta y se intensifica. Cuando centramos nuestra atención en Dios, el problema adquiere la perspectiva que le corresponde y deja de abrumarnos.

Jeremías Denton fue un prisionero de guerra en Vietnam del Norte durante siete años horrendos. Como uno de los cautivos estadounidenses de mayor rango, fue sometido a torturas particularmente dolorosas y pasó casi la totalidad de su cautiverio incomunicado. En esa situación brutal y de total soledad, resulta difícil no centrar la atención en el dolor y el tedio. Sin embargo, Denton no solo sobrevivió, sino que también volvió y fue elegido senador norteamericano por Alabama.

¿Cómo sobrevivió? En muchas oportunidades explicó que uno de sus métodos esenciales de supervivencia consistía en citar pasajes de la Biblia. La Escritura aprendida de memoria se convirtió en la espada invisible que le permitió rechazar las armas más crueles del enemigo. Centrando interiormente su atención en el poder de Dios para sostenerse y fortalecerse, pudo elevarse por encima de la miseria de su solitaria existencia.

RECORDAR LAS PROMESAS DE DIOS

Cuando David siguió meditando en el Señor, le dijo: «Ahora pues, Jehová Dios, tú eres Dios, y tus palabras son verdad, y tú has prometido este bien a tu siervo» (2 S 7:28, RVR1960). Recordó las promesas de Dios en lo tocante a afirmar su nombre y su familia sobre una base imperecedera. Cuando nos arrodillamos o nos sentamos ante el Señor y meditamos en Él resulta beneficioso recordar Sus poderosas promesas.

En la Escritura, el Señor nos ha prometido paz, provisión y protección. Estas promesas son propiedad de cada uno de Sus hijos. Cuando meditamos en Dios y recordamos lo que nos promete en Su Palabra, nuestra fe aumenta y nuestros temores se disuelven. David entendía esto. Muchas veces, en las cuevas donde se ocultaba de Saúl, cuando lo buscaban entre seis y veinte mil hombres, tranquilamente transfería su atención a Dios. Bajo las estrellas o en las tinieblas de las cuevas, centraba su atención en Dios, Aquel que lo había armado para matar a Goliat, Aquel que le había dado velocidad corporal y agudeza mental. Recordaba a Dios, quien había hecho posible que eludiera la penetrante punta de la lanza de Saúl. Cuando fijaba su hombre interior en la persona de Dios, sus temores y frustraciones eran aquietados por Su presencia.

HACER UN PEDIDO

Cuando estamos sentados ante el Señor, en actitud de meditación, no deberíamos limitarnos a escuchar; también hay lugar para pedir algo. En 2 Samuel 7:29 (RVR1960) David hizo este ruego: «Ten ahora a bien bendecir la casa de tu siervo, para que permanezca perpetuamente delante de ti...». ¡Qué enorme ruego! No se limita a pedirle que bendiga a su familia; con audacia le ruega su perpetuo favor. Y Dios contestó su oración.

En una ocasión me encontraba meditando en la Palabra, cuando llegué a Filipenses 4:19: «Mi Dios, pues, suplirá todo lo que os falta conforme a sus riquezas en gloria en Cristo Jesús». Me detuve repentinamente. Comencé a meditar sobre ese versículo. Sin haber pensado previamente sobre este asunto, oré pidiéndole a Dios que proveyera una gran suma de dinero. Ni siquiera tenía un propósito con eso. Me sentí impulsado a pedirlo y esperar que llegara. Pasaron varios días, la carga del pedido se hacía más pesada y me preguntaba constantemente por qué. Sin aviso previo se me presentó una necesidad financiera bastante grande. En cuestión de horas Dios proveyó lo necesario para hacer frente a la necesidad. ¡El Señor me había llevado a pedir aun antes de que yo supiera que tendría esa necesidad! El Señor ya se había ocupado de iniciar los trámites para suplir la necesidad que yo ni siquiera sabía que existía.

REQUISITOS PARA LA MEDITACIÓN

Si queremos que el tiempo que vamos a dedicar a la meditación resulte provechoso no podemos entrar apresuradamente, anotar dos o tres cosas que queremos pedir en oración, orar rápidamente y luego irnos a comer. Esto no es lo que Dios quiere. Quiere que nos sentemos en Su presencia.

La meditación no es una ocurrencia espontánea. Es preciso poner en funcionamiento ciertas disciplinas a fin de que recibamos los beneficios plenos de su aplicación. Es preciso tener en cuenta ciertos requisitos si la práctica bíblica de la meditación es algo más que puro ilusionismo.

Estos son los principios que me han ayudado en la meditación personal.

Un período de tiempo

Al pensar en dedicarnos a meditar en el Señor el primer requisito es fijar un período de tiempo. La duración del mismo, sean cinco minutos o una hora, lo determinará el objetivo. Si estamos profundamente preocupados por algún asunto, el período será más largo. Si lo único que queremos es recuperar la serenidad, puede tratarse de unos minutos. Salmos 62:5 (RVR1960) dice: «Alma mía, en Dios solamente reposa, porque de él es mi esperanza».

Cuando le decimos a Dios que no tenemos tiempo para ocuparnos de Él, en realidad estamos diciendo que no tenemos tiempo para disfrutar la vida, para gozarnos, para buscar la paz, para obtener dirección, para conseguir la prosperidad, porque Él es la fuente de todas estas cosas. La esencia de la meditación consiste en un período de tiempo apartado para contemplar al Señor, escuchar Su voz y dejar que Él sature nuestro espíritu. Cuando lo hacemos, algo pasa dentro de nosotros que nos proporciona los instrumentos necesarios para llevar a cabo nuestras responsabilidades, ya sea como madre, como vendedor, como secretaria, como mecánico, como carpintero, como abogado. Cualquiera sea nuestra ocupación, el tiempo dedicado a la meditación es el mismo que Dios dedica a equiparnos a fin de prepararnos para la vida.

Es sorprendente lo que Dios puede hacerle al corazón atribulado en un breve período de tiempo cuando la persona entiende el significado de la meditación. Vivimos en un mundo atolondrado que vive a la carrera, y que, por cierto, su ritmo no va a aminorar. De modo que tenemos que hacernos la siguiente pregunta: «¿cómo voy a mantenerme en esa apresurada carrera y al mismo tiempo oír la voz de Dios?». Estoy convencido de que el hombre que ha aprendido a meditar en el Señor podrá correr sobre sus propios pies y caminar en su espíritu. Puede ser que su vocación lo arrastre apresuradamente, pero esa no es la cuestión. Lo importante es saber qué velocidad lleva su espíritu. Para bajar ese ritmo se requiere un período de tiempo.

La lección más importante que los padres pueden enseñarles a sus hijos es la importancia práctica de la oración y la meditación. Al hacerlo, les proporcionan una brújula para toda la vida. Cuando los niños aprenden en edad temprana a escuchar a Dios y a obedecerlo, y cuando aprenden que Él tiene interés en lo que a ellos les interesa, desarrollan un sentido de seguridad que ningún otro don o regalo puede proporcionarles. Dios está siempre disponible, sin importar cuales sean las circunstancias. Estará siempre presente, incluso cuando los padres no lo estén.

El único modo de enseñarles a sus hijos a dedicar tiempo con el Señor es por medio del ejemplo. Tienen que oírlos orar, entrar y encontrarlos orando, oír cuando comentan la forma en que Dios les está hablando a ustedes. Pronto se darán cuenta de que si Dios escucha las oraciones de la madre y el padre, también escuchará las de ellos. No es posible dejarles a los hijos una herencia más grande que la de padres que oran.

La quietud

Si realmente vamos a meditar acerca del Señor, la clave está en la quietud. Dice Salmos 46:10 (RVR1960): «Estad quietos, y conoced que yo soy Dios...». La mejor forma de conocer a Dios es cuando no solo apartamos tiempo para dedicarlo a Él, sino también cuando aprendemos a estar quietos en Su presencia.

La quietud nos lleva al punto donde podemos concentrarnos. Resulta difícil centrar los pensamientos en el Señor cuando vamos a toda prisa por una autopista o cuando estamos rodeados de amigos ruidosos. Con frecuencia nos perdemos las más preciosas intervenciones de Dios en nuestra vida porque estamos tan distraídos con otras cosas que no podemos ver ni oír lo que nos está queriendo decir. No somos sensibles a Su voz. No hemos aprendido a estar quietos en Su presencia.

Cuando estamos quietos delante del Señor, paulatinamente los elementos de esta vida que compiten se desvanecen. La misericordiosa bondad de Dios, su grandeza y su gracia vienen a nuestra mente y nuestros problemas comienzan a disminuir.

El aislamiento

Marcos escribió acerca de Jesús que: «Levantándose muy de mañana, siendo aún muy oscuro, salió y se fue a un lugar desierto, y allí oraba» (Mr 1:35, RVR1960). Si el Señor Jesús, que era perfecto en cuanto a Su relación con el Padre, sentía necesidad de dejar a los doce discípulos que tanto amaba y aislarse delante de Dios, ¿no deberíamos nosotros hacer arreglos para estar a solas con Él también?

Todas las personas necesita estar solas de vez en cuando. Es hermoso que los matrimonios se amen el uno al otro y quieran estar juntos, pero hay momentos cuando es necesario que estén separados. Cuando cada cual medita en soledad ante el Señor nada hay que pueda unir más íntimamente a la pareja entre sí.

Dios quiere estar a solas con nosotros porque quiere nuestra total y completa atención. Por ejemplo, supongamos que uno de los cónyuges estuviera siempre rodeado de cuatro o cinco personas las veinticuatro horas del día. No pasaría mucho tiempo sin que el otro se sintiera fastidiado ante el problema. De igual modo, Dios quiere tener un encuentro con cada uno de nosotros en privado, libre de la competencia de otros. A Él le encanta estar a solas con esa persona simple, sencilla y emotiva que es cada cual. Quiere tener la posibilidad de rodearnos con Sus divinos brazos de amor.

Dios no abraza a dos personas la vez; abraza a uno a la vez. Nos ama individualmente, pero a menos que estemos dispuestos a estar a solas con Él, nuestra mente estará siempre dividida. La meditación privada le permite al Señor Jesucristo estar a solas con cada cual. Su trato con cada uno en privado resulta ser con frecuencia el más preciado.

El silencio

Hay ocasiones cuando Dios quiere que estemos sentados en Su presencia en silencio. No quiere que seamos nosotros los que siempre hablemos. Como lo expresa Isaías 30:15 (RVR1960): «... en quietud y en confianza será vuestra fortaleza...».

Para algunas personas la meditación se describe mejor como un monólogo. En realidad, no tienen una verdadera relación con Dios porque son ellas las que hablan todo el tiempo. Escuchar cuando Dios habla al corazón es una experiencia majestuosa, una experiencia que esas personas no podrán conocer si monopolizan la conversación ni se detienen a escuchar las respuestas de Dios.

Si nos aquietamos ante Él, Dios puede insertar Sus pensamientos dentro de los nuestros. Si guardamos silencio por unos momentos nos puede recordar un pasaje favorito de la Escritura, revelarnos una verdad deslumbrante o hacer nacer la paz en nuestro ser interior; incluso puede darnos todo esto a la vez. Es preciso que estemos quietos y en silencio en Su presencia a fin de que pueda inundarnos con Su persona.

El silencio y el aislamiento ante Dios permiten que nos hable al corazón en forma clara, positiva e inequívoca. Aun cuando no lo haga en forma audible, puede conmovernos e impresionarnos vivamente. Sabremos que Dios nos ha hablado. Nos salvó a fin de glorificar a Su Hijo, y dio comienzo a una relación con nosotros con el propósito de que lo amáramos y comprendiéramos quién es Él.

El autocontrol

Cuando meditamos podemos tener la sensación de que no pasa nada exteriormente. Solo porque no podamos detectar cómo obra Dios no significa que no esté actuando. Así como Pablo tuvo que aprender a controlar su cuerpo (1 Co 9:27), todo creyente debería considerar que el autocontrol es una disciplina necesaria.

Al comenzar a meditar es posible que tengamos que esforzarnos mentalmente, en alguna medida, a fin de centrar nuestra atención en Dios. Si esto resultara ser un problema algunas veces podemos recurrir a un salmo y decir: «Señor, me cuesta mucho concentrarme en lo que estoy meditando. Quiero sumergirme en este salmo para lograr centrar la atención en Ti».

Luego de unos minutos podremos dejar de leer y comenzar a pensar en el Señor. Al hacerlo, dejémonos arrastrar por Su grandeza. No hay nada mejor ni más productivo o más reconfortante en la vida que dejarnos llevar por pensamientos maravillosos acerca de un Dios grandioso.

Proverbios 8:34 (RVR1960) dice: «Bienaventurado el hombre que me escucha, velando a mis puertas cada día, aguardando a los postes de mis puertas». Notemos la frase *cada día*. Esto significa que el creyente debe tomar medidas concretas cada día para controlar su mente, su cuerpo y su vida de manera que pueda dedicar tiempo a esperar y a escuchar la voz de Dios.

Hay personas que consideran que ciertas posturas físicas son más adecuadas para la práctica de la meditación. Otras prefieren estar sentadas tranquilamente con las palmas de las manos elevadas hacia el cielo para recibir dones de lo alto. Otras, incluso, optan por arrodillarse o aun yacer postrados en el suelo. Pienso que cada persona tiene que descubrir la postura en la que se siente más cómoda, teniendo en cuenta que a Dios le interesa, sobre todo la posición que adopta nuestro corazón, no nuestro cuerpo.

La sumisión

Dice Santiago: «Humillaos delante del Señor, y él os exaltará» (Stg 4:10, RVR1960). Si somos rebeldes en nuestro corazón e insistimos en hacer nuestra propia voluntad no vamos a poder meditar. La rebelión es la antítesis de la sumisión, y si queremos oír Su voz de una manera correcta, nuestra mente y corazón tendrán que rendirse por completo ante Él. La actitud de entrega total resulta vital para escuchar lo que Dios tiene para decir.

Cuando nos negamos a resolver el problema que Dios nos ha señalado no perdemos la posición que hemos adquirido ante Él. Seguimos siendo salvos, nuestra relación sigue siendo la misma, pero se quiebra el gozo de su comunión. ¿Nos parece factible que la principal razón por la cual no queremos dedicar más tiempo a estar a solas con Dios es que no deseamos escuchar el tipo de música que nos manda? Es una canción que dice: «Entrégate. Ríndete. Cede.

Permíteme amarte al máximo de Mi potencial, a fin de que alcances el máximo del tuyo».

Descubramos a continuación las recompensas que vienen al dedicar tiempo a estar a solas con Dios, pensando en Él, adorándolo y alabando Su nombre.

UNA NUEVA PERSPECTIVA

Cuando meditamos en el Señor vemos las cosas desde una perspectiva diferente. Los asuntos que nos preocupan pierden su importancia. Las que nos debilitan Dios las convierte en fortaleza. Nuestros puntos de vista sobre los demás, incluso sobre nuestros enemigos, cambian, porque los vemos desde la perspectiva divina. La forma en que analizamos interiormente los problemas o las situaciones es reemplazada por una perspectiva celestial, porque aprendemos que estamos sentados en lugares celestiales en Cristo Jesús. La meditación nos coloca en una posición en la cual podemos vernos a nosotros mismos a la luz de la verdad divina.

David declaró en Salmos 36:9: «... en Tu luz vemos la luz». Cuando dejamos que Dios alumbre Su luz sobre algún asunto provoca que podamos ver claramente Su verdad. Pablo oró pidiendo que los efesios recibieran «espíritu de sabiduría y de revelación en el cono-cimiento de él» para que fuesen «alumbrados los ojos de vuestro entendimiento» (Ef 1:17-18, RVR1960). No podemos vernos a nosotros mismos ni a Dios correctamente sin Su reveladora participación.

Las presiones de la vida comienzan a disiparse cuando estamos a solas, en silencio y quietos delante del Señor. Dios retira el tapón de los tanques a presión de nuestra vida y la ansiedad comienza a drenarse. Cuando por vez primera comenzamos a meditar, nuestros niveles de frustración están llenos casi siempre, pero cuanto más tiempo dediquemos a centrarnos en Él, tanto más se vaciarán de su tensión los depósitos de reserva. La meditación bíblica logra que ocurra algo en nuestro espíritu, en nuestra alma y en nuestro ser emocional, e incluso en nuestro cuerpo humano. El cansancio físico de algún modo se alivia. ¿No es extraño que estemos dispuestos a sentarnos a mirar la televisión tres o cuatro horas por noche, nada más que para relajarnos, cuando el relajante divino puede lograrlo en pocos minutos? Centrar la atención en Dios puede ayudar a los creyentes a dormir, en paz y relajadamente, a pesar de las dificultades del día.

Paz

Jesús dijo: «…Mi paz les doy…» (Jn 14:27). Cristo, quien vive dentro de nosotros, pasa a ocupar el primer lugar en nuestra vida. Se convierte en el todo de todos.

Una actitud positiva

Cuando Dios sustituye las presiones por la paz, una actitud positiva reemplazará a una negativa. No podemos esperar que llegue la mañana para levantarnos a ver lo que Dios hará en nuestra vida. Cuando destinamos tiempo a estar con Dios, nuestro viejo yo egoísta se hace a un lado y deja que florezca y crezca dentro de nosotros el Cristo radiante.

Intimidad personal

Cuando estamos sentados delante del Señor, la experiencia que tenemos se asemeja a cuando conocimos a esa persona especial por primera vez. Mientras hablábamos y expresábamos las cosas que había en nuestro corazón, nuestros momentos de gozo y nuestras amarguras, fue creciendo en nosotros un íntimo interés del uno por el otro.

Con el paso del tiempo nos dimos cuenta de que podríamos vivir con esa persona el resto de la vida. Es lo mismo con Dios. No quiere que pensemos en Él como en alguien distante o indiferente. Por medio del Espíritu Santo Dios vive en intimidad con cada uno de nosotros. Está instalado en el centro mismo de nuestra vida y desea tener comunión con nosotros a fin de poder derramarse en ella. Pero no lo puede hacer si no dedicamos tiempo a meditar en Él y a aprender quién es Él.

Purificación

Como expresión de Su amor y devoción hacia nosotros, con frecuencia Dios pone Su dedo en áreas de nuestra vida donde estamos claramente necesitados. Porque nos ama quiere limpiarnos a fin de que seamos llenos de Su vida y Su gozo.

Ese es el momento en que nos escapamos de sus manos o comenzamos a desarrollar nuestra relación con Él. Cuando estamos dispuestos a sentarnos en su presencia y dejar que escudriñe nuestro corazón, algo ocurre. El Señor poda y elimina de nuestra vida lo que no es puro. Sin embargo, si procuramos explicar nuestros problemas cuando nos los señala dedicaremos cada vez menos tiempo a meditar, porque no queremos que Dios nos hable sobre ese aspecto de nuestra vida.

Si no queremos estar a solas con Dios, es posible que sea porque justamente se está ocupando de los aspectos de nuestra vida que sencillamente, no queremos que se conozcan. Nos resistimos a que nos ame.

Cuando dos personas que viven juntas íntimamente tienen algo que marcha mal en la relación, en realidad no tienen necesidad de mencionarlo. Los dos saben lo que es. Cuando estamos en silencio delante del Señor, que quiere hacer algo en nuestra vida aunque las cosas no están bien, obstaculizamos nuestro crecimiento al no ceder ante Él. Obramos en contra de ese Dios que está de nuestro lado, trabajando por nosotros, alentándonos, edificándonos. De manera que cualquier cosa que trae a nuestra mente es mejor reconocerla, confesarla, arrepentirnos y resolverla. Esta es la única forma de mantener la dulce comunión de la meditación.

La purificación personal progresiva fue uno de los atributos principales que hicieron de David un hombre conforme al corazón de Dios. Todos sabemos que distaba mucho de ser perfecto. Su prontuario como asesino y adúltero lo eliminaría de cualquier púlpito moderno; sin embargo, Jesús se refirió a sí mismo como «linaje de David» (Ap 22:16, RVR1960). ¿Cómo pudo cometer esas graves iniquidades y aun recibir semejante respaldo divino?

Creo que fue porque David confesaba y era diligente en arrepentirse cada vez que Dios le señalaba su pecado y lo enfrentaba con él. El Salmo 51 ha servido de conmovedora oración para muchos creyentes que han ofendido a Dios, ya sea consciente o inconscientemente, por cuanto el arrepentimiento de David los ha llevado a desnudar su alma ante el Creador.

Cuando equivocadamente contó a los hijos de Israel por medio de un censo, de inmediato admitió su error. «Después que David hubo censado al pueblo, le pesó en su corazón; y dijo David a Jehová: Yo he pecado gravemente por haber hecho esto; mas ahora, oh Jehová, te ruego que quites este pecado de tu siervo, porque yo he hecho muy neciamente» (2 S 24:10, RVR1960). En lugar de huir de la luz escudriñadora de Dios, David se humilló ante el Señor, confesando su transgresión y pidiéndole que lo limpiara.

Pasión por la obediencia

Cuando nos arrodillamos ante Dios y Él derrama Su amor en nuestro ser, nos entregamos a Él con toda devoción. El resultado es que Dios pone en nosotros una pasión por la obediencia. Queremos obedecer a Dios. Nadie nos tiene que acicatear. No tenemos necesidad de escuchar sermones que nos hagan obedecerle. La obediencia se vuelve ahora parte de nuestro ser interior.

Podemos estar cansados, abatidos y emocionalmente turbados, pero luego de pasar algún tiempo a solas con Dios, encontramos que nos inyecta energía, poder y fuerzas. Su dinámica espiritual está obrando en nuestro ser interior, renovando nuestra mente y nuestro espíritu y dándonos nuevas fuerzas. Nada se iguala a la meditación en cuanto al impacto que hace en nuestra vida y en la de otros.

El hombre sin educación que sabe meditar en el Señor ha aprendido mucho más que aquel con mucha educación que no sabe meditar. La educación que no se apoya en la meditación está condenada al fracaso. Cuando acordamos dar prioridad en nuestra vida al tiempo dedicado a estar a solas con Cristo, ello influye en todas las facetas de nuestra vida y la afecta. De todas las cosas que Cristo quiere de nosotros, amarlo y centrar nuestra atención en Él son las más importantes. Entonces podemos seguirlo y recibir todo lo que nos tiene preparado.

Siempre me conmuevo cuando leo un versículo que considero especial en el cuarto capítulo de Hechos. Quisiera describir la situación que conduce al mismo. Llenos del poder del Espíritu Santo, recientemente descubierto, Pedro y Juan habían efectuado un ministerio poderoso. Miles fueron salvos y un gran número fue agregado al naciente grupo de cristianos.

Pedro y Juan fueron arrestados por los saduceos y llevados ante Anás, el sumo sacerdote, Caifás, Juan y Alejandro, todos del estirpe del sumo sacerdote. Los colocaron directamente en el centro de sus contemporáneos y los interrogaron acerca del carácter de la obra de los discípulos.

¿Podemos imaginar la situación por un momento? Pedro y Juan, dos pescadores altos y rudos, con un mínimo de educación, estaban de pie en una sala llena de dirigentes religiosos, altamente instruidos y capaces, de mucha influencia.

El resultado del enfrentamiento es escalofriante. De inmediato, Pedro tomó la ofensiva, empujando a los saduceos al proverbial rincón. Atacó con poder y gran persuasión. Sus oyentes estaban asombrados. Lucas registró su sorpresa en el poderoso lenguaje de Hechos 4:13 (RVR1960): «Entonces viendo el denuedo de Pedro y de Juan, y sabiendo que eran hombres sin letras y del vulgo, se maravillaban; y les reconocían que habían estado con Jesús».

Si bien los líderes se refirieron a la asociación de los dos hombres con Jesús, el principio se mantiene para nosotros en la actualidad. El tiempo destinado a estar con Jesús —meditando en Su Palabra y en Su majestad, buscando Su rostro— determina nuestra utilidad en el reino. La meditación es simplemente cuestión de dedicar nuestro tiempo a disfrutar de una rica comunión con nuestro Señor y Salvador personal. ¿Se da cuenta la gente de que «hemos estado con Jesús»?

PARTE TRES

DIOS LO LIBERA DEL MIEDO Y LA ANSIEDAD

NUEVE

POR QUÉ PERDEMOS
NUESTRA PAZ

Solo existe un modo de experimentar una paz duradera que transcienda las circunstancias. La respuesta es «por fe». Por fe pedimos y luego confiamos en que Dios está presente en nuestra vida. Es como si hubiéramos depositado una cantidad de dinero en el banco y firmáramos cheques por fe, porque sabemos que ya hay fondos depositados para cubrir nuestros retiros. Hemos pedido a Dios que nos acepte, nos perdone y esté presente en nuestra vida con Su paz perdurable; entonces salimos y vivimos, esperando que Él haga aquello que confiamos que puede hacer.

Por lo tanto, la base para vivir en la paz de Dios es la fe. Una confianza activa y segura en que Su presencia y poder nos sustenta y consuela sin importar las circunstancias que enfrentemos. Sin embargo, hay ciertos asuntos que pueden robarnos la paz. Mencionaré algunos:

MIEDO SÚBITO

He aquí una tierna historia que me contó una mujer amiga que aprendió esta verdad de modo difícil:

Cuando ella era niña, su madre la preparó para el primer día en el jardín de infantes. La llevó a la escuela y le mostró su aula, le presentó a su maestra y la llevó hasta la parada del autobús, donde este la recogería y la dejaría en la tarde.

Mi amiga expresó: «El primer día de clases mi madre me dijo antes de ir hacia la parada del autobús: "Recuerda que Jesús estará contigo todo el día. Él sabe exactamente dónde estás". Y luego añadió, casi como algo de último momento: "Él sabe dónde debes estar y te ayudará a llegar allá"».

Luego, ella continuó: «Pues bien, cuando el autobús paró en la escuela, lo hizo más allá de las aulas del jardín de infantes. Logré ver mi clase, y tan pronto como logre bajarme del autobús, me dirigí hacia ella. Solo alcancé a dar unos pocos pasos antes de que una maestra me detuviera y me dijera:

—No puedes ir por acá.

Repliqué:

—Pero allá está mi aula.

Y la maestra dijo:

—Debes ir por este camino para llegar allá.

Pero señaló en la dirección opuesta a mi aula, hacia un grupo bastante grande de estudiantes que caminaban juntos. Y de un codazo me indicó que fuera hacia donde estaban ellos.

»Yo no tenía idea de dónde estaba. Mamá no me había mostrado esa parte de la escuela. Solo era una niña pequeña en un enorme grupo de niños que caminaba por un pasillo y después por otro; estaba asustada. Todo el tiempo me decía: "En estos momentos Jesús está aquí conmigo. Él sabe dónde estoy. Él sabe dónde debo ir y me ayudará a llegar allá". Me repetía esas frases una y otra vez mientras seguía caminando.

»En el camino varios grupos de estudiantes iban saliendo del pasillo principal y se dirigían a diversas aulas. Yo estaba más y más confundida, pero seguía caminando con el grupo principal de estudiantes. Finalmente, quedamos solo unos pocos que caminábamos juntos. Los demás eran de tercer grado, y cuando se alejaron del pasillo principal para ir a su lugar de estudio me vi caminando sola, diciéndome una y otra vez: "Jesús sabe dónde estoy. Él sabe dónde debo estar, y me ayudará a llegar allí".

»Miré hacia delante… ¡y allí estaba mi aula de clases y mi maestra! ¡Nunca sentí tanto alivio en toda mi vida!

»Al día siguiente tuve un poco más de confianza. Sabía que Jesús estaba conmigo, y Él sabía dónde me encontraba; además, me ayudaría a llegar a mi aula. Yo tenía paz. ¡Cuando terminó la primera semana había aprendido la rutina!».

Entonces mi amiga dijo estas palabras que nunca olvidaré: «Toda mi vida la gente me ha preguntado por qué parezco tan confiada, incluso en situaciones que nunca antes he experimentado, como algunas épocas de miedo y problemas. Creo que esto se remonta a ese primer día en la escuela. Mamá me dijo que Jesús estaba allí conmigo, que Él me ayudaría. No dudé de ella. Creí en la verdad de la presencia de Dios conmigo, y nunca he dejado de creer. Desde entonces he caminado por los pasillos de la vida con paz y confianza. Quizás a veces me he sentido un poco extraviada. Tal vez no sepa todo lo que debería saber; pero sé que estoy conectada con el camino y la verdad, y que Él me llevará adonde se supone que debo estar».

Esta es la verdad en resumen. Mi amiga se mantenía repitiendo las palabras de su madre, y confiaba en que Jesús estaba allí para ayudarla y darle paz, a pesar del temor que sentía con tanta fuerza, como si estuviera navegando en un lugar enorme y extraño.

Algunas personas están tan acostumbradas a reaccionar con miedo y pequeñas dosis de pánico al más mínimo altibajo de la vida que ni siquiera se pueden imaginar que haya otra manera de reaccionar. Todo tipo de cambio les altera tanto que no se dan cuenta de que pueden vivir con mayor estabilidad emocional.

Diga no al miedo. En su lugar practique una vida de confianza. Empiece cada día con esta afirmación: «Confío en ti, Jesús. Cuento hoy día con Tu paz y Tu presencia».

EL ENEMIGO

Nuestro enemigo el diablo nos puede atacar utilizando varios medios para ocasionarnos dudas y pérdida de fe en nuestro Dios. A menudo hace esto sembrando la duda con preguntas como: «si Dios está contigo, ¿por qué entonces pasó esto?». En tales ocasiones usted debe hacer frente al diablo, quien es la fuente final de cualquier miedo que paraliza, o de cualquier ansiedad que detiene y obstaculiza.

A veces le hablo en voz alta al diablo, el poder maligno que busca frustrar el plan de Dios para nuestras vidas. Le digo abiertamente: «Diablo, no tendrás mi paz. Me niego a vivir con miedo y preocupación. Voy a confiar en Dios». La

Escritura nos insta a resistir al diablo, y cuando lo hacemos, él debe huir de nosotros (Stg 4:7). Por lo tanto, en momentos de temor y preocupación, ¡resístalo en el nombre de Jesús!

EL PECADO

Para nosotros es muy importante arrepentirnos de cualquier pecado que se pueda convertir en un obstáculo para recibir y disfrutar la paz de Dios. Examine su propio corazón por si hay algún pecado residente, algo que contrarreste la paz de Dios. El pecado siempre crea tales obstáculos.

Una persona puede orar reiteradamente pidiendo la paz de Dios y creer que esta paz está en su corazón. Se puede recordar a sí misma las promesas de Dios y también citarlas. Pero si continúa albergando pecado en su vida, y de modo deliberado decide rebelarse contra Dios, no experimentará la verdadera paz. Aun lo que parece ser algo simple, como no perdonar a alguien que lo ofendió, por ejemplo, crea una gran confusión en su espíritu. El poder convincente del Espíritu Santo seguirá persuadiéndolo a que enfrente lo que usted sabe que es pecado ante Dios. A menos que lo haga, tendrá inquietud y ansiedad en su interior. Mientras más paz pida a Dios, es probable que aumente más esa confusión interna.

¡La paz y la rebelión no pueden coexistir!

El único recurso es confesar la rebelión a Dios, rendirle esa parte de su vida y pedirle ayuda para alejarse de ese pecado y resistir toda tentación de volver a esa maldad. Entonces, la paz de Dios puede fluir otra vez en su vida.

RENUNCIAR A LA PAZ

Muy a menudo, en tiempos de crisis hacemos a un lado nuestra paz. Así es. En realidad la cedemos a alguien más. Hace algún tiempo tuve lo que fue para mí un incidente muy traumático. Lo recuerdo muy bien. Al llegar a mi auto era evidente que alguien había entrado a robar, y se había llevado mi portafolio. «¡No! ¡No! ¡No!». Las palabras salieron casi involuntariamente de mi boca. Me parecía mentira lo que estaba viendo: el asiento delantero estaba vacío y había desaparecido una de mis más preciadas posesiones.

Aquel portafolio contenía mi Nuevo Testamento en griego, el cual con seguridad el ladrón no podría leer, un par de libros más y papeles que no tendrían importancia para el ladrón. Todos esos artículos eran muy fáciles de reemplazar, por lo que sentí poco dolor por la pérdida. El portafolio mismo era bastante viejo, por lo que tampoco sentí mucho su pérdida, pero lo que me dolió fue que en su interior estaba mi Biblia favorita. Con ella había predicado por años. En ella había marcado varias observaciones y fechas. Era algo así como un bosquejo biográfico de la manera en que el Señor me había hablado a través de los años. Sentí como si se hubieran llevado un importante «registro» de mi vida.

Además, eso no era todo. La Biblia había sido un regalo de mi madre.

Durante casi tres meses sentí como si hubiera perdido a mi mejor amigo. Mi enojo no era tanto como mi dolor. Alguien se había inmiscuido en mi vida, incluso en mi vida espiritual, y se había llevado algo muy valioso para mí. En momentos como estos —de pérdida, de acusación injustificada contra su carácter, o de rechazo personal— es muy fácil caer en la trampa de perder la paz.

En muchas ocasiones, a través de los años, en momentos en que me he sentido atribulado, preocupado, frustrado o temeroso, culpé a otras personas por «robar» mi paz. Estaba equivocado. La verdad es que nadie más debía ser culpado por mi pérdida de paz. En todos y cada uno de los casos fui yo quien la hizo a un lado.

Escuche por favor con mucho cuidado lo que voy a decirle. Nadie puede quitarle su paz. Si la ha perdido ha sido por una razón: usted ha renunciado a ella.

Muchas veces oigo a personas decir que están angustiadas o atribuladas por algo que sucedió, o algo que se dijo o se hizo contra ellas. Escucho variaciones de afirmaciones como «si tan solo ella…», «si tan solo él…», y «si solamente las circunstancias hubieran sido distintas…». Repito que la verdad es que ninguna circunstancia, situación, persona u organización puede robarle su paz interior.

Perdemos nuestra paz porque la hacemos a un lado. Renunciamos a ella. La entregamos. La abandonamos.

PÉRDIDA DE ENFOQUE

Podríamos dejar que el gran número de situaciones de malas noticias que oímos y leemos prácticamente todos los días nos lleven a perder nuestro enfoque adecuado. En lugar de tener nuestras mentes puestas en Dios y de confiar en Su presencia y en Su paz dejamos que las noticias y las circunstancias negativas que vemos y oímos desvíen y estimulen nuestros pensamientos.

Solo piense en cómo la pandemia de la COVID-19 ha hecho que la vida cambie en todo el mundo. Mientras escribo esto en el otoño del 2020, los bloqueos prolongados y las reglas de distanciamiento social nos han llevado a reinventar una gran parte de cómo conducimos nuestras vidas, familias, iglesias y negocios. Junto con el malestar social y político, la economía fluctuante, los incendios forestales, los huracanes, los terremotos y todas las demás noticias que nos bombardean a diario, podemos sentirnos completamente abrumados, inquietos, desanimados y confundidos.

Aun con esto, hacer frente a un ciclo de noticias en constante cambio parece que se ha convertido en parte de nuestro diario vivir, produciendo una profunda sensación de aprensión y anticipación temerosa que se cierne sobre nosotros y roba continuamente nuestra atención. Aunque es sabio y piadoso estar diligentemente vigilantes y tomar medidas razonables cuando ocurren tales eventos, llegar a obsesionarnos es algo innecesario y que no honrar a Cristo. Lo que he observado durante estos tiempos de adversidad mundial es que muchos están en peligro de ser consumidos por circunstancias sobre las que no pueden hacer absolutamente nada: la salud, las condiciones climáticas, la economía y los movimientos de naciones enteras que están más allá de cualquier persona o grupo de personas a influir.

Y no siempre son los eventos importantes los que devoran nuestra atención. Las malas noticias pueden ser mucho más personales o privadas, pero igualmente amenazantes para nosotros. Es posible que escuchemos malas noticias de un médico sobre nuestra salud o la salud de un ser querido. Es posible que escuchemos malas noticias sobre una pareja que se ha separado o divorciado, sobre un hijo que se ha escapado, sobre un trabajo que se ha perdido o una empresa financiera que se ha declarado en quiebra. Cuando vemos y escuchamos noticias tan terribles, es muy fácil para nosotros enfocarnos en lo negativo, quedarnos paralizados por el miedo y, a veces, proyectar que algunas de estas posibilidades negativas nos pueden suceder, por lo que también podemos convertirnos en víctimas. Permítame sugerirle algunas preguntas para que las considere si siente que su paz se está desvaneciendo o si se ha concentrado en los aspectos negativos de la vida.

Pregunta n.º 1: ¿Se ha detenido a agradecer y a alabar a Dios?

Las personas que hacen su paz a un lado frecuentemente han dejado de orar con acción de gracias y alabanza. Los seguidores de Jesús necesitan una vehemente vida de oración. Como dice el cántico evangélico, deben «permanecer en contacto con Dios». Deberían evitar hablar con Dios solo de lo que piensan que necesitan y vivir regularmente con un corazón agradecido, dando siempre gracias en toda circunstancia y por todo. Existe una correlación directa entre el grado en que la gente ora con fe, alabanza y acción de gracias y su confianza en la oración, la seguridad de que Dios oye y contesta sus clamores.

Pregunta n.º 2: ¿Está limitando a Dios por su modo de pensar?

Imagine una circunstancia que considere mala. Use todas las palabras descriptivas que quiera: difícil, dura, angustiosa, extenuante, debilitadora, horrorosa, triste, perturbadora, penetrante o dolorosa. ¿Hay un problema demasiado horrendo o difícil para que Dios lo maneje?

Si su respuesta a esta pregunta es cualquier otra que «no», el entendimiento que usted tiene de Dios es muy limitado o escaso. El famoso escritor de devocionales, Oswald Chambers, escribió: «Cuando empieza a aclararse en mi vida consciente cuál es el propósito de Dios, surgen las risotadas de la posibilidad de lo imposible. Lo imposible es exactamente lo que el Señor hace».[2] Él lo hace bien. Con Dios es posible lo imposible; por tanto, no hay nada demasiado grande para nuestro Dios. No queremos llevar la carga de tener un Dios demasiado pequeño, ¿no es así?

Nuestro Dios es un Dios grandioso y sin limitaciones. Él habita en la eternidad y opera en el infinito. Tiene todo dentro de Su comprensión y todo bajo Su control.

Pregunta n.º 3: ¿Está cavilando en lo negativo?

La mayoría de las personas que hacen su paz a un lado admiten después que comenzaron a cavilar en los aspectos negativos de la vida. Más bien deberían aprovechar sus mentes para pensar, meditar, reflexionar y apreciar las cosas buenas y positivas que les ofrece la vida.

La tentación de pensar en los aspectos negativos de la existencia es profunda. Ya mencioné cuán debilitante puede ser esto para la vida de nuestras almas. De manera interesante, esta tendencia a enfocarse en lo negativo comienza a menudo en nuestros hogares e instituciones: padres que critican a sus hijos con poco o ningún elogio que equilibre su evaluación; supervisores que se enfocan más en lo que sus empleados hacen mal que en lo que hacen bien, lo mismo se aplica a maestros, médicos, abogados y contadores. Mucha de la información que estos profesionales nos dan tiende a tratar con errores, situaciones negativas, violaciones a la ley y números que no concilian.

Es frecuente que una persona pase todo un día sin oír una afirmación alentadora de otro ser humano.

Si usted alimenta su corazón y su mente con una dieta continua de negativismo, su fe empezará a erosionarse. Si hace lo mismo con aquellos con quienes vive y trabaja, ellos también se volverán negativos, reprobatorios, críticos de sí mismos y de otros. Esto es lo que tanto usted como ellos estarán pensando y diciendo:

«¿Qué sentido tiene?».

«¿Para qué intentarlo?».

«Nada sale como quiero».

«El mundo se está cayendo a pedazos».

«Ya no hay nada seguro».

«La gente solo quiere aprovecharse de mí».

¡Mientras más piense una persona en alguna de estas declaraciones, más deprimida, angustiada y oprimida se sentirá!

Pregunta n.º 4: ¿Está permitiendo que en su corazón perduren emociones negativas?

Hay épocas en que a nuestra vida llegan accidentes, tragedias, enfermedades o situaciones indeseables. Existen también impulsos y deseos internos que pueden ocasionarnos punzadas de angustia o necesidad interior. Hay ocasiones en las que nos encontramos de repente en una situación difícil que no habíamos previsto. Hay momentos en que oímos noticias devastadoras que nos llevan por instantes a sentir como si nos hubieran movido el piso bajo nuestros pies.

Nos asalta la ansiedad. Estalla el pánico. Ataca el temor.

Cuando llegan estos momentos podemos hacer una de dos cosas: abrimos la puerta e invitamos a esas emociones negativas e improductivas a establecerse en nuestros corazones, o actuamos de inmediato para recuperar nuestra paz y nuestra confianza.

Ahora bien, la ansiedad, el pánico y el temor son respuestas humanas normales a accidentes, tragedias, crisis, situaciones de profundo desasosiego o malas noticias que llegan repentinamente. Estas respuestas son casi instintivas. Son «automáticas». No hay culpa en sentir esas emociones. Son parte del sistema incorporado de advertencia divina para nosotros que nos permite actuar para buscar protección o la preservación de la vida. Son como una reacción «lucha o huye» hacia lo que percibimos que nos está amenazando. Toda persona siente en ocasiones momentos de preocupación, pánico o temor.

El error llega cuando aceptamos estas emociones, ya sea con los brazos abiertos o de mala gana, y permitimos que se queden y encuentren gradualmente un lugar de apoyo en nuestros corazones. Si hacemos eso, estas emociones se vuelven crónicas o de larga duración. Se convierten en nuestra «forma de ser», no solo en una reacción temporal. Se vuelven nuestra actitud y modo de pensar preponderante. En lugar de permitir que «cosas» negativas capturen nuestros corazones, debemos hacer lo que Jesús hizo y enseñó.

Pregunta n.° 5: ¿Está olvidando el ejemplo de Jesús?

Para mí es fascinante que Jesús, nuestro Maestro, era realista. Él no llamó a quienes lo siguieron a vivir en negación o a esconder las cabezas en la arena.

Al contrario, en todos los Evangelios Jesús confrontó problemas. Reconoció las feroces tentaciones del diablo y el poder controlador del pecado que obra en el mundo. No llevó a Sus discípulos a un monasterio en un lugar remoto para escapar del mundo. ¡No! Llamó a Sus discípulos a «estar en el mundo», pero no «ser del mundo»; en otras palabras, a no estar gobernados por los sistemas malignos del mundo o por las tendencias humanas.

Jesús sabía que Él y Sus discípulos vivían en una época difícil. Los invitó a enfrentar problemas, pero siguiendo Su ejemplo. Por tanto, les dijo que no se preocuparan del futuro, de si tendrían ropa que vestir o suficiente alimento que comer. Les recordó que su Padre celestial cuidaba de las aves y vestía a «los lirios del campo», ¡y que haría lo mismo con ellos!

Jesús nos asegura que, puesto que Dios está con nosotros, no tenemos que sucumbir ante los problemas ni dejarnos hundir o derrotar por ellos. Podemos enfrentarlos, confrontarlos, desafiarlos, tratar con ellos, ¡y al final vencerlos! Qué consuelo debe traer esto a nuestros corazones.

Jesús enseñó a Sus seguidores que todos los problemas son pasajeros por naturaleza. La enfermedad y la aflicción vienen por un tiempo y una razón. Por un tiempo y una razón se presentaron y prevalecieron las tormentas, tanto en lo natural sobre el mar de Galilea como en lo sobrenatural en las vidas de endemoniados y oprimidos por el diablo. La misma vida de Jesús fue por un período de tiempo y una razón. ¡Incluso Su muerte y Su sepultura en una tumba fueron solo por un período de tiempo y una razón!

La naturaleza pasajera de las aflicciones es algo que Jesús nos llama a reconocer. Su reto es a soportar, perseverar, aprender, crecer y vencer. Utilizo la pequeña frase «por un tiempo y una razón» porque creo que explica con exactitud el asunto. Jesús sabía que Dios permite que pasen cosas en nuestras vidas solo por cierto período y por una razón particular.

Creo que una manera aun más exacta de traducir su «no se turbe vuestro corazón» sería «ya no se turbe más vuestro corazón». Además, ¿por qué deberíamos estar turbados y perder nuestra paz si recordamos el ejemplo del Señor de vivir confiadamente sabiendo que diariamente su Padre estaba observando, dirigiendo, cuidando y amándolo a Él y a Sus discípulos? Dios hará lo mismo por nosotros.

DIEZ

CÓMO VENCER EL TEMOR

Muchas personas creen que lo opuesto al temor es la esperanza, el valor o la fortaleza. En realidad lo opuesto al temor es la fe. Cuando el temor paraliza, no solo apaga la paz de alguien, sino que ataca la base de esa paz, concretamente nuestra fe. La paz sale por la ventana cuando se presenta el temor. En muchas encuestas hechas desde el comienzo de la pandemia por la COVID-19, las evidencias muestran que grandes segmentos de nuestra población viven con miedo: a salir de nuestros hogares, a los viajes, a la fatalidad inminente, a las personas desconocidas, etc. La otra cara de la moneda es, por supuesto, que la mayoría de esta gente temerosa no experimenta paz: la tranquilidad del alma, la eliminación de las ansiedades y la serenidad necesaria para llevar a cabo los asuntos normales de manera segura y libre de miedo.

Gran parte del miedo está originado en la duda de si Dios estará presente, de si dará justicia o ayuda, o de si podrá tratar con la crisis. La fe expresa: «Dios está en esto. Así es, Él proveerá. Sí, ¡Dios es capaz de todo!».

Gran parte del temor se arraiga en las amenazas: unas veces por palabras inquietantes y otras por una conducta amenazadora. La fe dice: «No me traumatizarán las amenazas. Actuaré con sabiduría, no con miedo. Creo que Dios impedirá que me pase cualquier cosa que provenga de las amenazas. Y si estas llegaran a ocurrir, creo que Él me ayudará a tratar con cualquier cosa que llegue».

Saúl, el rey de Israel, se puso furioso cuando comprendió que debido a su arrogancia y desobediencia Dios había retirado de él Su unción y Su bendición y las había puesto sobre el joven David. Saúl comenzó una campaña para encontrar a David y matarlo, para quitar así esta amenaza de su vida. Por otra parte, David se sintió amenazado por el ejército de Saúl y en varias ocasiones temió por su vida, pero la Biblia nos dice que David fue fortalecido por las promesas de que Dios lo protegería y de que un día lo haría rey de Israel.

En nuestro mundo moderno leemos a menudo de personas que, a pesar de estar intimidadas por enfermedades, accidentes o peligros siguen adelante hacia lo incierto: el rechazo, la derrota y, algunas veces, la victoria. Me vienen a la mente exploradores polares, atletas olímpicos, misioneros, empresas capitalistas y filántropos. Por lo tanto, las amenazas no deben frustrarnos ni paralizarnos.

Hace algunos años me sentí amenazado por la posible reacción violenta que podría ocurrir cuando anuncié que mi esposa quería divorciarse. Que el matrimonio del pastor esté en problemas equivale en muchas iglesias a ser identificado como una falla moral. En mi interior tenía gran preocupación cuando se supo la noticia.

Cuando hablé con la junta de la iglesia, los miembros respondieron diciendo: «Ha estado aquí con nosotros durante épocas difíciles. Ahora vamos a estar aquí con usted durante esta época difícil. Ha estado aquí con nosotros cuando lo necesitábamos, ahora vamos a estar aquí con usted porque nos necesita».

Me sentí muy animado cuando varios miembros de la junta me dijeron que sabían la clase de hombre que yo era. Conocían mi carácter y mi devoción al Señor. Sabían que vivía lo que predicaba con lo mejor de mi capacidad. Estarían conmigo a pesar de lo que finalmente sucedió.

Nuestro desafío en momentos de amenaza es no enfocarnos en lo que podría convertirse en una realidad, ¡sino más bien en lo que podemos dar por sentado que es cierto!

Muchos individuos viven hoy día bajo la nube oscura de la amenaza. Algunos experimentan la amenaza de la enfermedad, otros enfrentan las amenazas de heridas o daños a sus hijos, y algunos oyen amenazas relacionadas con la pérdida de sus empleos.

La respuesta a todas esas formas de amenazas es la fe en lo que sabemos que es cierto acerca de Dios y de Su amor por nosotros, Su preocupación por nosotros y Su capacidad de suplir todo lo que necesitamos… especialmente Su paz, la cual puede ayudarnos a pasar por cualquier situación.

LA NATURALEZA DE NUESTROS TEMORES

Una vez, cuando tenía aproximadamente quince años, me fui solo a un riachuelo. Allá había una enorme roca desde la cual nos zambullíamos, y ese día, por alguna razón, decidí tirarme de cabeza en el agua. Me zambullí y entré en el agua en perfecto equilibrio, y entonces me pareció que no podía desequilibrarme. La corriente me mantenía en posición vertical, con la cabeza en el fondo del cause del arroyo, sin importar hacia donde me moviera. Me entró pánico al pensar: ¡Me voy a ahogar! De algún modo tuve el sentido común para empujar hacia arriba, dar una voltereta y, tan rápido como pude, sacar la cabeza del agua para poder respirar.

Ese tipo de miedo es normal, natural e instintivo, asociado con la sobrevivencia física.

Identifique sus temores. ¿Qué es lo que más teme? ¿La muerte, la soledad, la vejez?

¿Teme ser rechazado, criticado o perder a un ser querido?

¿Teme a la mala salud o quizás a la posibilidad de desarrollar una enfermedad particular?

¿Teme una tragedia en la que participe un hijo suyo o su cónyuge?

A veces el temor puede acechar nuestro corazón en una forma tan sutil que ni siquiera identificamos el sentimiento que tenemos como temor. Este se puede presentar como una sensación de aprensión, cierta intranquilidad o un sentimiento de pavor.

Veamos varios de los temores más comunes e importantes que todos enfrentamos.

Temor a las consecuencias del pecado

El miedo es una reacción normal y universal a nuestro conocimiento de haber pecado y estar separados de Dios. Esta clase de miedo es la primera emoción que encontramos en la Biblia. En Génesis leemos que Adán y Eva oyeron que Dios caminaba por el huerto y se escondieron de Su presencia. El Señor los llamó y Adán replicó: «... Oí tu voz en el huerto, y tuve miedo, porque estaba desnudo; y me escondí» (Gn 3:10, RVR1960).

Reconocer nuestro pecado siempre nos hace sentir expuestos y vulnerables al juicio de Dios. Hay un temor a ser «descubiertos» y castigados.

En realidad Dios puso la emoción del miedo en nuestra naturaleza humana para que pudiéramos huir del peligro. Su intención era que Adán y Eva huyeran de la presencia de Satanás, la serpiente que llegó a tentarlos en el huerto de Edén. Esa es la función y el justo propósito del miedo: hacer que nos alejemos de las tentaciones del diablo cada vez que lleguen.

Temor del peligro y el perjuicio

Desde la caída de la humanidad en el huerto de Edén, el temor no solo es la emoción que un individuo siente en la presencia de Satanás, sino también la primera emoción que siente en la presencia de cualquier cosa asociada con la muerte, la destrucción o el peligro. Es la primera emoción que debemos sentir en la presencia de cualquier clase de mal, venga de donde viniere. En nuestro temor debemos tomar precauciones o adoptar una posición defensiva en previsión de un asalto o, de ser posible, huir de la escena. Esto se conoce comúnmente como la reacción «pelea o huye».

Por consiguiente, tenemos una cantidad de temores naturales y normales, como el miedo a caernos, el temor que sentimos al ponernos en contacto con una estufa prendida o el temor a atravesar una concurrida avenida en horas pico. Estos temores nos ayudan a protegernos y a preservar la vida. Nos alejan del peligro y el dolor y nos ayudan a evitar heridas, no solo físicas, sino también emocionales y espirituales.

He tenido un miedo muy sano a las serpientes. Lo tengo desde que tenía poco más de veinte años. Un día me encontraba caminando con un miembro de la iglesia que pastoreaba, quien dijo de repente: «Deténgase. No de un paso más». Era temprano en la mañana, y las sombras aún atravesaban el sendero por el que caminábamos. Miré hacia delante y vi entre la sombra lo que él ya había visto: una serpiente de cascabel enroscada como si se dispusiera a atacar.

Me quedé parado absolutamente quieto, demasiado asustado para tan siquiera pestañear o contestar algo, hasta que la serpiente se desenroscó y se deslizó al lado del camino.

¿Fue una reacción normal? Sí, lo fue. ¿Ha contribuido ese temor a las serpientes a que hoy día yo siga vivo? Es muy probable. Al haber pasado mucho tiempo en regiones desérticas, sin duda, mi temor a las serpientes me ha evitado problemas en muchas ocasiones. ¡Les doy a las serpientes todas las oportunidades de salir de mi camino!

Los temores normales y positivos no están solamente relacionados con fenómenos o criaturas naturales. También se relacionan con las actitudes humanas interiores. Por ejemplo, debería ser normal para alguien tener miedo a consumir una droga alucinógena, hasta el punto en que se niegue a experimentarla. Debería ser normal para un joven el miedo a tener sexo fuera del matrimonio, no solo por el peligro de embarazo no deseado o de contraer una enfermedad transmitida sexualmente, sino también debido al peligro emocional de sentirse rechazado, solo, avergonzado o culpable por desobedecer los mandamientos de Dios. Lo normal para cualquier persona debería ser tener miedo a subir a un auto conducido por alguien que ha bebido alcohol. Debería ser la norma para una persona temer las consecuencias que podrían llegar de cometer un crimen. El temor puede ser un agente de protección para nuestras vidas físicas y para el bienestar de nuestras almas.

Sin embargo, no fue la intención de Dios que tuviéramos miedo de Él o de nuestro futuro en Él. Cuando leemos en la Biblia acerca del temor del Señor, el término temor en realidad se refiere a gran reverencia, honra o asombro. Es un asombro arraigado en nuestra conciencia de que Dios gobierna todas las cosas y de que es absolutamente justo en todos sus juicios. Una asombrosa conciencia y reverencia de la gloria del Señor produce humildad y obediencia.

Dios tampoco quiso que viviéramos con un temor que nos impida buscar una relación más profunda con Él, y que nos impida tener una vida cotidiana normal o cumplir las responsabilidades que tenemos con los demás. El apóstol Pablo escribió a Timoteo, su colaborador en el ministerio: «Porque no nos ha dado Dios espíritu de cobardía, sino de poder, de amor y de dominio propio» (2 Ti 1:7, RVR1960).

Cualquier temor que le impida ser testigo del evangelio lo convierte en un cobarde o débil ante otras personas. Cualquier temor que le impida alcanzar en amor a los necesitados, o que le impida comportarse de un modo racional no es un temor normal que Dios quiere que usted tenga.

Miedo del mal

Los peligros espirituales son tan verdaderos como los físicos. Es bueno para cualquier persona tener miedo en situaciones malignas.

Hace muchos años un grupo de dieciocho personas de mi iglesia en Ohio estuvimos dos semanas en Haití para hacer una obra misionera. Estando allí vimos a un hombre que danzaba. Mientras danzaba y hacía girar su machete en dirección a nosotros, de repente sentí que nos rodeaba una horrible presencia maligna. Al instante me llené de miedo por mi seguridad física y la de quienes estaban conmigo. Mi reacción inmediata a este miedo fue enojo, y además de ese enojo comencé a orar e interceder por nuestra seguridad.

Este miedo se originaba en el reino espiritual. Era un temor que he llegado a reconocer como el que cualquier cristiano debería sentir al estar frente al mal.

¿Por qué digo que es bueno sentir miedo del mal? Porque ese sentimiento puede llevarnos a orar, a confiar en que Dios nos libera del poder del diablo, ¡y a alejarnos del mal en cuanto sea posible!

Miedo de desobedecer a Dios

También es bueno tener miedo de desobedecer a Dios. Ese temor puede, y debería, forzar a una persona a obedecer.

Una de las épocas en que estuve más asustado en mi vida fue cuando me eligieron por primera vez presidente de la Convención Bautista del Sur. Me sentía incapaz, y en realidad no quería ese cargo. Ese era un tiempo de mucha división y de dolores de cabeza entre los quince millones de bautistas del sur, y aunque algunos de los líderes de la convención querían que me postulara para el cargo, le dije a Dios y a estos hombres y mujeres que no lo deseaba.

La noche anterior a las nominaciones me encontraba en una reunión con un grupo de predicadores y una misionera. Esta mujer me dijo valientemente: «Charles Stanley, póngase de rodillas y arrepiéntase. Tú eres la alternativa de Dios para ser presidente. ¡Póngase de rodillas y arrepiéntase!» ¡Al instante caí de rodillas! Oré, pero aún había resistencia en mi corazón.

Una y otra vez le dije a Dios que había hombres mucho más capacitados para el trabajo. Le dije que había individuos mejor equipados en temperamento para el cargo. Le recordé al Señor cuánta animosidad sentían contra mí otras personas de la denominación. Le pedí que llamara a alguien más.

La mañana de las nominaciones desperté con una firme decisión en el corazón de no permitir que mi nombre se nominara para la presidencia. Cuando me preparaba para salir del cuarto del hotel extendí la mano para tomar la perilla de la puerta y Dios habló a mi corazón: *No pongas la mano en esa perilla hasta que estés dispuesto a hacer lo que te digo que hagas.* Caí de rodillas al filo de la cama, sollozando. Estaba seguro de que debía hacerlo o me pondría en desobediencia.

Una vez más le dije al Señor que en realidad no quería aceptar la nominación, pero al mismo tiempo sentía la seguridad de que debía aceptarla. Recuerdo haber pensado: *Tal vez el Señor solo quiere humillarme, y ese será el fin del asunto.*

Fui al lugar en el que una gran cantidad de pastores y otros líderes de la iglesia tenían una reunión de oración. Le dije a un amigo mío: «Creo que tú deberías hacer esto». Él dijo: «No voy a hacerlo». El Señor habló a mi corazón: *Diles*, y me oí diciendo: «Lo haré». De inmediato me sobrevino un miedo abrumador. Me sentí como si fuera a caer de la cima de una montaña y me fuera a estrellar en las rocas del fondo. Sin embargo, otras personas en el salón empezaron a orar con gran regocijo. Finalmente concluí: «Está bien Señor, estoy haciendo lo que creo que me has dicho que haga». Al llegar a esa conclusión y esa afirmación se fue el miedo.

Después del escrutinio, me asombró que ganara la elección.

Apenas fui elegido un grupo de hombres se dedicó a destruir mi reputación y a impedir que fuera un líder eficaz. Eso no me molestó ni me asustó. Una vez decidido el asunto, se aclaró para mí. Puse todo mi esfuerzo en ser el mejor presidente que sabía ser, con la guía y la fortaleza de Dios.

De esa experiencia aprendí que la fe en el Señor siempre es más poderosa que el miedo. También aprendí que una confianza continua en Dios puede evitar que el temor se convierta en una emoción que ordene y domine.

¿Temores verdaderos o imaginarios?

Los temores que acabo de describir son normales y, de muchas maneras, útiles y reales.

Sin embargo, los temores imaginarios no son reales. Residen solo en nuestra imaginación o nuestra mente. Si persisten o crecen pueden hacer que en una persona se desarrolle un «espíritu de miedo».

Un espíritu de miedo esclaviza la mente y el corazón de un individuo. Quien tiene un espíritu de miedo —el cual puede abarcar desde una fobia grave hasta un terror paralizante que le impide actuar normalmente al relacionarse con otras personas—, es alguien que se convierte en esclavo del miedo. Tal individuo no va a ciertos lugares, no se compromete en ciertas actividades o no habla en ciertas situaciones porque teme grandes pérdidas, heridas, persecución o castigo divino.

La primera meta que muchos de nosotros tenemos cuando tratamos con el miedo es determinar si el temor que sentimos es legítimo o imaginario.

Los investigadores que han estudiado el temor han llegado a la conclusión de que prácticamente no hay diferencia en nuestra reacción psicológica ante estas dos clases de miedo. La reacción psicológica de quien entra en contacto con un oso vivo es casi idéntica a la de alguien que ve débilmente en las sombras a un sujeto vestido de tal manera que parece un oso.

Lo mismo se aplica a los temores originados en nuestras emociones. Los miedos relacionados con nuestros sentimientos de valía personal o autoestima son especialmente perjudiciales. Por ejemplo, el individuo que teme el rechazo tiende a reaccionar ante otras personas a partir de ese miedo, sea o no justificado. Los resultados o consecuencias son iguales, ¡sea legítima o no la evaluación!

Algunos temores imaginarios vienen de malas enseñanzas. A menudo se desarrollan temores acerca de si alguien irá al cielo, porque se ha enseñado de modo incorrecto a las personas sobre el poder de Dios para perdonar, o sobre el regalo divino de la vida eterna. Los miedos acerca de Dios ocurren cuando se enseñan asuntos erróneos de la verdadera naturaleza del Señor.

Otros temores imaginarios surgen debido a prejuicios o mala influencia de nuestros padres cuando éramos pequeños.

Así como la ansiedad, el miedo puede ser esclavizante, agobiante y paralizador:

- Nubla la mente, sofoca el pensamiento y apaga la creatividad.
- Causa tensión en el cuerpo, lo cual lleva a parálisis emocional temporal o a fallas al actuar.
- Debilita nuestra confianza y nuestra audacia, especialmente para declarar las bondades de Dios o las buenas nuevas acerca de Jesucristo como Salvador.
- Nos impide orar, especialmente con audacia y con fe.
- Nos impide alcanzar todo el potencial que el Señor tiene para nosotros en cada aspecto de nuestra vida.

Una sombra que nos restringe o nos limita no concuerda con quienes debemos ser como hijos e hijas del Dios todopoderoso.

Estas son las preguntas clave que debemos hacer para determinar si un temor es normal, verdadero y útil o debilitador, esclavizante y paralizador: «¿Qué dice Dios acerca de este miedo? ¿Dice que esto es algo a lo que debo temer? ¿Dice que Él es suficiente en todas las maneras para suplir mis necesidades, de tal modo que no debo temer este asunto, esta relación, esta acción, esta responsabilidad, esta posibilidad o esta situación?».

SIETE PASOS PARA VENCER EL MIEDO

Existen varios pasos que podemos dar para vencer el temor.

1. Reconozca el temor que experimenta

Es provechoso reconocer que se tiene miedo. Pida a Dios que le ayude a identificar el temor: identifíquelo, defínalo y sáquelo a la superficie de su conciencia para que pueda hablar de Él y confesarle al Señor la presencia de este temor.

No niegue que siente miedo. No piense que es muy maduro para estar asustado. Nunca llegamos a ser tan maduros espiritualmente como para no sentir miedo, trátese del temor normal que ayuda a preservar y proteger o de los ataques espirituales de miedo. El temor puede atraparnos a cualquiera de nosotros.

David, quien había experimentado en muchas ocasiones el poder de Dios en la protección y preservación de su vida, no obstante escribió:

Mi corazón está dolorido dentro de mí,
y terrores de muerte sobre mí han caído.
Temor y temblor vinieron sobre mí,
y terror me ha cubierto.
Y dije: ¡Quién me diese alas como de paloma!
Volaría yo, y descansaría.
Ciertamente huiría lejos;
moraría en el desierto.

(SAL 55:4-7, RVR1960)

No acepte sencillamente un temor en su vida como algo inofensivo. La verdad es que el miedo le impide ir a algunos lugares a los que Dios desea que usted pueda ir. Le puede impedir hacer algunas cosas que el Señor desearía que hiciera.

Reconozca su miedo y enfréntelo.

2. Pida inmediatamente la ayuda de Dios

Vaya de inmediato ante su Padre celestial para que le ayude a conquistar su temor. Pida al Señor que limpie su mente de pensamientos de miedo. Pídale que evite que el temor atrape su mente. Pídale que lo prepare para contrarrestar el miedo de modo firme y positivo.

El salmista escribió:

Busqué a Jehová, y él me oyó,
y me libró de todos mis temores.

(SAL 34:4, RVR1960)

3. Determine el origen del miedo

Pida a Dios que le ayude a identificar cualquier emoción que pueda estar ligada al miedo, como:

Avaricia: temor de no tener suficiente.
Rechazo: miedo de no ser aceptado.
Culpa: temor de ser descubierto.
Falta de confianza: miedo a fracasar.
Enojo: temor de no entender su propósito, de perder el control o la estima.
Envidia: miedo de no tener lo que cree que le pertenece legítimamente.
Indecisión: temor a la crítica y a tomar malas decisiones.

Hace poco oí hablar a un pastor que conozco sobre una mujer a la que le asustaba mucho salir después de oscurecer, aun cuando vive en lo que muchos consideran un vecindario muy seguro. Temía incluso de ir hasta su auto estacionado afuera o hasta el jardín para apagar los aspersores.

El pastor le preguntó a la mujer a qué le atribuía ese miedo. Pero ella no lo sabía. Dijo que siempre le había asustado la oscuridad. En este punto me identifico perfectamente. Cuando yo era niño le tenía mucho pánico a quedarme solo en la oscuridad.

El pastor siguió investigando y le dijo:

—¿Por qué cree que le asusta la oscuridad?

Ella respondió:

—Imagino que debido a que pienso que me podría sobrevenir algo malo en la oscuridad y no lo vería a tiempo para protegerme.

—¿Cree que es totalmente responsable de protegerse en la oscuridad? —preguntó el pastor.

—En realidad, nunca he pensado en eso —contestó la mujer.

—¿Cree que es posible que Dios desee protegerla, como Su hija, cuando está sola en la oscuridad? —inquirió de nuevo el pastor.

—Bueno, sí —dijo ella, y una lágrima comenzó a rodar por su mejilla.

El pastor luego me contó: «Esta mujer se dio cuenta de que tras el miedo obvio había un temor de que quizás Dios no estuviera allí para ella siempre. Buscamos una docena de pasajes en la Biblia que nos aseguran la constante presencia de Dios con quienes hemos aceptado a Jesús como nuestro Salvador.» Ella finalmente me dijo: "¡No me asusta la oscuridad! ¡Mi temor es que Dios sea negligente! Tengo que comenzar a ver a Dios de pie a mi lado todo el tiempo, y especialmente en la oscuridad"».

La verdad es que el Señor siempre está a su lado.

Su capacidad de ver a Dios presente con usted, a solo centímetros, y caminando a su lado paso a paso, podría muy bien ser la clave para que camine en fe, no en temor.

4. Vaya a la Palabra de Dios

La Biblia tiene docenas de estos versículos —no temas— que acabamos de hablar. Me gusta especialmente Isaías 41:9-13 (RVR1960) como un pasaje bíblico que confronta el miedo:

Te tomé de los confines de la tierra,
y de tierras lejanas te llamé,
y te dije:
Mi siervo eres tú;
te escogí, y no te deseché.

No temas, porque yo estoy contigo;
no desmayes, porque yo soy tu Dios que te esfuerzo;
siempre te ayudaré,
siempre te sustentaré con la diestra de mi justicia.

He aquí que todos los que se enojan contra ti
serán avergonzados y confundidos;
serán como nada
y perecerán los que contienden contigo.
Buscarás a los que tienen contienda contigo, y no los hallarás;
serán como nada,
y como cosa que no es,
aquellos que te hacen la guerra.
Porque yo Jehová soy tu Dios, quien te sostiene de tu mano derecha,
y te dice: No temas, yo te ayudo.

Lea todo ese capítulo en voz alta, es más, léalo las veces que sean necesarias. Deje que las palabras se profundicen en su espíritu.

Lea y aprenda de memoria versículos que tratan con el miedo. El Salmo 56 (RVR1960) es maravilloso para quienes temen que sus críticos o enemigos destruyan su trabajo, reputación, influencia o propiedad.

Ten misericordia de mí, oh Dios, porque me devoraría el hombre;
me oprime combatiéndome cada día.
Todo el día mis enemigos me pisotean;
porque muchos son los que pelean contra mí con soberbia.

En el día que temo,
yo en ti confío.
En Dios alabaré su palabra;
en Dios he confiado;
no temeré;
¿qué puede hacerme el hombre?

Todos los días ellos pervierten mi causa;
contra mí son todos sus pensamientos para mal.

Se reúnen, se esconden,
miran atentamente mis pasos,
como quienes acechan a mi alma.

Pésalos según su iniquidad, oh Dios,
y derriba en tu furor a los pueblos.
Mis huidas tú has contado;
pon mis lágrimas en tu redoma; ¿no están ellas en tu libro?
Serán luego vueltos atrás mis enemigos,
el día en que yo clamare; esto sé, que Dios está por mí.
En Dios alabaré su palabra;
en Jehová su palabra alabaré.
En Dios he confiado; no temeré;
¿qué puede hacerme el hombre?

Sobre mí, oh Dios, están tus votos;
te tributaré alabanzas.
Porque has librado mi alma de la muerte,
y mis pies de caída,
para que ande delante de Dios
en la luz de los que viven.

El Salmo 91 (RVR1960), es un salmo formidable que aborda los sentimientos de miedo:

El que habita al abrigo del Altísimo
morará bajo la sombra del Omnipotente.
Diré yo a Jehová: Esperanza mía, y castillo mío;
mi Dios, en quien confiaré.

El te librará del lazo del cazador,
de la peste destructora.
Con sus plumas te cubrirá,
y debajo de sus alas estarás seguro;
escudo y adarga es su verdad.
No temerás el terror nocturno,

ni saeta que vuele de día,

ni pestilencia que ande en oscuridad,

ni mortandad que en medio del día destruya.

Caerán a tu lado mil,

y diez mil a tu diestra;

mas a ti no llegará.

Ciertamente con tus ojos mirarás

y verás la recompensa de los impíos.

Porque has puesto a Jehová, que es mi esperanza,

al Altísimo por tu habitación,

no te sobrevendrá mal,

ni plaga tocará tu morada.

Pues a sus ángeles mandará acerca de ti,

que te guarden en todos tus caminos.

En las manos te llevarán,

para que tu pie no tropiece en piedra.

Sobre el león y el áspid pisarás;

hollarás al cachorro del león y al dragón.

Por cuanto en mí ha puesto su amor, yo también lo libraré;

le pondré en alto, por cuanto ha conocido mi nombre.

Me invocará, y yo le responderé;

con Él estaré yo en la angustia;

lo libraré y le glorificaré.

Lo saciaré de larga vida,

y le mostraré mi salvación.

Enfóquese en pasajes en los cuales varios personajes bíblicos enfrentaron el miedo. Observe la manera en que Dios trató con ellos y cómo los dirigió. Por ejemplo: Moisés sintió miedo de regresar a Egipto (Éx 3). Ester sintió miedo de confrontar a Amán (Est 3–5).

Aprenda de memoria versículos que hablan del deseo de Dios de que usted camine en fe. Sature su mente con pasajes que edifiquen su fe.

5. Alabe al Señor

A medida que lee y pronuncia la Biblia acompañe la verdad de la Palabra de Dios con sus palabras y alabanza habitual.

He aquí tres de mis pasajes favoritos para usar en la confrontación del temor:

El SEÑOR es mi fortaleza y mi canción,
Y ha sido salvación para mí.

(SAL 118:14)

Voz de júbilo y de salvación
hay en las tiendas de los justos.
La diestra de Jehová hace proezas.
La diestra de Jehová es sublime.
La diestra de Jehová hace valentías.
No moriré, sino que viviré,
y contaré las obras de Jehová.

(SAL 118:15-17, RVR1960)

Te exaltaré, mi Dios, mi Rey,
y bendeciré tu nombre eternamente y para siempre.
Cada día te bendeciré,
y alabaré tu nombre eternamente y para siempre.
Grande es Jehová, y digno de suprema alabanza;
y su grandeza es inescrutable.

(SAL 145:1-3, RVR1960)

6. Dé un paso positivo

A menudo Jesús pedía a quienes liberaba o sanaba que hicieran una acción positiva como parte de su liberación o sanidad. A un paralítico, por ejemplo, le dijo que tomara su lecho y se fuera del estanque de Betesda. A un ciego le dijo que se lavara en el estanque de Siloé.

Creo que para una persona es muy importante confrontar el miedo al dar un paso positivo en fe. Haga algo que le proporcione una experiencia en la cual Dios pueda revelarle que Él es más grande que el temor que usted ha sentido.

Recientemente oí hablar de una mujer que tenía un miedo irracional a caminar sobre las rejillas de las aceras de San Francisco. Temía que si caminaba sobre las rejillas, estas se desplomaran y cayera al vacío. La mujer le pidió al Señor que la librara de este miedo, y sintió en su espíritu que Dios le hablaba: «Ve y camina conmigo». Ella salió a la calle, sabiendo que el Señor quería que caminara sobre todas las rejillas que encontrara. Después de caminar sobre siete rejillas regresó a su apartamento y volvió a sentir en su espíritu que el Señor le hablaba: «Camino contigo dondequiera que vayas».

La mayoría de las personas conocen la historia de David y Goliat. Pero uno de los hechos importantes de la historia que muchos pasan por alto es este: David corrió hacia Goliat. Corrió con fe basada en que Dios lo había librado antes de un oso y un león. Corrió con confianza, sabiendo que el Señor le había dado la habilidad tanto de correr rápido como de usar con destreza una honda. Corrió con sabiduría, sabiendo que había escogido exactamente las piedras adecuadas.

Cuando recuerda su vida, sin duda encuentra muchas ocasiones en que Dios ha estado a su lado en circunstancias espantosas. Él ya lo

ha liberado antes. Le ha dado ciertas habilidades y fortalezas. Él promete en su Palabra darle sabiduría si tan solo se la pide. A veces necesita confrontar una situación aterradora de una manera muy práctica y directa. Corra hacia lo que le causa temor confiando en Dios mientras lo hace. Es bueno aprender de memoria las palabras de David: «… vengo a ti en el nombre de Jehová de los ejércitos… Jehová te entregará hoy en mi mano… porque de Jehová es la batalla…» (1 S 17:45-47, RVR1960).

7. Tome una decisión

Llegue a la firme decisión de que usted no vivirá con temor. Tome la decisión de creerle a Dios. Sí, creerle más de lo que cree en sus emociones.

Quizás usted no llegue al punto de tener inmediatamente total fe y confianza. Para que la fe crezca se necesitan tiempo, pruebas y ver que Dios es fiel en situación tras situación, en crisis tras crisis, en circunstancia hiriente tras circunstancia hiriente. Nuestra fe y nuestra confianza en el Señor crecen con el tiempo, a medida que Dios nos revela su fidelidad. Sin embargo, puede comenzar a actuar en su decisión de tener fe diciéndole al Señor cada vez que siente miedo: «Dios, tú estás en control de mi vida, no solo a veces, sino todo el tiempo».

Tome también la decisión de no asustarse de Dios. El concepto que de niño tuve del Señor fue que Él era un juez severo sentado en el cielo, esperando solo que yo cometiera una equivocación para castigarme. Intentaba seriamente agradarle, y mucho de mi tiempo de niño pensé que lo hacía bien. Vivía con temor de que Dios me mandara una terrible enfermedad o de que muriera en un horroroso accidente. Me imaginaba algo terrible, malo de verdad, ¡el juicio más sangriento y espantoso!

Ahora cuando pienso en mi amoroso Padre celestial, mis pensamientos son todo lo contrario. No lo veo como un juez, sino como sustentador, protector, proveedor y preservador de mi vida. Sé que me perdona si peco y que estoy eternamente seguro de mi salvación.

Sé que su deseo para mí siempre es algo que repercutirá en mi beneficio eterno.

Tome la decisión de que creerá en Dios, quien lo ama, le da lo que necesita, lo cuida, siempre está a su disposición y está en control de su vida todo el tiempo. Tome la decisión de confiar en Él.

Mientras hace eso, no tengo la menor duda de que Dios puede desvanecer sus temores paralizantes, de manera que usted pueda experimentar la profundidad de la paz perdurable del Señor.

ONCE

RENUNCIE A LA ANSIEDAD

Cuando el tránsito en la autopista se ha detenido, y ya ha llegado dos veces tarde al trabajo este mes…

Cuando las noticias diarias informan que miles de personas más han contraído un virus mortal…

Cuando los informes noticiosos digan que la Bolsa de Valores ha caído quinientos puntos...

Cuando encuentre drogas en el cuarto de su hijo...

Cuando sospeche que su hija soltera podría estar embarazada…

Cuando el médico diga que es necesario hacer más exámenes, y no sonría mientras lo dice…

La respuesta normal y natural es tener ansiedad. Este es un sentimiento que nos golpea con lo inesperado. La ansiedad comienza en nuestras emociones, no en nuestras mentes. Es la respuesta a algo que percibimos o sentimos como negativo y, más específicamente, algo que creemos que es un ataque contra nosotros.

¿ESTÁ DISTRAÍDO O INSEGURO?

La ansiedad es un problema que enfrentamos en una u otra ocasión. La palabra *afanéis* en griego, en el siguiente pasaje del Sermón del Monte, significa «distracción». Es una palabra que se refiere a la inseguridad. Eso es lo que el afán produce en nosotros. Nos da una sensación de ¿qué viene a continuación? Es una sensación de que nos han movido el piso bajo nuestros pies y no tenemos idea de dónde vamos a caer, cuán duro, en qué dirección, ¡o sobre qué!

La palabra *afán* también se traduce en la Biblia como «preocupación». Para muchas personas la preocupación se ha convertido en una manera de vivir. Viven en un estado de inseguridad y preocupación. Si eso lo describe, le animo a leer de nuevo las palabras de Jesús. Su mandato para usted es muy claro. Jesús dijo en el Sermón del Monte:

> No os afanéis por vuestra vida, qué habéis de comer o qué habéis de beber; ni por vuestro cuerpo, qué habéis de vestir. ¿No es la vida más que el alimento, y el cuerpo más que el vestido? Mirad las aves del cielo, que no siembran, ni siegan ni recogen en graneros; y vuestro Padre celestial las alimenta. ¿No valéis vosotros mucho más que ellas?
>
> (MT 6:25-26, RVR1960)

Esta no es una sugerencia. Es una orden.

Usted podría decir: «Pero no puedo dejar de sentirme afanado, ¡siempre me he preocupado!». En el transcurso de los años he oído eso de mucha gente. Mi respuesta es: «Por supuesto que usted puede».

No existe nada relacionado con una circunstancia que cree automáticamente preocupación. Esta ocurre debido a la manera en la que respondemos a un problema o situación difícil. La capacidad de decidir que usted tiene es parte del don de Dios del libre albedrío para todo ser humano. Usted puede escoger cómo sentirse, en qué pensar y cómo responder a las circunstancias.

Una amiga mía contó una experiencia que tuvo casi una década atrás. Su padre anciano y viudo se había mudado a la casa de ella, y el noventa y nueve por ciento del tiempo la relación entre ellos era muy positiva y los enriquecía mutuamente. Sin embargo, mi amiga recordaba que un día su padre había estado de mal humor. Nada le parecía

bien y había criticado varias cosas, por lo que ella se irritó en respuesta al pesimismo y la actitud negativa de él.

Entonces mi amiga me dijo: «Nos disponíamos a salir de casa para hacer algunas compras, levanté la vista para ver a mi padre que salía por la puerta, y pensé: *Ese es mi padre. Lo amo. Él es anciano y no estará conmigo mucho tiempo. Aunque viviera otros diez o quince años, no es mucho tiempo.* Pensé en cuánto lo extrañaría cuando ya no estuviera conmigo y tomé una decisión. Fue una decisión consciente y deliberada. Me dije: *Decidiré amarlo y disfrutar su compañía todos los días que me queden, o le queden, de vida. Vamos a vivir en paz.*

»Comencé inmediatamente a tratar a mi padre con amabilidad y comprensión, y a las pocas horas él se disculpó por su mal humor y admitió que en realidad no se había sentido bien durante varios días. Desde ese día en adelante tuvimos una relación maravillosa».

Así es, ¡usted puede decidir cómo sentirse y cómo reaccionar!

Ninguna situación causa preocupación automáticamente. Con seguridad que el propósito de Dios no es que usted se preocupe; Él no permite situaciones en su vida para que se afane. ¡No! Dios puede permitir una situación en su vida para desarrollar fe, crecimiento y madurez más fuertes, o para cambiar un mal hábito o una actitud negativa. Pero Dios no lo llama a preocuparse. Él siempre está obrando para llevarlo a un lugar donde usted confíe más en Él, le obedezca más y reciba más bendiciones.

PREOCUPACIÓN NO ES LO MISMO QUE ANSIEDAD

Debemos tener cuidado de no confundir la preocupación con la ansiedad. Es normal que un cristiano tenga preocupaciones profundas. La preocupación nos motiva a interceder y a tomar acciones piadosas hacia la satisfacción de las necesidades de los demás. Preocupación, ¡sí! Ansiedad, ¡no!

La preocupación está originada en la bondad. Por ejemplo, debemos estar preocupados por nuestras familias, por nuestra salud, por desempeñarnos bien en nuestro trabajo, porque nos interesa el bienestar de nuestras familias, nuestro bienestar personal y el éxito en nuestro trabajo. La preocupación tiene que ver con desear que las cosas se hagan bien para que Dios reciba la gloria en nuestra vida.

Algo de la preocupación también se arraiga en la obediencia. No hay sitio en la Escritura en el que se nos dé licencia para ser irresponsables. Debemos vivir los mandamientos de Dios en nuestras vidas cotidianas. Debemos llevar vidas morales y honradas, pagar nuestras cuentas, decir la verdad, dar todo el esfuerzo por el pago que recibimos, etc. Vivir de modo responsable involucra cierta cantidad de preocupación enraizada en un anhelo de obedecer al Señor.

Sin embargo, una preocupación arraigada en la bondad o la obediencia no es lo mismo que ansiedad.

Si su hijo entra a la casa y se ha lesionado un tobillo, usted tiene el derecho legítimo y la responsabilidad para preocuparse de que el tobillo no se haya distendido o fracturado. La preocupación lo llevará a actuar y a buscar consejo médico. Considere la persona que va a trabajar un día y su jefe le dice: «Ya no necesitamos sus servicios». De pronto se encuentra despedido, fuera de su cargo y en la calle.

Quizás usted diga: «Bueno, ¡ese es un buen momento para estar afanado!».

No según la Palabra de Dios. Preocupación, sí. Preocupación por seguir proveyendo para su familia y para usted, preocupación por cómo y dónde encontrar otro empleo, preocupación por saber qué pasos dar primero, definitivamente, sí. Pero dejar que la mente se vaya a pique emocionalmente, se llene de temor, se paralice, o permitir que lo perturben insistentes pensamientos de un futuro arruinado, desamparado o sombrío, ¡absolutamente no! ¡Eso es afán!

La preocupación es provechosa, lleva al progreso y es positiva.

La ansiedad es lo contrario: contraproducente, atascada en el presente y negativa.

La preocupación nos motiva a la acción. La ansiedad nos paraliza.

La preocupación muy bien podría estar caracterizada por lágrimas, expresiones de tristeza y simpatía, empatía, reflexión considerada y tiempo en calma para meditar. No obstante, al final la preocupación nos lleva a tomar decisiones. Nos dirige hasta el punto de decir: «Decido confiar en Dios. Decido buscar Su plan y propósito en esto. Decido tomar la acción que Él me guíe a tomar».

La ansiedad tiende a estar marcada por sudor en las manos, llanto incontrolable, entrecejo profundamente fruncido y hombros caídos, noches en vela, algún tic nervioso y un ir y venir interminable. El afán es una rutina que tiende a mantener a una persona en un estado de miedo, negatividad e intranquilidad.

CONSECUENCIAS DE LA ANSIEDAD

He aquí siete consecuencias muy negativas asociadas con la ansiedad:

1. La ansiedad divide la mente de una persona

Mucha gente vive con un grado de estrés que es resultado de lo que llamo una «mente dividida». La persona puede encontrarse haciendo una tarea, en una reunión o participando en una conversación con alguien, pero detrás de su mente y su corazón otro problema u otra situación ocupa el escenario central.

Un paciente de cáncer me dijo una vez: «Mi primer pensamiento cada mañana y mi último pensamiento cada noche, y cada tres o cuatro días mi pensamiento durante todo ese día es: *Tengo cáncer*». Estoy seguro de que las personas que luchan con un problema importante de cualquier clase tienen momentos en que esa situación llena su mente gran parte del día.

Una mujer me habló no hace mucho tiempo de la enfermedad mental de su esposo.

—¿Cómo te afectaba la enfermedad mental de Bill? —pregunté.

—Nunca sabía cuál Bill me estaría esperando al llegar a casa: el Bill tierno y amoroso, o el iracundo, huraño y silencioso.

—Influyó esto en tu trabajo —inquirí de nuevo.

—Casi lo pierdo porque no podía concentrarme en él. No importaba si me encontraba en una reunión o sola en mi escritorio, mis pensamientos gravitaban hacia la situación de mi esposo, hacia su negativa para conseguir ayuda profesional o para tomar las medicinas prescritas, y hacia lo que esto estaba produciendo en nuestra relación. No podía dejar de pensar en lo que podría pasar con nuestro matrimonio. También me preguntaba si su enfermedad era algo que podría heredar biológicamente nuestra pequeña hija. Me preocupaba con pensamientos acerca de lo que yo podría y debería hacer y, más que nada, me preocupaban las sensaciones de impotencia por no poder hacer nada para ayudar a mi esposo. Puesto que no lograba concentrarme de manera total, simplemente no daba lo mejor de mí. Cometía equivocaciones por descuido. Finalmente no me tomaron en cuenta para un ascenso. Fue entonces cuando abrí mis ojos y pensé: *Algo tiene que suceder aquí. Si Bill no quiere obtener ayuda, al menos yo la conseguiré para mí. Debo recuperar mi paz*.

2. La ansiedad baja la productividad de una persona

Si alguien tiene una mente dividida es lógico concluir que producirá menos. No podrá mantener el esfuerzo y quizás ponga menos empeño en concluir algún proyecto con calidad. No solo será menos productivo, sino que también será menos eficiente. La calidad del trabajo tiende a bajar.

3. La ansiedad lleva a una persona a tomar decisiones poco sensatas

Quien no puede enfocarse en una tarea es alguien que generalmente no puede completar sus «deberes» en un proyecto. Se trata de alguien que no logra percibir todas las facetas de un problema y que no puede escuchar con detenimiento o con suficiente concentración, a aquellos que podrían darle algún consejo sensato. El resultado es a menudo malas decisiones y malas soluciones a los problemas. Las malas decisiones y elecciones son una causa del fracaso, lo cual solo lleva a mayor ansiedad. El individuo muy ansioso a menudo está paralizado hasta el punto en que no puede tomar ninguna decisión, por lo tanto no sigue adelante con su vida. Vive en una nube de temor y confusión.

4. La ansiedad consume la energía de la persona

La ansiedad prolongada es agotadora. Desgasta el sistema inmunológico y altera ciertos sistemas químicos en el cuerpo, lo cual reduce las vitaminas y los minerales necesarios para mantener un buen nivel de energía.

5. La ansiedad produce enfermedades físicas

Investigadores, científicos y médicos han demostrado a través de los años que la ansiedad tiene numerosos efectos negativos en el cuerpo humano, entre ellos dolor de cabeza, dolor estomacal, desórdenes intestinales, estrechamiento de los vasos sanguíneos, que da como resultado presión sanguínea alta y mayores probabilidades de ataques cardíacos y derrames cerebrales. Además, se producen desórdenes bioquímicos que desequilibran los sistemas hormonales, lo cual puede causar varios males.

Es más, algunas de las principales facultades de medicina de la nación están declarando sin lugar a dudas que a través de la fe y la oración se han reducido positivamente elementos de ansiedad, estrés y temor en pacientes, dando como resultado que muchos de ellos experimenten sanidad con mayor rapidez.

6. La ansiedad aleja a las personas

Se hace más difícil comunicarse con alguien que está distraído o menos enfocado. Tal individuo a menudo se inquieta y se frustra, culpa y critica rápidamente a los demás y se enoja con rapidez. La mala comunicación es muy perjudicial en amistades, matrimonios y relaciones de padres a hijos. El resultado fácilmente puede ser que otras personas se sientan aisladas, no queridas o indeseables.

7. La ansiedad reduce el gozo de una persona

Quien vive con ansiedad durante mucho tiempo es alguien que generalmente se siente privado de gozo. Cualquiera que constantemente se preocupa o se siente abrumado tiene menos esperanza y es menos capaz de apreciar o disfrutar momentos placenteros. Allí siempre parece haber un problema al acecho de la mente o en la profundidad del alma. La paz y el gozo no pueden coexistir con la ansiedad.

Dados todos estos efectos negativos, ¡nuestra conclusión debe ser que el plan de Dios para nosotros no es un alma atribulada! La Palabra de Dios nos dice claramente: «... No te irrites, solo harías lo malo» (Salmos 37:8).

¿QUÉ SUCEDE CON LOS ATAQUES DE PÁNICO?

«Ataque de pánico» es la expresión que a veces se utiliza cuando la ansiedad saca de control a sus emociones. Su corazón empieza a latir aceleradamente, podría empezar a sudar de manera abundante, se marea o se siente como si fuera a desmoronarse.

He tenido esa clase de experiencia. Fue un puro horror. Ahora entiendo por qué algunas personas se vuelcan a las drogas cuando se sienten como me sentí. Las sensaciones de ansiedad y malestar, junto con la fatiga extrema, parecían profundizarse. Sentí como si las cosas en mi interior se desmoronaran y como si yo me viniera abajo. En mis horas de desesperación clamé a Dios, como un niño que llama a su papá después de una pesadilla. La presencia del Señor me rodeó y me sustentó en esa difícil temporada.

Si usted no conoce al Señor, ¿qué hará para calmar su corazón y su mente? Si no conoce a Dios y enfrenta una tragedia repentina o una carga de estrés que está a punto de agobiarlo, ¿qué hará para tranquilizar sus emociones? Es fácil volcarse a las drogas, al alcohol o a algo que espera que le dé un escape momentáneo.

La buena noticia es que quienes conocen verdaderamente al Señor no necesitan bajar por el sendero que lleva a la adicción química. Pueden clamar a Dios:

«¡Sostenme! ¡Ayúdame! ¡No me dejes caer!». Mientras más clamemos a Dios con un corazón sincero, más nos transmitirá Su presencia para alejarnos de la ansiedad, aplacar el mundo que parece estar fuera de control y darnos paz verdadera.

Nuestro amoroso Padre celestial nos sostiene. Oye nuestros lamentos. Nos abraza con Sus brazos eternos. Nos toma firmemente por medio de Su consuelo. Mientras más cerca estemos de Él, más tranquilo llega a estar nuestro espíritu.

¿QUÉ DEBEMOS HACER EN EL MOMENTO EN QUE NOS ATACA LA ANSIEDAD?

¿Qué debemos hacer cuando ataca la ansiedad? Primero, y antes que todo, debemos pedir a Dios que nos dé Su paz y Sus respuestas. Conocí a un hombre que sintió algunas sensaciones extrañas en la pierna. Esta molestia continuó, por lo que buscó consejo médico. Después de una serie de exámenes su médico le dijo que tenía una violenta y rara clase de cáncer.

El hombre quedó devastado por la noticia. Como era un atleta de vibrante salud (al menos eso creía), vio que su futuro se derrumbaba ante él. La ansiedad comenzó a apoderarse de su mente. Empezó a imaginarse los peores panoramas posibles. Sin embargo, gracias a Dios sus amigos no lo abandonaron, lo apoyaron y animaron su fe. Lo instaron a considerar que la presencia y la paz de Dios estaban a disposición de él.

Hoy día este hombre está sano y ayuda regularmente a otras víctimas de cáncer mientras luchan con sus propias vivencias. Tiene paz e intenta transmitirla a otros. Descubrió el secreto de la paz cuando la preocupación y la ansiedad surgieron en su camino. ¿Cómo deberíamos actuar nosotros?

Muy específicamente, debemos pedirle a Dios que trate con los problemas que están llenando nuestras mentes, tanto en forma consciente como subconsciente. Esto no es algo para hacer una sola vez. Es algo que debemos hacer varias veces durante el día.

Debemos pedirle al Señor que nos ayude a enfocar todos nuestros pensamientos y toda nuestra energía en la situación inmediata que tenemos a mano.

Dígale al Señor: «Tú estás en control de esta situación. Confío en que trates con esta persona o personas problemáticas, o con estas circunstancias. Ayúdame a poner toda mi atención en la tarea que has puesto delante de mí. Tranquiliza mi corazón, enfoca mi atención, llena mi mente con Tus ideas y soluciones creativas y dame la fortaleza para ser diligente hasta que este proyecto o reunión se desarrolle por completo».

A medida que la ansiedad disminuye...

A medida que disminuye la fuerza del ataque de ansiedad necesita solucionar este asunto en su vida: ¿Está Dios, mi amoroso Padre celestial, buscando todo el tiempo mi bien eterno, o no?

La clave para vencer la ansiedad es hacer que su opinión acerca de Dios sea la correcta.

La verdad es que Él es soberano. Él creó todo y tiene control absoluto sobre todo aspecto de Su creación. Es todopoderoso, omnisapiente y omnipresente.

Dios conoce absolutamente todo acerca de la situación que usted vive. Sabe cómo extraer plenitud del quebranto. Sabe cómo levantar fortaleza de la debilidad. Sabe cómo sanar lo enfermo. Sabe cómo sacar reconciliación y amor del distanciamiento y el odio.

Además, el Señor lo ama con amor incondicional, incomprensible e inconmensurable. Él sabe todo acerca de usted, y aun así lo ama.

Un Padre celestial que está en control total, que es omnisapiente y omnipresente es alguien en quien usted puede confiar. La confianza hace que la ansiedad desaparezca.

LA DECISIÓN ES SUYA

Usted puede caer en una espiral descendente de ansiedad. O puede decir: «¡Padre celestial! Llevo esto ante Ti. Está más allá de mi control o influencia. Me siento indefenso en esta situación, pero Tú tienes el poder para cambiarla. Tú me amas de modo perfecto. Confío en que manejes esto en la mejor manera. Sé que cualquier cosa que hayas planeado para mí es para mi beneficio. Espero ver el camino en que decidas expresar Tu amor, Tu sabiduría y Tu poder». Amigo, este es el camino de la paz: fuera de la ansiedad y la preocupación.

DOCE

CÓMO LIDIAR CON LAS CAUSAS DE LA ANSIEDAD

¿Estará listo?

Por años he respondido «sí» a esa pregunta que a menudo hacen a los predicadores. «Sí, por supuesto que estaré listo para predicar un buen sermón el domingo». Pero profundamente en mi interior tenía dudas acerca de mí.

Algo por lo que me sentí ansioso casi toda mi vida adulta fue porque no estuviera listo para predicar el domingo. Oraba. Estudiaba con diligencia. Confiaba en Dios. Pero luego oraba más y estudiaba más. Y luego... oraba aún más y estudiaba aún más. Vivía con la ansiedad del próximo sermón hasta el momento en que me paraba a predicar. Después comenzaba a preocuparme por el sermón del domingo siguiente. Afortunadamente, con la ayuda de Dios, en los últimos años he tenido victoria sobre ese ciclo de ansiedad y he experimentado alivio.

En gran parte somos nosotros quienes determinamos cuánto tiempo tendremos ansiedad. De ahí la necesidad de que todo aquel que experimente constantemente ataques de ansiedad, además de una continua sensación de angustia y preocupación, se haga una revisión física completa. Sin embargo, muy a menudo fallamos en tratar con los asuntos que nos complican, y permitimos que la ansiedad y la preocupación se establezcan de modo permanente en nuestra alma. El resultado es que perdemos nuestra paz.

Como lo experimenté personalmente, si permitimos que se arraiguen en nuestra mente pensamientos negativos y llenos de preocupación, podemos crear un estado general de ansiedad. Esta manera de pensar se puede establecer dentro de nosotros y guiarnos a actitudes negativas que pueden durar años.

Algunas personas me dicen: «Simplemente me angustio por todo». O me han dicho de alguien que conocen bien: «Él siempre está nervioso» o «ella tiende a preocuparse mucho». Algunos individuos se refieren a este estado continuo de ansiedad como estar «muy nerviosos» o «siempre tenso». No obstante, si un estado de ansiedad se ha vuelto la norma para su vida, debe mirar las razones de ese sentimiento. Por lo general están relacionadas con profundas necesidades interiores, las cuales tienden a relacionarse con uno o más de los siguientes aspectos.

NECESIDADES INTERIORES QUE OCASIONAN ANSIEDAD PROLONGADA

Falta de valía personal

Alguien que siente una falta de valía personal ha perdido de vista su valor ante Dios, nuestro Padre celestial. Le recordaré otra vez lo que el Señor dijo:

> Mirad las aves del cielo, que no siembran, ni siegan ni recogen en graneros; y vuestro Padre celestial las alimenta. ¿No valéis vosotros mucho más que ellas?
>
> (Mt 6:26, RVR1960)

Creo que Jesús estaba diciéndoles a quienes le escuchaban que una persona con bajo valor personal no ve que sus necesidades sean tan valiosas como las de las aves, las cuales están continuamente bajo la mirada vigilante de Dios.

Por eso muchos de nosotros no pensamos que el Señor pueda o desee suplir nuestras necesidades día a día, hora a hora y minuto a minuto. No nos vemos dignos del cuidado que Él prodiga a un pajarito en el jardín.

Algunas personas me han dicho: «A Dios no le importa que mi auto se descomponga». Sí, sí le importa.

«Al Señor no le preocupa que gotee la tubería de mi baño». Sí, sí le preocupa.

«A Dios no le interesa si me dan un aumento en el trabajo». Sí, sí le interesa.

El Señor se preocupa de todos los detalles de su vida, y Su plan es proporcionarle todo lo que necesita.

Hay varias razones para que tendamos a vernos indignos del amor de Dios; sin embargo, ¿recuerda el plan que Él llevó a cabo? Jesús se sacrificó por usted y por mí.

Ninguna otra cosa que el Señor pudiera hacer alguna vez sería una muestra mayor de la verdad de que lo considera a usted digno de amor, alimento y bendiciones.

Anhelo de control total

Una segunda causa interior de ansiedad es un deseo de controlar todas las cosas para nuestro beneficio, incluyendo aquellas sobre las que no tenemos poder. Creo que este deseo de poder y control nace a menudo de una falta de confianza en Dios, quien es el único que puede controlar todos los aspectos de nuestra vida.

La gente hace muchas cosas hoy en día en un esfuerzo por controlar su vida, desde tomar vitaminas hasta ejercitarse diariamente, desde comer cinco porciones de frutas y verduras hasta dormir lo suficiente. Bueno, esto es beneficioso, y como rutina forma buenos hábitos de alimentación y ejercicio. Pero no lo hago para prolongar mi vida, sino más bien para darle buena calidad a cada hora que vivo.

Una vida llena de ansiedad produce lo contrario de energía, vitalidad, aumento de productividad y una vida abundante. La ansiedad está ligada a numerosas enfermedades y males, desde ataques cardíacos y derrames cerebrales hasta presión arterial elevada, desde desórdenes en el sistema digestivo hasta crisis nerviosas, desde incremento de accidentes en el hogar y el trabajo hasta menor eficiencia y menor concentración en cualquier tarea asignada. Usted nunca ha oído de individuos «preocupados hasta la vida»; no, la frase que con frecuencia utilizamos es «preocupados hasta la muerte». En realidad la ansiedad puede matar una relación, destruir el encanto de cualquier acontecimiento o experiencia, y quitar muchos méritos a la buena disposición de una persona para emprender nuevos desafíos y oportunidades.

La gente se preocupa de muchas cosas que no puede controlar. La ansiedad que tenga no influirá en el clima de mañana, no hará que otra persona le ame, ni le permitirá revivir un solo segundo del ayer.

Deje que Dios haga lo que solo Él puede hacer. Confíe en que en su infinito amor y misericordia actuará a favor de usted.

Preocupación por lo que los demás piensan

En los Estados Unidos tenemos una industria multimillonaria de la confección, la cual se ha levantado sobre la hipótesis de que lucir bien es importante. Tratamos de vestirnos bien porque nos preocupa el modo en que los demás nos ven. Es verdad. Nos ponemos ansiosos por nuestra apariencia y nuestra actuación en la vida. En otras palabras, a muchos nos preocupa cómo nos vestimos, y esa es otra causa de profunda ansiedad interior.

Trabajamos más horas y más duro, y sobrecargamos nuestras vidas en un esfuerzo para impresionar a otros con nuestra productividad y rendimiento, o al menos para satisfacer nuestra necesidad interior de triunfar.

Jesús nos dice que la opinión de nuestro Padre celestial acerca de quiénes somos es lo único que verdaderamente importa. Si Él nos aprueba, esa es la única aprobación que necesitamos. Él nos proporciona nuestra identidad y una belleza interior que supera cualquier cosa relacionada con lo que podríamos vestir, poseer, conducir o habitar.

En cuanto a nuestro rendimiento, ¿qué espera más nuestro Padre celestial sino que demos lo mejor? Somos responsables de prepararnos a conciencia, ¡para luego salir a trabajar duro!

Durante muchos años me aterraba desilusionar a Dios por no cumplir con sus elevadas normas (cualesquiera que fueran), pero ahora sé que no puedo desilusionarlo.

Alguien podría desobedecer a Dios, sea consciente o inconscientemente, pero no puede desilusionarlo. Una persona puede pecar o rebelarse contra Dios y cosechar las consecuencias divinas de ese pecado como medio de corrección, pero no puede desilusionar al Señor.

Deténgase un momento para pensar en esto. Un Dios a quien se pueda desilusionar es un Dios que ama condicionalmente, un Dios que nos ama si actuamos bien, y que nos quita Su amor si nos desempeñamos mal. La verdad del amor de Dios es que es incondicional. ¡Él nos ama todo el tiempo con amor infinito, irresistible, misericordioso, gentil y apasionado! El abrazo del amor de Dios no cambia según nuestro desempeño. En ciertas circunstancias nos podríamos sentir incompetentes e incapaces de completar con éxito una misión, pero eso no tiene que ser una sensación permanente y continua en nosotros. Dios puede ayudarnos, y lo hará.

El Señor podría susurrar a nuestro corazón: «Puedo ayudarte a que mejores en eso. Yo te creé para que lo hagas mejor. Deseo que mejores eso». Incluso a medida que Él susurra estos mensajes a nuestro corazón está abrazándonos y valorándonos más allá de cualquier medida. Dios no retira de Sus hijos Su presencia ni Su amor.

Mi temor de fracasar estaba enraizado en la incomprensión del amor incondicional de Dios. Se originaba al no saber que todo el tiempo Dios me consideraba digno y valioso. Ese temor se producía porque yo no era consciente de que nunca podría desilusionar al Señor, y de que Él nunca me rechazaría ni quitaría de mí Su presencia ni Su amor.

¿Ha llegado al punto en su vida en que sabe de veras que el Señor lo ama y que nada que usted diga o haga lo pondrá más allá del reino de su amor infinito e incondicional? Si conoce con seguridad este gran amor de Dios, entonces también sabe que aunque usted podría desilusionarse, o desilusionar a otros, no puede desilusionar a Dios. Él nunca lo abandonará, nunca lo dejará ni le dará la espalda.

Nuestra parte es confiar en Dios y reconocerlo en todas las cosas. La parte de Dios es llevarnos y guiarnos por los senderos que Él desea que sigamos.

Luchar por seguir los patrones del mundo

El mundo nos dice que nos sentiremos seguros y estaremos libres de toda ansiedad si sencillamente tenemos suficiente dinero en nuestras cuentas bancarias, fondos de inversiones o ahorros de jubilación. Eso no es cierto. No hay seguridad perdurable en dineros, acciones, fondos o cualquier inversión económica.

El mundo nos dice que nos sentiremos seguros si logramos pagar por completo la hipoteca de nuestra casa. No es cierto. Ninguna casa está ciento por ciento segura contra desastres naturales, incendio o vandalismo.

El mundo nos dice que solo nos sentiremos seguros si seguimos cierto régimen alimentario. No es verdad. Incluso personas en muy buena condición física y aparentemente sanas tienen accidentes, contraen enfermedades contagiosas y están sujetas a males que amenazan la vida.

El mundo nos dice que nos sentiremos seguros y libres de ansiedad en nuestra carrera si recibimos un ascenso a un cargo elevado en la empresa, o si logramos cierto nivel de fama. Eso tampoco es verdad. Cualquier actor o actriz de cine le dirá que ellos solo son famosos mientras dure el éxito de la película o la representación. Cualquier ejecutivo comercial le dirá que los presidentes ejecutivos, los altos funcionarios y los empleados más importantes en el mundo empresarial moderno tienen a veces más probabilidades de perder sus empleos que muchos empleados de menor categoría.

Lo cierto es que el mundo no tiene solución mágica para tener ciento por ciento de seguridad en ningún aspecto de la vida. Solo Jesús puede dar a una persona la confianza de profunda seguridad interior.

En cierta ocasión un hombre me dijo:

—Bueno, de vuelta a la realidad… me da pavor regresar a la oficina.

—¿No disfrutas tu trabajo? —inquirí.

—No —admitió—. En realidad, no. Sí me gustan los productos que fabricamos, el dinero que gano y la gente con la que trabajo, pero no disfruto las tareas, la presión ni las responsabilidades que enfrento cada día.

—¿Por qué no buscas un trabajo en el cual te sientas feliz al levantarte y al trabajar cada mañana?

Me miró como si este pensamiento nunca hubiera atravesado su mente.

—Sería demasiado arriesgado —contestó con gran cansancio en la voz—. Dudo de que a mi edad alguna otra empresa me contrate con un sueldo decente.

—¿Te has detenido alguna vez a pensar lo que te gustaría hacer si no tuvieras el trabajo que ahora tienes?

Los ojos del hombre brillaron.

—¡Por supuesto! —dijo, pero entonces dejó caer los hombros y desapareció el brillo de sus ojos—. Pero eso es tan solo soñar despierto. Quizás pueda hacerlo en otros diez años, cuando me jubile.

Sentí pena por este hombre mientras lo veía alejarse. Qué duro pensar en levantarse cada mañana e ir al trabajo por pura monotonía, solo por dinero. Un trabajo así es una carga, no una bendición. Y mientras mayor sea la carga asociada con cualquier responsabilidad, mayor es la tensión, la frustración y la ansiedad. Además, hay muchas oportunidades de arrepentirse por no haber intentado. Si este hombre no va tras los sueños que Dios le ha dado y que residen en lo más profundo de su ser, en el futuro se verá manifestando: «Me arrepiento de haber gastado mi vida haciendo lo que hice. Ojalá hubiera tomado un sendero distinto». Se sentirá especialmente así si desarrolla problemas de salud que le impidan seguir tras sus sueños cuando se jubile en diez años.

Si está estancado en un trabajo o en una situación demasiado tediosa, aburrida, agotadora o que involucra lucha constante, ¡produzca un cambio! No hablo de tener un día tedioso, una semana aburrida o una quincena agotadora mientras concluye un proyecto. Todo trabajo tiene ciertos momentos y períodos que son más exigentes que otros. Hablo de un trabajo con el que se asocie muy poca emoción y gozo, un empleo que parezca drenarlo sin brindarle mucha satisfacción o realización. Un trabajo sin más recompensa interior que un cheque externo no es un trabajo digno del tiempo y la energía de su vida.

Pregúntele a Dios qué quiere que usted haga, y empiece a obtener la información y la capacitación para realizar ese trabajo. Comience a desarrollar las destrezas necesarias para el trabajo de sus sueños. Envíe solicitudes de empleo en ese campo.

Si cree estar en el empleo que Dios le ha dado, pero este le consume constantemente sus emociones, su energía y su creatividad, pídale al Señor que le ayude a desarrollar una nueva actitud hacia el trabajo. Pídale que le muestre sus más altos propósitos para que usted esté donde Él lo haya puesto. Empiece a ver su trabajo como una oportunidad dada por Dios.

Vivir en el futuro

Una de las causas más importantes de ansiedad es el anhelo de que lleguen las cosas buenas del futuro. Hoy día muchos hijos viven con esta confusión; ansían crecer, «al fin» ser adolescentes o salir solos. Otras personas temen al futuro. Generalmente, quienes tienen una opinión negativa de la confiabilidad de Dios y de la vida en general tienen deseos de entrar al futuro para así dejar tras ellos las cosas malas del presente. Les preocupa lo que sucederá en el futuro cercano, o lejano, y se pierden la plenitud del presente porque están ansiosos por el mañana.

Alguien podría decir:

«Suponga que no logro entrar a la universidad que deseo».
«Suponga que no obtengo el empleo que quiero».
«Suponga que me despiden».

«Suponga que la persona que amo no me corresponde».

«Suponga que los invitados a mi fiesta no vengan o que no la pasen bien».

«Suponga que surja algo que me impida salir a tiempo para mis vacaciones».

Amigo, el Dios que está en control del presente también es el Dios que está completamente en control del futuro. ¡Él ya se ha preparado para lo que le vendrá a usted! Ya ha provisto lo que necesitará mañana. Ya ha anticipado los problemas futuros que enfrentará y ha puesto en acción todo lo necesario para resolverlos.

Usted no puede predecir el futuro, no puede prepararse totalmente para toda contingencia, no puede proveer por completo para todas sus necesidades futuras. Dios no solo puede hacerlo, ¡sino que lo ha hecho! Él no está desprevenido. No se le puede tomar por sorpresa. Nunca se queda corto. Por consiguiente, no tiene que vivir con ansiedad por el futuro. El corazón pletórico de paz es aquel que reconoce: «Mis tiempos están en manos de Dios».

El Señor desea que veamos nuestros problemas desde su perspectiva, se trate de las preocupaciones presentes o de las que se avecinan. No debemos negar estos problemas o intentar escapar de ellos, sino más bien considerarlos como sufrimientos y tribulaciones que debemos vencer.

Dios no espera que soportemos una ansiedad constante. Su intención es que confrontemos esas situaciones que nos llenan de ansiedad, que hagamos frente a la ansiedad que hemos permitido que se aloje en nuestro corazón y que entendamos la agitación interior que sentimos. La intención del Señor es que resistamos la tendencia a preocuparnos, a volvernos temerosos y que nos neguemos a hacer a un lado nuestra paz, sin que importe lo que el diablo nos ponga por delante.

No conozco una persona que se vuelva inmune a la ansiedad. Pero confío en esto: se necesita mucho para que hoy día yo esté ansioso. Al recordar mi vida me doy cuenta de que ya no me molesta tanto lo que antes me disgustaba. Lo que antes me hacía sentir ansioso no me causa ansiedad ahora. También sé que mientras alguien confíe más en que Dios suplirá sus necesidades interiores, más crecerá su fe y más rápidamente podrá confiar en el Señor en toda situación.

Le animo para que hoy:

- No permita que la ansiedad se convierta en una «forma de ser» en su vida.
- Crea en Dios cuando le dice que usted es digno de Su cuidado constante.
- Rinda a Dios el control total de cada área de su vida.
- Se niegue a que le afecte lo que los demás piensen de usted.
- Se niegue a funcionar según los sistemas del mundo.
- Alinee sus prioridades con las prioridades de Dios para usted.
- Decida vivir hoy, no mañana.

De este modo, se encontrará viviendo con una paz interior profunda y creciente, libre de miedo y ansiedad.

PARTE CUATRO

DIOS ABRE CAMINO EN MEDIO DEL DOLOR Y EL SUFRIMIENTO

TRECE

EL PODER DE LA PERSPECTIVA

Hace varios años un buen amigo mío, muy temeroso de Dios, perdió a su esposa debido al cáncer. Fue algo devastador. Habíamos orado y orado por su recuperación, pero la mano sanadora de Dios no dio señal. Jim se sentaba junto a su esposa el día completo, día tras día. Todo lo que estaba a su alcance para hacerla sentir más cómoda, él lo hacía felizmente. Sin embargo, no era capaz de hacer lo único que más deseaba: sanar a su esposa.

Escuché a Jim orar; lo vi sufrir. Su fe permaneció inquebrantable; sin embargo, al final su esposa murió. Aunque con el tiempo él se recuperó de su desgarradora pérdida, las interrogantes persistían: ¿por qué sucedió esto?, ¿cuál fue el objetivo?, ¿qué se logró?, ¿por qué esta familia temerosa de Dios tuvo que soportar injustamente este dolor?

En verdad Jim y su familia no fueron los primeros en hacerse estas dolorosas y complejas preguntas; y ellos estaban bien conscientes de eso. En anticipación a preguntas que la gente se plantea en circunstancias como estas, Dios nos ha dado un relato en el Evangelio de Juan que nos ayuda a adquirir la perspectiva necesaria para sobrevivir a tragedias tales como la que Jim enfrentó.

Estudiar un pasaje que nos es familiar nos plantea un problema, y es que raramente nos permitimos sentir lo que los personajes pudieron haber sentido. ¿Por qué deberíamos sentirlo si generalmente conocemos lo que sucede al final?

Desafortunadamente, esta familiaridad con las Escrituras a menudo nos roba los resultados esperados. Es difícil sentir el temor que David debió haber sentido al enfrentar a Goliat, cuando desde el inicio conocemos que él sale vencedor. No percibimos la sensación de soledad que Moisés debió haber sentido mientras huía de Egipto para salvar la vida, después de todo, él termina como un héroe. Por eso, al disponerse para leer el relato familiar de Juan 11, trate de olvidar el final de la historia, aunque ya lo discutimos brevemente en el capítulo 4. En cambio, haga lo mejor que pueda para ponerse en los zapatos, o tal vez en las sandalias, de las personas incluidas en este relato. Si lee lo que sucede, pero descuida considerar lo que estos individuos pudieron haber sentido, se perderá algunas de las perspectivas más enriquecedoras de esta historia.

«EL QUE TÚ AMAS ESTÁ ENFERMO»

Estaba enfermo cierto hombre llamado Lázaro, de Betania, la aldea de María y de su hermana Marta. María, cuyo hermano Lázaro estaba enfermo, fue la que ungió al Señor con perfume y le secó los pies con sus cabellos. Las hermanas entonces mandaron a decir a Jesús: «Señor, el que Tú amas está enfermo».

(Jn 11:1-3)

El hogar de María y Marta era el lugar en el que Jesús y Sus discípulos recibían cobijo cuando estaban en la zona de Judea. Aparentemente, Lázaro era un hombre rico y usaba su riqueza para apoyar el ministerio de Cristo. El hecho de que María y Marta enviaron a llamar a Jesús tan pronto como Lázaro se enfermó, es una evidencia de la fe que ellas tenían en Su poder. No hay duda, ellas pensaron, *si Jesús está dispuesto a sanar a gente completamente extraña, ciertamente Él aprovechará la oportunidad para sanar a uno que ha sido Su amigo. Pero ese no fue el caso.*

Cuando Jesús lo oyó, dijo: «Esta enfermedad no es para muerte, sino para la gloria de Dios, para que el Hijo de Dios sea glorificado por medio de ella». Y Jesús amaba a Marta, a su hermana, y a Lázaro. Cuando oyó, pues, que Lázaro estaba enfermo, entonces se quedó dos días más en el lugar donde estaba.

(Jn 11:4-6)

Desde el punto de vista humano, estos versículos no tienen sentido en lo absoluto. Por eso me encanta esta historia, porque desde nuestra perspectiva la mayoría de las adversidades tienen el mismo sentido. Se plantea claramente que Jesús ama a esta familia, y luego Él no da ningún paso para aliviar su sufrimiento. Yo me puedo identificar con eso. Siempre que toco fondo voy a los versículos de la Biblia que me recuerdan el amor de Dios; sin embargo, a veces parece que Él no está deseoso de realizar ninguna acción. Necesitamos hacer una pausa aquí, porque es en este punto del relato donde tenemos nuestras luchas más grandes. Me refiero a ese tiempo entre el momento en que le pedimos ayuda a Dios, y el momento en el que Dios hace algo. Es sumamente fácil leer: «Y se quedó dos días más». Pero esta demora fue como una eternidad para María y Marta. La Escritura nos deja saber que ellas conocían aquella zona geográfica, y que sabían cuánto tiempo le tomaría a Jesús realizar el viaje hasta Betania. Así que esperaron, y mientras las horas pasaban, veían a su hermano debilitarse cada vez más.

Finalmente llegó el día cuando Jesús debía llegar, de acuerdo al tiempo normal de viaje. No hay duda de que se turnaron para atender a Lázaro, y así una de ellas podía salir al camino para esperar a Jesús. Puedo imaginarme a María y a Marta preguntándoles a todos los hombres y mujeres que venían en dirección de Perea, si habían visto un grupo de doce hombres o más dirigirse hacia esa dirección. Y mientras estos movían la cabeza diciendo que no, la esperanza de las hermanas se apagaba un poco más. «¿Por qué no vino? ¿Quizás nunca recibió el mensaje? ¿Tal vez se fue de Perea sin enviarnos una respuesta? ¿Dónde está? Después de todo lo que hemos hecho por Él, es lo menos que puede hacer». Sin embargo, Él no vino cuando ellas lo esperaban.

Lázaro murió. Tal vez María entró una mañana muy temprano para ver cómo estaba y lo encontró muerto. O quizás tomó su último aliento en la tarde, con María y Marta a su lado. En cualquier caso, ambas mujeres sintieron ese sentimiento de vacío y desesperanza que siempre acompaña a la muerte. Se había acabado, Lázaro se había ido. De pronto, sus pensamientos se dirigieron a Jesús: *¿Por qué no vino? ¿Cómo pudo saber por lo que estábamos pasando y aun así quedarse lejos?*

Sin duda, estas son algunas de las interrogantes que usted se ha hecho mientras clama a Dios en medio de la adversidad en su vida. ¿Cómo puede un Dios de amor dar un paso atrás y ver a mi amigo y a su esposa sufrir sin hacer nada al respecto? ¿Cómo puede Él mirar desde el balcón de los cielos mientras las mujeres son abusadas física o sexualmente? ¿Cómo puede ver a los esposos abandonar a sus esposas y a sus hijos? ¿Acaso Él sabe lo que está sucediendo aquí abajo?

Una vez más, este relato es útil. Jesús sabía exactamente lo que estaba sucediendo, Él sabía lo que María y Marta estaban atravesando, Él entendía que la condición de su amigo estaba empeorando. Y supo el momento en el que Lázaro murió:

> Dijo esto, y después añadió [a los discípulos]: «Nuestro amigo Lázaro
> se ha dormido».
>
> (Jn 11:11)

¡Con todo, Él no hizo nada! Tenga presente que Lázaro no era cualquier hombre. Él había invitado a Jesús a su casa. Lázaro había expresado fe en Cristo y en Su ministerio. Era un buen hombre, y sin duda tuvo más fe que la mayoría de las personas que Jesús había sanado. Algunas de esas personas ni siquiera sabían quién era Cristo (Juan 9). Pero Jesús no apareció por ningún lado cuando Lázaro más lo necesitó. Y para colmo de males, Jesús se atrevió a decirles a Sus discípulos:

> … «Lázaro ha muerto; y por causa de ustedes *me alegro* de no haber
> estado allí…».
>
> (Jn 11:14-15, ÉNFASIS AÑADIDO)

¿Jesús estaba «alegre»? ¿Cómo pudo decir tal cosa? Dos de sus mejores amigas estaban atravesando un tormento emocional, otro amigo muere por una enfermedad, ¿y Jesús expresa que está alegre? ¿En qué pudo haber estado pensando? ¿Qué estaba pasando por Su mente?

Mi amigo, la respuesta a esa pregunta es la clave para descubrir el misterio de la tragedia en esta vida. Comprender lo que estaba pasando por la mente de Cristo y en la economía de Dios en una situación como esta, es descubrir el principio universal que une y sostiene toda la vida; la presente y la eterna. Cristo tenía un propósito con todo esto, un propósito tan importante que *valió la pena la agonía emocional* que María y Marta tuvieron que soportar. Valió la pena arriesgarse a destruir su fe, valió la pena incluso la muerte de un amigo fiel.

Lo que Jesús —junto con Su Padre celestial— tenía en mente era tan increíble que a pesar del dolor circundante a todo ese acontecimiento, Jesús pudo decir: «Me alegro que esto haya pasado». En otras palabras: «Señores, lo que están a punto de ver va a ser tan fantástico, que valió la pena el dolor y la muerte de mi amigo querido». Si ellos fueran como nosotros, probablemente pensaron: *¿Qué podría valer todo esto?*

«SI HUBIERAS ESTADO AQUÍ»

Betania estaba cerca de Jerusalén, como a tres kilómetros; y muchos de los judíos habían venido a la casa de Marta y María, para consolarlas por la muerte de su hermano. Entonces Marta, cuando oyó que Jesús venía, lo fue a recibir, pero María se quedó sentada en casa. Y Marta dijo a Jesús: «Señor, si hubieras estado aquí, mi hermano no habría muerto» […] Habiendo dicho esto, Marta se fue y llamó a su hermana María, diciéndole en secreto: «El Maestro está aquí, y te llama». Tan pronto como ella lo oyó, se levantó rápidamente y fue hacia Él […] Al llegar María adonde estaba Jesús, cuando lo vio, se arrojó a Sus pies, diciendo: «Señor, si hubieras estado aquí, mi hermano no habría muerto».

(Jn 11:18-21, 28-29, 32)

María y Marta todavía eran seres humanos hasta la médula, a pesar de todo el tiempo que pasaron con el Hijo de Dios. Ellas querían saber una cosa: «¿Jesús, en dónde rayos has estado?». Ellas no tenían duda de que Jesús pudo haber sanado a su hermano. Marta incluso señala que ella cree que todavía había esperanza (Jn 11:22). Pero el hecho de que Él aparentemente había ignorado su sufrimiento, las dejó confundidas y frustradas. ¿Por qué se demoró?

Y cuando Jesús la vio llorando, y a los judíos que vinieron con ella llorando también, se conmovió profundamente en el espíritu, y se entristeció. «¿Dónde lo pusieron?», preguntó Jesús. «Señor, ven y ve», le dijeron. Jesús lloró. Por eso los judíos decían: «Miren, cómo le amaba».

(Jn 11:33-36)

En ese momento se disipó cualquier duda sobre el amor y la preocupación de Jesús por Lázaro. «Jesús lloró». Con todo, Su visible preocupación por Su amigo Lázaro le añade otra capa de misterio a la historia. Si Jesús estaba tan preocupado, ¿por qué no vino a ayudar a Lázaro? ¿Por qué lo dejó morir?

Una vez más somos confrontados con lo que parece ser un misterio indescifrable. Y aquí se evidencia que lo que sea que Cristo tuviera en mente, lo que sea que Él estuviera tratando de lograr, valía el sacrificio de las emociones de aquellos que Él amaba, así como Sus propias emociones. Jesús lloró cuando llegó y encontró a Lázaro muerto. Medite en esto. Su conocimiento del futuro no le impidió identificarse con el dolor de aquellos que le rodeaban.

HACER LAS PREGUNTAS CORRECTAS

Si hay algo claro en esta historia, es que algunas cosas son tan importantes para Dios que vale la pena interrumpir la felicidad y la salud de Sus hijos, con el propósito de cumplirlas. Es una idea impresionante. Para algunos, esto quizás parezca poner en tela de juicio el carácter de Dios. Sin embargo, este principio se aclarará más en las páginas y capítulos siguientes. Ya sea que algunas personas puedan lograr o no que esta idea encaje en su teología, es cierto que el Hijo de Dios le permite sufrir y morir a aquellos que Él ama, para lograr un propósito más elevado.

Algunos pueden pensar que tal afirmación implica que nosotros somos simplemente marionetas movidas, e incluso víctimas de abusos por los caprichos de Dios. Pero recuerde: «Jesús lloró». Él fue movido por la emoción que sintió al ver la tristeza de María y de Marta, lo conmovió el amor que ellas sentían por su hermano. Él no estaba emocionalmente aislado del dolor que padecían aquellos que tenían una perspectiva diferente a la Suya.

Cuando usted sufre, Dios sufre. Independientemente de lo que Él pueda ser en el proceso de alcanzarlo, independientemente de cuan noble puedan ser Sus propósitos, Él está al tanto de lo que usted está sintiendo. Él no es como un entrenador de fútbol americano, que se burla de sus jugadores cuando estos se quejan de dolor. No es como un entrenador de boxeo que susurra al oído del peleador: «Si no hay dolor, no hay ganancia». Tampoco es como el padre que se ríe y le dice a su hijo que ha perdido a su primer amor: «No te preocupes, lo superarás».

A través del dolor y la adversidad que Dios nos permite enfrentar, hay dos cosas que siempre son ciertas. Primero, Él es sensible a lo que estamos sintiendo:

> Porque no tenemos un Sumo Sacerdote que no pueda compadecerse de nuestras flaquezas.
>
> (HEB 4:15)

Jesús lloró por Lázaro, Él llora también por nuestro sufrimiento.

Segundo, sea lo que sea que Él esté en el proceso de lograr, nuestro sufrimiento siempre será para nuestro bien. Nuestra respuesta determina hasta qué grado las cosas obran para nuestro bien. Y cuando todo haya pasado, siempre y cuando confiemos en Dios durante la adversidad, creeremos sinceramente que valió la pena.

Quizás se pregunte: «¿Cómo pudiera obrar para beneficio mío lo que estoy pasando en mi hogar? ¿Cómo podría Dios usar la muerte de mi cónyuge (o de mi hijo)? ¿Qué podría valer la soledad y el dolor que estoy sintiendo ahora?».

Cuando niño yo me solía hacer preguntas como estas. Mi padre falleció cuando tenía solo siete meses, así que crecí sin padre. Recuerdo ver a mis amigos con sus padres y preguntarme por qué yo no podía tener uno también. No le hallaba sentido. Mi madre tenía que trabajar largas y duras horas en una fábrica textil, y cuando me levantaba en la mañana para ir a la escuela, ella ya se encontraba en el trabajo. Con tan solo seis años tuve que aprender a prepararme mi propio desayuno y a vestirme para la escuela.

Por la gracia de Dios, mi respuesta a todo esto fue diferente a la de muchos jóvenes que pierden a sus padres. En lugar de rebelarme en contra de Dios por quitarme a mi papá, decidí, a muy temprana edad, verlo a Él como mi Padre. La muerte de mi papá no hizo que me alejara de Dios, más bien me volví hacia Él, y muy pronto en la vida aprendí la suficiencia diaria de Cristo. Aprendí a orar y a caminar por fe. Su muerte prematura fue en realidad el catalizador que Dios usó para enseñarme las lecciones más importantes de la vida, lecciones que me han permitido sobrevivir al rechazo intenso, como adulto, a nivel profesional y a nivel personal. Sin embargo, a la edad de siete u ocho años, no podía ver lo que Dios se traía entre manos; no tenía sentido en aquel entonces. No había nada que compensara la soledad que sentía, de hecho me ha tomado más de cuarenta años dar sentido a la adversidad que enfrenté cuando niño. Y las lecciones continúan.

No hace mucho mi hijo Andy me expresó:

—Sabes, papá, Becky y yo probablemente cosechamos los beneficios reales de que tú hayas crecido sin padre.

—¿Qué quieres decir? —le pregunté.

Respondió:

—Bueno, cuando te llegó el momento de criar a tus propios hijos, no tuviste un patrón a seguir. Tuviste que depender por completo del Señor para todo.

Al pensar en esto, él tenía razón. Cuando me di cuenta de cuán comprometidos están con el Señor, y cuando pensé en lo diferente que ellos son a los hijos de muchos pastores, pude incluso agradecerle al Señor por no haberme dado un padre. Si eso fue necesario a fin de prepararme para criar a mis hijos, *¡entonces todo valió la pena!*

UNA ENFERMEDAD QUE NO ES PARA MUERTE

¿Qué tenía Jesús en mente al aplazar Su regreso a Betania y de este modo permitir que Lázaro muriera? ¿Qué era tan importante como para que Él estuviera dispuesto a dejar que Sus buenas amigas atravesaran la agonía de ver a su hermano morir? La respuesta a esta pregunta nos da una gran percepción del carácter y la frugalidad de Dios. Jesús mismo proveyó la respuesta cuando se le informó por primera vez sobre la enfermedad de Lázaro, y luego otra vez cuando se paró frente a la tumba.

> Las hermanas entonces mandaron a decir a Jesús: «Señor, el que Tú amas está enfermo». Cuando Jesús *lo* oyó dijo: *«Esta enfermedad no es para muerte, sino para la gloria de Dios, para que el Hijo de Dios sea glorificado por medio de ella».* Y Jesús amaba a Marta, a su hermana y a Lázaro.
>
> (Jn 11:3-5, énfasis añadido)

Entonces quitaron la piedra. Jesús alzó los ojos, y dijo: «Padre, te doy gracias porque me has oído. Yo sabía que siempre me oyes; pero lo dije por causa de la multitud que me rodea, *para que crean que Tú me has enviado*».

(JN 11:41-42, ÉNFASIS AÑADIDO)

Desde el mismo comienzo, Jesús tenía dos propósitos específicos en mente. Su propósito no era causar la muerte de Lázaro, tampoco era provocar una angustia mental y emocional en María y su hermana. Por el contrario, Sus propósitos en todo lo sucedido eran darle la gloria a Dios y hacer que otros creyeran en Él. La oportunidad de cumplir estas dos cosas valía el sufrimiento y el dolor que María, Marta y Lázaro tuvieron que padecer. Para Cristo esta oportunidad de mostrar públicamente el poder de Dios, valía arriesgar el rechazo de algunos de Sus amigos más cercanos. Valía la pena, incluso, la muerte de un amigo querido.

PARA LA GLORIA DE DIOS

Glorificar algo es arreglar las cosas de modo tal que la atención se enfoque en ello, y le traiga honor. Glorificamos un cuadro cuando lo colgamos en un punto visible de una habitación, y podemos glorificarlo aún más, si enfocamos una luz hacia él. Glorificamos a un cantante cuando lo ponemos en un escenario y enfocamos nuestra atención en su actuación. Y al final cuando nos ponemos de pie y aplaudimos, glorificamos al intérprete una vez más.

Jesús expresó que el propósito de esa aparente tragedia era Su exaltación y la de Su Padre. Lázaro murió para que, por un breve momento en el tiempo, el enfoque de atención pudiera estar en Dios y en Su Hijo. Jesús sentía tal pasión por ver a Su Padre celestial glorificado, que estaba «alegre» de que Lázaro muriera; si eso era necesario para tal propósito. Esto no era extraño al carácter de nuestro Salvador, Él pasó toda Su vida procurando que los hombres enfocaran su atención en Su Padre, hizo todo con ese propósito en mente. Al final de Su ministerio terrenal resumió la obra de Su vida diciendo:

Yo te glorifiqué en la tierra, habiendo terminado la obra que me diste que hiciera.

(JN 17:4)

Por mucho que Jesús temiera la cruz, sabía que Su propia muerte era parte del plan de Su Padre para llamar la atención sobre sí. No obstante, el conocimiento de lo que Él lograría mediante Su muerte y resurrección, no eliminó, en ninguna manera, el dolor de la cruz. Tampoco minimizó la angustia emocional de ver a Sus seguidores abandonarlo en el momento que más los necesitaba. Cuando Él pronunció las palabras: «Que se haga tu voluntad y no la mía», dijo en esencia: «¡Cueste lo que cueste, independientemente del sacrificio, que así sea!». Entonces fue a la cruz, decidido a darle gloria a Su Padre, incluso a expensas de Su propia muerte.

MUCHOS CREYERON EN ÉL

El segundo propósito detrás de la tardanza de Jesús era que muchos pudieran poner su confianza en Él como el Mesías. Llevar a las personas a la fe era más importante que conservar la salud de algunos; así que Cristo esperó, intencionalmente, hasta que fuera demasiado tarde, y así poder realizar un milagro de tal magnitud que muchos pusieran su fe en Él. Y eso es exactamente lo que sucedió (Jn 11:45). Así como Él permitió el sufrimiento de aquellos que Él amaba por el beneficio de aquellos que no habían creído, también permitirá que nosotros suframos hoy día. Nada llama más la atención de un incrédulo que ver a un santo sufrir victoriosamente. Es fácil hablar de Cristo cuando todo marcha bien. Sin embargo, nuestras palabras toman muchísimo mayor significado cuando son pronunciadas por labios de una vida llena de dolor.

Puedo escuchar al escéptico decir: «¿Está usted diciendo que Dios permitiría que yo, Su hijo, sufra en beneficio de una persona no salva?». Eso es exactamente lo que estoy diciendo. Pero tenga en mente que fue Su Hijo quien preparó el camino. Si el Dios todopoderoso tuvo a bien permitirle a Su propio Hijo sufrir injustamente para que otros pudieran ser salvos, ¿por qué pensamos que nosotros no podemos sufrir para que otros puedan creer?

El ya fallecido doctor Barnhouse, tuvo una experiencia durante su ministerio que ilustra perfectamente este punto. Estaba llevando a cabo una semana de servicios en una iglesia. El pastor de la iglesia y su esposa esperaban su primer bebé. Durante la semana, el doctor Barnhouse bromeaba con el pastor sobre lo nervioso que estaba.

En la noche del último servicio, el pastor no aparecía, y el doctor Barnhouse asumió que estaba en el hospital con su esposa, así que prosiguió con el servicio. Casi al final, notó que el pastor entró calladamente y se sentó en el último banco. Una vez terminado el servicio, el pastor se dirigió hacia el frente, despidió a todos, y le preguntó al doctor Barnhouse si podía verlo en su oficina.

—Por supuesto —dijo, y le siguió hacia el fondo.

Cuando cerraron la puerta tras ellos, el pastor se volteó y dijo abruptamente:

—Dr. Barnhouse, nuestro hijo tiene síndrome de Down. Aún no se lo he comunicado a mi esposa; y no sé qué voy a decirle.

—Amigo, esto es del Señor —dijo el doctor Barnhouse, y luego buscó este pasaje en el Antiguo Testamento.

Y el Señor le dijo: «¿Quién ha hecho la boca del hombre? ¿O quién hace al hombre mudo o sordo, con vista o ciego? ¿No soy Yo, el Señor?».

(Éx 4:11)

—Déjeme ver eso —dijo el pastor y lo volvió a leer.

Mientras el pastor estudiaba el pasaje, el doctor Barnhouse le señaló:

—Mi amigo, usted conoce la promesa de Romanos 8. Para los que aman a Dios, todas las cosas cooperan para bien, incluyendo este niño especial.

El pastor cerró su Biblia, salió lentamente de la oficina y fue directo al hospital, al cuarto donde estaba su esposa. Cuando llegó, ella le dijo:

—No me dejan ver a mi bebé, ¿qué sucede? Les he pedido que me dejen ver a mi bebé y no me dejan.

El joven pastor tomó la mano de su esposa y le expresó:

—¿Quién hace al hombre mudo o sordo, con vista o ciego? ¿No soy Yo, el Señor? Querida, el Señor nos ha bendecido con un niño con síndrome de Down.

Ella lloró profundamente, y mucho tiempo. Cuando empezó a calmarse le preguntó a su esposo:

—¿De dónde sacaste eso?

—De la Palabra de Dios misma —respondió él.

—Déjame ver —y entonces ella lo leyó.

Mientras tanto la noticia del nacimiento se extendía rápidamente por el hospital, la cual fue de especial interés para la telefonista del hospital. Ella no era cristiana, de hecho, era una mujer cruel que disfrutaba ver a los cristianos desmoronarse; y estaba convencida de que bajo presión, no había realmente diferencia alguna entre los cristianos y las demás personas. Cuando la esposa del pastor llamó a su madre para darle la noticia, la telefonista escuchó, esperando a que la joven madre se derrumbase.

«Mamá, el Señor nos ha bendecido con un niño con síndrome de Down. No conocemos la naturaleza de la bendición, pero sí sabemos que es una bendición». No hubo lágrimas, no hubo histeria, no hubo resquebrajamiento.

La telefonista quedó sumamente impresionada, pero cuando asimiló lo que había escuchado comenzó a decírselo a todo el mundo. Y en breve el hospital entero estaba murmurando la historia de la respuesta del pastor y de su esposa. El domingo siguiente el pastor regresó a su púlpito, y en la congregación estaba la telefonista, setenta enfermeras, y otros empleados del hospital, a los que el pastor no conocía. Al concluir el servicio, el pastor hizo una invitación.

«Si usted nunca ha conocido a Jesucristo, quiero extenderle la invitación a que lo haga».

Esa mañana treinta enfermeras del hospital pasaron al frente para recibir a Cristo. Todo por un niño especial y la fe de un joven pastor y su esposa.[3]

¿Permitiría Dios que este niño naciera con una discapacidad en beneficio de treinta enfermeras? Absolutamente. Así como permitió que un hombre naciera ciego para que Su Hijo pudiera sanarlo; así como le permitiría morir a uno a quien Él amaba, con el propósito de que fuera resucitado. Y así como permitió que Su propio Hijo fuera asesinado con el propósito de que muchos pudieran recibir vida eterna. Dios permite el sufrimiento para que otros puedan acudir a la fe en Su Hijo.

LA FUNCIÓN DEL DOLOR

Se ha dicho que donde no hay dolor, no hay ganancia. Esta frase no solo se aplica en el ámbito del deporte, sino también en el ámbito espiritual. El patrón que vemos en el ministerio terrenal de Cristo y en Su peregrinación personal, lo corrobora. El sufrimiento es el medio por el cual Dios se glorifica y glorifica a Su Hijo. Aunque por lo general el sufrimiento es la última cosa que se considera útil, es la herramienta más útil de Dios. Nada se compara al sufrimiento cuando este llega para darle gloria a Dios; porque no hay nada como el sufrimiento para resaltar nuestra dependencia, nuestra debilidad y nuestra inseguridad.

El sufrimiento es también la manera en la que Dios le da gloria y honra a Sus hijos. En su segunda carta a los corintios, Pablo lo deja claro:

> Pues esta aflicción leve y pasajera nos produce un eterno peso de gloria que sobrepasa toda comparación, al no poner nuestra vista en las cosas que se ven, sino en las que no se ven. Porque las cosas que se ven son temporales, pero las que no se ven son eternas.
>
> (2 Co 4:17-18)

Cuando se maneja de forma apropiada, la adversidad en esta vida provee gloria y honra al creyente en la vida venidera. En este pasaje Pablo habla de la gloria como si fuera una cosa tangible que pudiera ser añadida de manera progresiva. Es como si cada creyente tuviera una cuenta eterna en la cual se le deposita gloria, en relación directa al sufrimiento personal sobre esta tierra.

Él cierra esta sección dándonos la motivación que necesitamos para adoptar esta perspectiva. Dicho de manera sencilla: nuestros sufrimientos son temporales, pero las recompensas que estamos acumulando mientras estamos en estos cuerpos terrenales son eternas. ¡Qué inversión! ¡Qué sistema! Dios nos ha concedido participar de un sistema por el que lo temporal puede ser usado para ganar lo eterno.

Esta verdad es especialmente importante ahora que nos centraremos en el final de la historia de Lázaro. Muchos pudieran sentirse tentados a decir: «Bueno, eso siempre funciona bien para las personas en la Biblia, pero mi esposo no ha sido levantado de los muertos» o «Mi esposa nunca regresó a mí» o «No he visto a Dios recibir ninguna gloria por mi situación». A lo que Dios añadiría una palabra esencial: «¡Todavía!». Recuerda, con el tiempo Lázaro murió, y esa vez fue para siempre. El milagro de Cristo fue solo temporal en ese sentido. La gloria conectada con la vida de Lázaro fue efímera. Cada vez que Dios nos saca de la adversidad, lo cual hace con frecuencia, la gloria conectada a ello es, en cierta medida, temporal. Con todo, Dios ha establecido un medio por el cual nuestro sufrimiento puede resultar en gloria eterna, gloria que no solo lo exalta a Él, sino también a aquellos que sufrieron.

«QUITEN LA PIEDRA»

«Quiten la piedra», dijo Jesús. Marta, hermana del que había muerto, le dijo: «Señor, ya huele mal, porque hace cuatro días que murió». Jesús le dijo: «¿No te dije que si crees, verás la gloria de Dios?».

(Jn 11:39-40)

De haberse negado a quitar la piedra, ellas hubieran sufrido por nada. Ningún bien habría salido de todo esto. María y su hermana se hubieran perdido la gloria de Dios. Con mucha frecuencia me cruzo con personas que están lidiando con tragedias personales de la peor clase. Algunas veces es su propia culpa, y otras veces ellas son las víctimas. A menudo sus respuestas son más grandes que la tragedia en sí. Al no ver un bien inmediato, estas personas asumen que nada bueno saldrá, que Dios las ha abandonado, o que quizás nunca se interesó. Ellas se niegan a mover la piedra, no quieren confiar en Dios para lo que no pueden ver.

Si del asesinato injustificado de Su Hijo, Dios puede ganar gloria para sí, ¿no podemos confiar en que Él se glorificará de algún modo en y a través de las cosas que soportamos cada día? Si Dios puede hallar gloria para sí en la muerte del amigo cercano de Su Hijo, ¿no debemos confiar en que Él hará lo mismo, incluso a través de las mayores tragedias de nuestras vidas? Dios es especialista en tomar una tragedia y convertirla en triunfo. Mientras mayor sea la tragedia, mayor es el potencial para el triunfo.

Siempre habrá cosas que no podremos explicar. En su momento, algunas respuestas se harán evidentes, mientras que otras permanecerán siendo un misterio. Hay algo que sí sabemos, y es que Dios está ocupado en glorificarse a sí mismo. Él quiere la atención del mundo, y a menudo la adversidad es su modo de obtenerla. Como cristianos, somos Sus representantes, somos extensiones del ministerio de Cristo en la tierra. Entonces somos las herramientas mediante las cuales Dios llamará la atención del mundo. Él obra a través de nuestras conversaciones, nuestro carácter, nuestra predicación, nuestra adversidad; y Su éxito en todas estas áreas depende, en parte, de nuestras respuestas.

«SI CREES, VERÁS LA GLORIA DE DIOS»

Marta confió en Cristo y quitó la piedra. Yo creo que Jim también confiará en que Dios obtendrá gloria para Él a través de la tragedia de la enfermedad terminal de su esposa. ¿Y qué de usted? ¿Hay piedras en su vida que se oponen a la capacidad del Señor de ganar gloria para sí; la gloria que es Suya legítimamente? ¿Ha cortado su fe justo en el punto donde las cosas dejan de tener sentido? ¿Ha fijado su fe solo en lo que puede ver? ¿Se ha negado a mirar más allá de su pérdida? ¿Ha permitido que su dolor lo consuma al punto que ya ha olvidado que Dios puede tener algo que desea cumplir?

Solo tiene dos opciones. Puede confiar en que Dios se glorificará a través de su adversidad, o puede enfocarse en su pérdida y pasar su tiempo buscando respuestas. Al elegir esto último, puede hacer que el medio por el cual Dios iba a hacer algo grande, se convierta en un final trágico.

Al contemplar su vida, un antiguo santo resumió perfectamente el propósito de este capítulo:

Y puedo regresar con una armadura descolorida
llena de manchas, torcida y vieja,
y puedo enfrentar el calor de la batalla
por liberar al condenado y al esclavo.
Y puedo conocer el dolor y el rechazo,
la traición de mis amigos,
pero la gloria que me aguarda
hará que al final todo valga la pena; al final.

Amigo, independientemente de la adversidad que esté enfrentando, si confía en Dios, usted también dirá un día: «¡Todo valió la pena!».

CATORCE

AVANZAR A TRAVÉS
DE LA ADVERSIDAD

Los relatos bíblicos como el de Lázaro y el de José indudablemente dejan algo muy claro: *Dios usa la adversidad en la vida de Sus hijos.* No obstante, la adversidad no es sencillamente una herramienta, es la herramienta *más efectiva* de Dios para el desarrollo de nuestras vidas espirituales. Las circunstancias y los sucesos que vemos como reveses, con frecuencia son las cosas que precisamente nos llevan a períodos de notable crecimiento espiritual. Una vez que comenzamos a entender esto, y lo aceptamos como un hecho de la vida espiritual, la adversidad se vuelve más fácil de soportar.

Y dentro del contexto de este principio es que Pablo pudo afirmar:

Y sabemos que para los que aman a Dios, todas las cosas cooperan para bien, esto es, para los que son llamados conforme a Su propósito.

(Ro 8:28)

Esta es una promesa condicional. Para la persona que no ama a Dios, y por lo tanto, no está interesada en conocerlo ni en crecer espiritualmente, todas las cosas no cooperan necesariamente para bien, porque a veces ese «bien» es la lección, o la profundidad de carácter, que la adversidad produce. Desde la perspectiva de Dios, aprender a ser pacientes es bueno; como es bueno aprender a amar a aquellos que son poco atractivos. Dios valora el carácter mucho más que la riqueza, la prominencia, la salud o muchas de las otras cosas que estimamos.

¿EL BIEN DE QUIÉN?

El «bien» de Romanos 8:28 no es necesariamente la historia de un hombre que pierde su empleo y al final consigue uno mejor. Pudiera ser la historia de un hombre que pierde su empleo y llega a una comprensión superior de lo que significa confiar en Dios día a día. El «bien» de Romanos 8:28 no es necesariamente la historia de una joven que pierde su amor, y más adelante encuentra un mejor partido. En cambio, puede ser la historia de una mujer que mediante la tragedia de un amor perdido descubre el llamado de Dios para entrar al servicio cristiano a tiempo completo.

La razón por la que muchos de nosotros luchamos intensamente con la adversidad es porque aún tenemos que abrazar la perspectiva y las prioridades de Dios. Cuando usted lee sobre las vidas de los personajes bíblicos, notará rápidamente que sus historias no terminan en «Y vivieron felices por siempre». A menudo sus historias parecen terminar de la manera contraria. Moisés murió en el desierto a solo unos kilómetros de la tierra prometida. Según la tradición, Pablo fue decapitado por Nerón. Muchos de los discípulos fueron martirizados.

¿Deben estos ejemplos llevarnos a la conclusión de que Dios no tiene ningún interés en que Sus hijos sean felices? ¡No! Se nos dice que el cielo será un lugar de gran regocijo y felicidad, pero Dios desea mucho más para nosotros que vivir simplemente una vida libre de problemas aquí. El hecho es que las personas que no tienen problemas, como usualmente nos los imaginamos, son algunas de las personas más infelices del mundo. Por lo general se aburren, y con el tiempo, su aburrimiento las lleva a meterse en cosas que les traen problemas. Pensar que una vida libre de problemas es una vida feliz es un error.

DEFINICIÓN DE FELICIDAD

La *felicidad* como Dios la define es: «un estado de bienestar que llega a lo profundo del alma de un hombre o una mujer». Su contexto va mucho más allá de las meras circunstancias. Su efecto en las emociones va más allá de una emoción momentánea; y la adquisición de más cosas no es el medio que nos lleva a ella, como tampoco lo es el reajuste de las circunstancias. La felicidad que Dios desea para Sus hijos solo llega mediante el proceso de crecimiento y madurez espiritual. No hay felicidad duradera aparte de esto.

Dios sí desea que seamos felices, pero no la felicidad por la que el mundo aboga. Su deseo de que seamos felices se expresa mediante Su deseo de que «crezcamos» espiritualmente. El apóstol Pablo lo expresó de esta manera:

> «Entonces ya no seremos niños, sacudidos por las olas y llevados de aquí para allá por todo viento de doctrina, por la astucia de los hombres, por las artimañas engañosas del error. Más bien, al hablar la verdad en amor, *creceremos* en todos los aspectos en Aquel que es la cabeza, es decir, Cristo».
>
> (EF 4:14-15, ÉNFASIS AÑADIDO)

Quedarse en un estado de inmadurez espiritual es correr el riesgo de abandonar la fe con el paso del tiempo. Adoptar una cosmovisión o una filosofía de vida diferente a la de Dios es abrazar una mentira; y nadie ha sido «feliz» por mucho tiempo abrazando una mentira. Por eso, desde la perspectiva de Dios, el crecimiento espiritual es fundamental, no solo por nuestro bienestar espiritual, sino también por nuestra felicidad general. Por lo tanto, el crecimiento espiritual continuo es el medio por el cual Dios nos mantiene a tono con Sus propósitos para nuestras vidas.

Dado que en lo que respecta al crecimiento espiritual, la adversidad es la herramienta más eficaz de Dios, el grado en el que deseemos crecer espiritualmente va a corresponderse con nuestra capacidad para tratar con éxito la adversidad. Los hombres o las mujeres que tienen muy poco interés en madurar como cristianos, se las verán muy difícil con la adversidad. Su tendencia será culpar a Dios y amargarse. En lugar de ver la adversidad como algo que Dios está intentando hacer *por* ellos, la verán como algo que Él les está haciendo *a* ellos. Todo es un asunto de prioridad y perspectiva; si nuestras prioridades son lo fácil, la comodidad y el placer, tendremos poca tolerancia respecto a la adversidad. La veremos como un obstáculo y no como parte del plan de Dios para nosotros.

Pero cuando le permitimos a Dios moldear nuestras prioridades, la adversidad alcanza un significado completamente nuevo. La vemos como una parte integral de lo que Dios está haciendo en nuestras vidas. Comenzamos a entender que a veces la adversidad es un medio para experimentar un gozo y una paz mayores. No entramos en pánico y asumimos que Dios se ha olvidado de nosotros; más bien nos podemos regocijar. ¿Por qué?, porque Dios está en el proceso de producir otro bien en nuestra vida.

Los hombres y las mujeres espirituales salen de la adversidad emocionados por lo que Dios les ha enseñado. Los hombres y las mujeres carnales con frecuencia salen amargados y enojados con Dios por lo que Él «les hizo pasar»; son rápidos en señalar que «todas las cosas no cooperan para bien», ignorando de manera conveniente la segunda mitad del versículo.

UNA LECCIÓN ANUAL

Al parecer yo tengo que aprender esta misma lección por lo menos una vez al año. Soy una persona enfocada en los logros, me gusta ver los proyectos empezados y terminados, me gusta tener varios proyectos desarrollándose al mismo tiempo. Disfruto establecer metas, y siempre estoy escribiendo listas de las tareas pendientes. Debido a mi personalidad hiperactiva y a mi estilo de vida, nada me frustra más que enfermarme. ¡Qué pérdida de tiempo! Primero me enojo: «Señor, ¿Tú sabes todo lo que tengo que hacer? No tengo tiempo para estar enfermo». Y luego recuerdo que soy un ministro e intento parecer espiritual: «Señor, ¡tu obra se está viendo afectada! Si no me mejoro pronto, ¿qué va a pasar con el ministerio?».

Y finalmente me doy cuenta de que mi compromiso con Su obra no impresiona a Dios, y que Él no puede ser sobornado ni manipulado. Solo entonces, comienzo a hacer las preguntas correctas: «Señor, ¿qué me estás diciendo? ¿Qué quieres que aprenda? ¿Qué aspecto de mi estilo de vida necesita ser cambiado o eliminado?». Por alguna razón, solo me tomo el tiempo para hacer este tipo de preguntas cuando quedo de reposo absoluto en mi cama; el resto del tiempo estoy demasiado ocupado haciendo «la obra del Señor». Pero es durante estas etapas que Dios me ha enseñado algunas de las cosas más emocionantes que he aprendido.

PARA USTED ES FÁCIL DECIRLO

Yo sé que la adversidad que usted está enfrentando en su vida puede ser un sufrimiento mucho más grave; y estoy sumamente consciente de que, en la literatura y en los sermones, hay una tendencia a simplificar demasiado el tema de la adversidad. Pero la verdad es que Dios quiere obrar a través de la adversidad que ahora usted está enfrentando para fomentar su crecimiento espiritual. La Biblia nos da abundantes razones para creer que Dios, con solo una palabra, pudiera eliminar toda adversidad de nuestras vidas; pero la experiencia nos dice que Él ha escogido no hacerlo. Nuestro crecimiento espiritual es mucho más importante que nuestra comodidad, nuestro bienestar y nuestro placer.

Si somos creyentes —en otras palabras, si hemos puesto nuestra confianza en la muerte de Cristo en la cruz como el pago por nuestro pecado— Dios nos tiene en una escuela. Él está en el proceso de enseñarnos sobre sí mismo, sobre Su fidelidad, Su bondad, Su compasión y Su santidad. Así como en cualquier otra escuela, algunas asignaturas son más atractivas que otras; y si somos honestos, Adversidad 101 no es una de nuestras asignaturas favoritas, pero es esencial si queremos «crecer» en el Señor.

EL ANTIGUO RECURSO

En lo concerniente al tema de la adversidad, el versículo más citado en toda la Biblia es Santiago 1:2. Desafortunadamente, versículos como este se vuelven tan familiares que al cabo de un tiempo pierden su fuerza. Y siendo ese el caso, esperé a propósito hasta este capítulo para traerlo a colación.

Por mucho que no nos guste admitirlo, la verdad de las palabras de Santiago es fundamental, y sirve como el fundamento sobre el cual descansa nuestro entendimiento de la adversidad. Él escribió:

> Tengan por sumo gozo, hermanos míos, cuando se hallen en diversas pruebas, sabiendo que la prueba de su fe produce paciencia, y que la paciencia tenga su perfecto resultado, para que sean perfectos y completos, sin que nada les falte.
>
> (STG 1:2-4)

Necesitamos tomar nota de varios aspectos en estos versículos. En primer lugar, nuestra respuesta inicial a las pruebas debe ser el gozo. A primera vista, parece que Santiago está demostrando una insensibilidad increíble. Cuando yo enfrento una crisis en mi vida, ¡lo último que deseo es un predicador que me diga que me *regocije*! No obstante, Santiago no nos está diciendo que estemos gozosos debido a la prueba. No hay nada de gozo en las pruebas como tal. Cuando algo anda mal, y nosotros en obediencia y sin entusiasmo decimos: «Alabado sea el Señor», solo nos estamos engañando a nosotros mismos.

El Libro de Santiago es muy claro sobre el por qué debemos regocijarnos en medio de la adversidad. Declara, pero en la forma de una presuposición más que de una razón. Santiago asume que sus lectores están tan comprometidos con el crecimiento espiritual, que una vez entiendan que las pruebas llevan a más crecimiento espiritual, se regocijarán por el resultado final, ¡el crecimiento! La «prueba» de nuestra fe produce «paciencia». La paciencia es un factor de madurez. El término *perfecto* lleva consigo la idea de madurez. Siempre que las personas se ven obligadas a soportar dificultades, ellas maduran de alguna manera. Santiago afirma que la paciencia puede producir una madurez significativa en las personas.

Santiago advierte que hay un modo de interrumpir este proceso de madurez. Él instruye a los lectores a «que la paciencia tenga su perfecto resultado». Esto implica que al reaccionar de manera incorrecta ante la adversidad, provocamos un corto circuito en el proceso de madurez. Al resistir la adversidad, nos privamos de la obra que Dios quiere hacer en nuestras vidas, y rechazamos justo lo que Él quería hacer en nuestras vidas mediante la adversidad que nos envía.

Conozco a muchas personas que están enojadas con Dios debido a la adversidad que ha llegado a sus vidas. Un cierto individuo se niega a poner un pie en la iglesia porque no recibió la promoción que él pensaba merecer. Otra señora está enojada porque Dios no le impidió a su hija casarse con un incrédulo. La tragedia en cada caso es que estas personas se han puesto al margen espiritual, y hasta que no cambien su perspectiva sobre la adversidad, no podrán avanzar espiritualmente ni una pulgada más. Lo que Dios permitió en sus vidas como un incentivo para crecer, los ha puesto en un coma espiritual. ¿Por qué? Porque se negaron a «dejar que la paciencia tenga su perfecto resultado»: la madurez.

Hasta que no estemos comprometidos con el proceso de madurez y crecimiento espiritual, nunca seremos capaces de tomar en serio a Santiago. Nunca habrá gozo en el sufrimiento. Santiago asumió que cuando la mayoría de sus lectores escucharan que estas pruebas de fe producirían paciencia, estarían radiantes de emoción.

¿REGOCIJARSE?

Usted puede estar pensando: *Eso es ridículo, ¿cómo puede alguien estar tan entusiasmado con crecer espiritualmente, como para regocijarse cuando la adversidad lo confronte?* Si esa es su actitud, los próximos versículos de este pasaje son para usted:

> Y si alguno de ustedes le falta sabiduría, que se la pida a Dios, quien da a todos abundantemente y sin reproche, y le será dada. Pero que pida con fe, sin dudar. Porque el que duda es semejante a la ola del mar, impulsada por el viento y echada de una parte a otra. No piense, pues, ese hombre, que recibirá cosa alguna del Señor, siendo hombre de doble ánimo, inestable en todos sus caminos.
>
> (STG 1:5-8)

Santiago no estaba desconectado del mundo real. Él sabía lo extraño que parecía decirle a las personas que se regocijaran en medio de las pruebas, así que continuó diciendo: «Oiga, si usted encuentra esto difícil de aceptar, pídale al Señor que se lo aclare». Eso es lo que quiere decir por pedir sabiduría. La sabiduría es la habilidad de ver las cosas desde la perspectiva de Dios, y generalmente es cuestión de obtener el panorama general; en este caso el panorama general es el deseo supremo de Dios para Sus hijos: la madurez espiritual.

Por mucho tiempo tuve problemas para aceptar esta conexión entre la adversidad y el crecimiento; mentalmente podía entender la conexión, pero emocionalmente me era difícil de aceptar. Pensaba que toda esta charla de que Dios usaba la enfermedad, la tragedia y otras formas de adversidad para enseñarles cosas a las personas, era solo una manera de excusarlo a Él. A las personas les gusta poder dar una explicación a las cosas, y yo asumí que este era otro medio de lidiar con lo que no podía explicarse de otra manera.

Cuando llegué al fondo de la cuestión, entendí que mi problema era la fe. Para mí era difícil aceptar que Dios estuviera tan resuelto a llevarnos a la madurez, que estaba dispuesto a dejarnos sufrir. En Su economía, la adversidad es un bajo precio a pagar por los beneficios del crecimiento espiritual. Mientras estudiaba pasajes como los que ya hemos examinado, me quedó claro que la cuestión no era si yo pensaba que la adversidad era un intercambio justo por el crecimiento espiritual o no; la cuestión era si iba a aceptar o no lo que Dios dice, y si iba a comenzar a ver la adversidad desde esa perspectiva.

Creo que mi titubeo de aquí para allá es exactamente de lo que hablaba Santiago cuando dijo que, debemos pedir «con fe». Es decir, cuando Dios revela la respuesta, debemos aceptarla, no discutirla ni simplemente considerarla. Debemos creer lo que Dios dice y vivir según ello. Hasta que no estemos dispuestos a hacer esto, las cosas nunca se aclararán.

Aunque parezca extraño, lo que hizo que este principio me resultara tan difícil de aceptar no fue la adversidad que estaba enfrentando en mi vida. Pude ver fácilmente el beneficio espiritual que vino a mi vida a través de la adversidad. Lo que me perturbaba era ver las cosas que otras personas enfrentaban: divorcios, enfermedades graves, la pérdida de amigos, familia y posesiones. Yo miraba sus circunstancias y pensaba: *Señor, ¿estás prestando atención? ¡Estas personas no se merecían esto! ¡Qué estás haciendo?*

Sin embargo, una y otra vez acudía a estas personas para consolarlas y descubría que Dios les estaba ministrando de un modo tan poderoso que ellas me alentaban a mí. Mujeres cuyos esposos se habían marchado y las habían abandonado alababan a Dios por Su misericordia y provisión. Hablé con hombres que perdieron sus empleos, pero en medio de todo esto, ellos habían redescubierto a sus familias y alababan a Dios por lo sucedido. Nunca olvidaré a una pareja que, por causa de un incendio, había perdido todo lo que poseían. Después de que el impacto inicial se disipó, ellos comenzaron a entender por qué Dios había permitido que esto sucediera. Poco tiempo después, ellos testificaban de la fidelidad de Dios y se regocijaban porque pudieron entender mejor lo que es y lo que no es realmente importante.

Me encontraba un día en un restaurante y noté que la dueña llevaba una cruz en el cuello. Le pregunté si era cristiana. De sus ojos brotaron grandes lágrimas y expresó: «¡Seguro que sí!». Y entonces me contó una de las historias más tristes que he escuchado. Por aquellos días faltaban solo cuatro días para Navidad, y un tiempo atrás su esposo la había abandonado por otra mujer. Y para colmo, su hija e hijo se habían puesto en su contra y estaban planeando pasar la Navidad con su esposo y su novia, y esta mujer se quedaría sin nadie con quien pasar ese día festivo. Sin embargo, lo que brotó de sus labios no fueron palabras de crítica o resentimiento. Por el contrario, estaba alabando a Dios por

Su poder para sostenerla. Y luego me contó sobre las personas a las que había podido testificar. Me quedé sumamente asombrado.

Historias como estas, junto con la enseñanza clara de la Palabra de Dios, me convencieron finalmente de que se podía confiar en Dios en medio de la adversidad, que Él realmente podía hacer que todas las cosas cooperaran para bien; si adoptamos Su definición de bien y aceptamos Su sistema de prioridades. Me di cuenta de que Dios sabe exactamente cuánta presión necesita cada uno de nosotros para progresar en la vida espiritual. Me resultaba difícil dar un paso atrás y ver a otros sufrir, porque no conocía todo lo que Dios estaba haciendo por ellos en el interior. Mi perspectiva se limitaba a lo que estaba ocurriendo en el exterior.

VER MÁS ALLÁ

Lidiar con la adversidad es como prepararse para una intervención quirúrgica. Al poner nuestra fe en lo que el doctor ha dicho, creemos que si nos operan nos vamos a sentir mejor. Pero eso no lo hace menos doloroso. Al someternos a la mano de un cirujano, estamos diciendo que nuestro objetivo final es la salud, incluso a costa del dolor. Lo mismo sucede con la adversidad; es un medio para un fin. Es la herramienta de Dios para el progreso de nuestras vidas espirituales.

Quizás a usted le resulte imposible adoptar esta actitud. Debido a la adversidad que usted, o un ser querido, ha enfrentado, esta actitud puede parecerse mucho a una píldora azucarada, una excusa que los cristianos usan para evitar que Dios proyecte una mala imagen. Si su posición es esa, quiero que considere esta pregunta: si la adversidad no es una herramienta en la mano de Dios, entonces ¿qué es? ¿Cuáles son sus opciones?

Usted pudiera adoptar la filosofía de algunos que afirman que Dios está librando un combate cósmico contra el mal. Según esa forma de pensar, la adversidad surge cuando Dios pierde un asalto. No obstante, abrazar esa forma de religión significa abandonar el cristianismo. No hay manera de que el Dios de la Biblia encaje en esa cosmovisión; ambas se excluyen mutuamente.

Alguien puede argumentar que a Dios no le importa, y que por lo tanto, es indiferente a la adversidad que enfrentamos. El problema con esto es que la cuestión sobre la preocupación y el amor de Dios se esclareció hace dos mil años, cuando Dios sacrificó lo más preciado para Él en beneficio del hombre. La cruz descarta cualquier duda sobre Su amor.

Se puede argumentar que Dios no existe, pero el simple hecho de que Dios no se comporte de la manera que *esperaríamos* que lo hiciera, ciertamente no refuta Su existencia. Eso sería como si yo determinara la existencia de mi esposa, basado en como yo creo que una esposa debe comportarse.

Todo este problema de la injusticia en el mundo le impedía a C. S. Lewis abrazar el cristianismo. Él asumió, como muchos, que no podía existir un Dios bueno a la luz de todo el mal en el mundo. En *Mero cristianismo*, él describe su peregrinaje mientras intentaba hacerle frente a esta desconcertante cuestión.

> Mi argumento contra Dios era que el universo parecía ser muy cruel e injusto. Pero ¿de dónde saqué esta idea de qué era justo e injusto? Un hombre no dice que una línea está torcida a menos que tenga algún modelo de una línea recta. ¿Con qué estaba yo comparando este universo cuando lo catalogué de injusto? Si todo el espectáculo estaba malo y sin sentido de principio a fin, por así decirlo, ¿por qué yo, cuando se suponía que era parte de él, tuve una reacción tan violenta en su contra? [...] Por supuesto, pude haber renunciado a mi idea de justicia diciendo que fue solo una idea muy personal. Pero si hacía eso, mi argumento en contra de Dios también colapsaba, porque el argumento dependía de sostener que el mundo era realmente injusto, y no simplemente que este no satisfacía mis caprichos personales.[4]

Negar la existencia de Dios debido a la presencia de la adversidad y el dolor, es decir que para validar Su existencia, Dios tiene que comportarse de acuerdo a mis deseos. Por su puesto, este enfoque presenta infinidad de problemas. En realidad, cuando se trata de la adversidad, no hay buenas alternativas. La adversidad es la herramienta de Dios para promover el crecimiento entre Sus hijos. Resistir este principio es resistir todo lo que Dios quiere hacer en su vida, es decirle no al crecimiento espiritual.

LA CORONA DE LA VIDA

Santiago concluye esta sección con una promesa interesante:

> Bienaventurado el hombre que persevera bajo la prueba, porque una vez que ha sido aprobado recibirá la corona de la vida que el Señor ha prometido a los que le aman.
>
> (STG 1:12)

La adversidad no solo conduce a la madurez espiritual en esta vida, sino que nos compra una corona de vida en la venidera. Dios entiende el trauma de lidiar con la adversidad; Él no ha pasado por alto los sacrificios que nos vemos forzados a hacer cuando nos llega la adversidad. Por eso, Él ha provisto una recompensa especial para aquel que «persevera bajo la prueba». Una vez más estamos frente a una promesa condicional. Esta recompensa está reservada para aquellos que aceptaron voluntariamente a Cristo en sus vidas. Estos son los que entendieron que Dios estaba haciendo algo, que la adversidad que enfrentaron era el medio por el cual algo bueno sucedería en sus vidas.

¿Está usted perseverando? ¿Está soportando? ¿O está resistiendo? ¿Está enojado con Dios por lo que está haciendo? Amigo mío, Dios desea que usted avance y para esto usa la adversidad. Él quiere hacerle crecer y madurar al punto que su carácter sea un reflejo fiel del carácter de Cristo. Esa es Su meta para usted, y la adversidad es el medio por el cual Él la cumplirá. ¿Por qué no confiar en Él? Es inútil resistirse. Su dolor solo aumentará; porque no hay nada peor que una vida llena de adversidad, de la cual nada bueno brote.

¿Por qué no decirle al Señor: «Señor, no me gusta, pero por fe me regocijo en que estás haciendo algo bueno en mi vida»? Y al final usted comenzará a ver el «bien». Comenzará a experimentar paz, y empezará a avanzar a través de su adversidad.

QUINCE

EL PODER DE LA DEBILIDAD

Uno de mis relatos favoritos del Antiguo Testamento es la historia de David y Goliat. Por la manera en que el escritor describe este suceso, alguien que lo mirara de fuera lo habría encontrado un tanto cómico. Parece que todas las mañanas los israelitas se formaban en la ladera para la batalla, y justo cuando estaban listos para luchar con los filisteos, Goliat se adentraba en el valle. Allí parado, vestido para la batalla y con su escudero al lado, le gritaba al ejército israelita y los desafiaba a que fueran a enfrentarlo. En ese momento todo el ejército israelita daba la vuelta y corría de regreso al campamento (1 S 17:1-24).

Al parecer este patrón de acontecimientos se había repetido durante algún tiempo, cuando David apareció en escena. Después de dar algunos recorridos con sus hermanos, David tomó cinco piedras y bajó al valle para retar a Goliat. Nuevamente, para cualquiera que mirara desde la ladera, esto debe haber sido divertido. Imagine: David y su honda contra el gigante y sus armas de guerra. No obstante, para sorpresa de todos (Goliat no fue el menos sorprendido) David salió vencedor.

Se pueden aprender grandes lecciones de este conocido relato; y se han predicado muchos sermones conmovedores sobre la fe y la valentía de David. Sin embargo, miremos esta historia desde la perspectiva de Dios por solo un momento. Al hacerlo, obtendremos una gran perspectiva de la mente de Dios y descubriremos otra manera en la que Él usa la adversidad en nuestras vidas.

¿Por qué Dios escogió usar a David en este enfrentamiento con Goliat? Él no tenía adiestramiento, ni preparación, ni experiencia y además era muy joven. Humanamente hablando, no tenía nada a su favor. Allí había miles de soldados israelitas bien entrenados, los cuales hubieran sido candidatos mucho más factibles. Y aun así, Dios escogió a David, ¿por qué?

¿Y SI...?

Imagine por un momento que usted es el espectador del que hablé unos párrafos arriba. Está sentado en la ladera viendo como ocurre todo esto. Ve a Goliat bajar al valle en su recorrido diario, y luego nota cierta agitación entre los soldados israelitas. Una ovación sube de sus filas cuando uno de los suyos toma su espada y su escudo y se dirige decididamente hacia el valle. Aunque este sujeto no es tan grande como Goliat, ciertamente tampoco es un pelele. Mientras se posiciona para luchar, se hace evidente que este hombre ha visto muchas batallas, y que probablemente ha enfrentado grandes dificultades con anterioridad.

De repente, los dos guerreros se lanzan el uno contra el otro. Por varios minutos parece como si este valiente guerrero israelita ha encontrado la horma de su zapato. Pero después, en un abrir y cerrar de ojos, nuestro héroe realiza una increíble maniobra que agarra a Goliat desprevenido. Mientras el gigante lucha para recuperar su ventaja, el israelita clava su espada a través del peto del filisteo y cae al suelo con él. Por un minuto los dos hombres lucharon juntos en el suelo, pero el golpe resulta ser fatal y pronto el cuerpo de Goliat yace sin vida. El soldado israelita se levanta lentamente, toma la espada del gigante y de un solo golpe separa la cabeza del filisteo de su cuerpo. Los hombres del ejército israelita vitorean frenéticamente mientras sus enemigos huyen.

Emocionante, ¿no es cierto? Pero no es tan sorprendente. Hemos visto a los débiles ganar en otras ocasiones, además Goliat cometió un error táctico y el israelita aprovechó esa ventaja. No es gran cosa. Podríamos atribuir todo el asunto a la habilidad militar, y dejar a Dios completamente fuera de la escena. Por esa misma razón, Dios no decidió enviar un soldado; en cambio Él escogió a un joven pastor. Buscó a alguien que pareciera no tener ni la más leve oportunidad para el éxito. Alguien que dependiera completamente de Él. Un instrumento mediante el cual Dios pudiera demostrar Su inmenso poder, de manera tal que obtuviera todo el reconocimiento. Cuando David mató a Goliat aquel día, en su mente no quedó duda de quien entregó al gigante en sus manos (1 S 17:37). Y en la mente de los demás tampoco quedó duda.

LA ELECCIÓN DE DIOS

El punto principal sencillamente es este: *mientras más grande sean las dificultades, mejor para Dios*. Nuestro Padre celestial recibe más atención, y así mayor gloria, cuando obra a través de personas que el mundo considera débiles. El apóstol Pablo lo expresa de esta manera:

> Sino que Dios ha escogido lo necio del mundo para avergonzar a los sabios; y Dios ha escogido lo débil del mundo para avergonzar a lo que es fuerte. También Dios ha escogido lo vil y despreciado del mundo: lo que no es, para anular lo que es, para que nadie se jacte delante de Dios.
>
> (1 Co 1:27-29)

Mire la segunda frase, Dios elige usar lo débil del mundo. Él no tiene que hacerlo, esa es Su elección. Cuando Él usa lo débil, Su poder y Su fuerza son mucho más evidentes.

Entonces, ¿cómo encaja todo esto en nuestro análisis sobre la adversidad? Una de las razones por las que Dios permite la adversidad en nuestras vidas es para hacernos depender de Su fuerza y no de la nuestra. Y al hacerlo, Él perfecciona *Su* poder en nosotros (2 Co 12:9). Cuando dependemos de Su poder, Su suficiencia se manifiesta ante nosotros, y ante todos aquellos que conocen nuestra situación. La victoria de David constituyó una fuente de gozo y aliento para toda la nación de Israel. Igualmente sucede cuando Dios obra a través de uno de Sus hijos, a pesar de la debilidad del individuo.

INCAPACIDADES

Las adversidades siempre nos incapacitan de alguna manera. Estas nos desaceleran físicamente, o nos debilitan emocional y mentalmente. Las adversidades hacen que no podamos funcionar al cien por ciento. Nuestras mentes se dividen, cae nuestro nivel de energía, e incluso las tareas más sencillas se convierten en un calvario. Trabajos que antes demoraban unas horas, ahora duran un día entero; nuestro estado de ánimo decae, y la cosa más insignificante nos irrita muchísimo.

Una vez tuve que lidiar con una situación familiar delicada. Mi padrastro estaba ciego e incapaz ya de atenderse a sí mismo. Esto se convirtió en un agobio terrible para mi madre. A pesar de la presión que para ella representaba tenerlo en casa, mi madre no quiso que pusiera a John en un asilo. Sostuvimos largos intercambios y, finalmente, después de mucha oración y diálogo, puse a John en el mejor asilo que pude encontrar. Después de visitarlo un sábado, mi madre llegó a la conclusión de que ellos no estaban cuidándolo como debían, así que empacó sus cosas y lo llevó de regreso a casa. Pobre John. Por un tiempo él no sabía dónde estaría viviendo la siguiente semana.

Recuerdo que yo me sentaba a estudiar y tenía que luchar para concentrarme en mi trabajo. Mi mente vagaba, y a veces me quedaba mirando fijamente por la ventana, pensando en mi madre y en John. No resistía verla sufrir, pero no quería forzarla a hacer algo en contra de su voluntad. Este incidente sirvió para incapacitarme mental y emocionalmente.

Esa es la naturaleza de toda adversidad. Nos priva de los recursos que necesitamos para desempeñarnos correctamente. Las áreas fuertes se convierten en nuestras debilidades más grandes. La adversidad siempre es inesperada e indeseada, es una intrusa y una ladrona. Sin embargo, en las manos de Dios, la adversidad se convierte en el medio por el cual Su poder sobrenatural se manifiesta.

EL PODER PERFECTO

El apóstol Pablo sin duda entendió este principio. Después de pedirle tres veces a Dios que le quitara el aguijón en la carne, Pablo finalmente recibió una respuesta; y no fue la que él esperaba. Dios le señaló rotundamente que no le quitaría el aguijón. Sin embargo, le proporcionaría la fuerza extra que Pablo necesitaba a fin de llevar a cabo la obra para la cual él había sido llamado.

> Él me ha dicho: «Te basta Mi gracia, pues Mi poder se perfecciona en la debilidad». Por tanto, con muchísimo gusto me gloriaré en mis debilidades, para que el poder de Cristo more en mí […] porque cuando soy débil, entonces soy fuerte.
>
> (2 Co 12:9-10)

Como todos nosotros, Pablo quería que sus circunstancias fueran las adecuadas, y entonces oró así: «Señor, deshazte de este aguijón». Pero Dios quería que Pablo viviera con una discapacidad, fue Su voluntad que Pablo permaneciera débil, pero no por la debilidad en sí. El propósito de Dios era debilitar la dependencia de Pablo en su propia fuerza, en su propia sabiduría y en su propio intelecto. Dios quería que él ministrara y viviera apoyado en su debilidad, no en su fuerza. Esta es la idea detrás de la frase: «Mi poder se perfecciona en la debilidad».

El término *se perfecciona*, no significa perfecto en un sentido moral; como perfecto versus imperfecto. La idea aquí es estar «completo» o «realizado». Dios le estaba dando un principio general a Pablo. De acuerdo a este principio, mientras más débil sea algo, mayor es su necesidad de recibir fuerza. Cuando lo que es débil finalmente es fortalecido, y uno hace una comparación, la presencia de una fuerza renovada se hace más evidente. Una de las mejores maneras que Dios tiene de mostrar Su poder es manifestarlo mediante una vasija débil o discapacitada. Por esta razón, Dios permite que la adversidad sea parte de nuestra experiencia, no con el propósito de hacernos débiles e incapaces de proseguir nuestras vidas, sino con el propósito de capacitarnos con Su fuerza para hacer lo que de otra manera nos fuera imposible hacer.

UNA PRIORIDAD DOLOROSA

Desde la perspectiva de Dios, era más importante que Pablo experimentara el poder sobrenatural que vivir una vida libre de dolor y de adversidad. Mientras más de cerca examine usted la vida de Pablo, más difícil le resultará aceptar esto. Lo apedrearon y lo dejaron por muerto, naufragó, lo golpearon, lo mordió una serpiente, y finalmente lo encarcelaron; y todo por causa de Cristo. Ante estas cosas, la respuesta de Pablo fue la siguiente:

> Por eso me complazco en las debilidades, en insultos, en privaciones, en persecuciones y en angustias por amor a Cristo, porque cuando soy débil, entonces soy fuerte.
>
> (2 Co 12:10)

He visto hombres y mujeres salir de circunstancias menos extenuantes que las de Pablo llenos de enojo y de hostilidad. Estaban enojados con Dios por lo que Él les hizo *a* ellos. Sin embargo, Pablo no, ¿por qué?, porque él reconoció que lo que Dios permitía que le hicieran *a* él, era simplemente la preparación para lo que Él quería hacer *por* su vida. A medida que Pablo dependía cada vez más de la fuerza del Señor, esto se convertía en algo natural. Su fe en Cristo creció a tal punto que pudo afirmar con toda sinceridad: «Me complazco en las debilidades».

La idea general de estar complacido en la debilidad, contradice el mensaje que la sociedad nos envía. En una era donde tantos se empeñan por alcanzar poder y control, es inusual que las personas se emocionen mucho por vivir en una condición de debilidad. Pero al examinar la vida del apóstol Pablo, no nos da mucha impresión de que fuera un hombre débil. Por el contrario, él discutió con los apóstoles de Cristo sobre la cuestión de la salvación de los gentiles, y ¡ganó! Se pasó la vida predicando en las circunstancias más hostiles, plantó iglesias por todas las ciudades principales de Asia menor, y en las ciudades portuarias junto al mar Egeo. Pablo instruyó a los primeros pastores y ancianos de estas incipientes congregaciones, y para completar, ¡escribió la mitad del Nuevo Testamento!

Yo no sé lo que usted piense, pero no me parece un hombre débil en absoluto. Si Pablo hubiera sido un hombre de negocios, habría sido extremadamente exitoso. Él sabía cómo establecerse metas y como alcanzarlas, él comprendía los principios necesarios para motivar a las personas. Pablo era una persona de mucha influencia.

Ahora, ¿cómo reconciliamos la afirmación de Pablo sobre la debilidad con sus logros sorprendentes? Sencillo, la respuesta está en la frase: «... porque cuando soy débil, entonces soy fuerte», una paráfrasis de su comentario fuera algo así: «Cuando yo, Pablo, en y por mis propias fuerzas soy débil, entonces yo, Pablo, confiando en el poder de Cristo en mí, me hago fuerte, capaz de hacer todo lo que el Señor exige de mí, lleno de energía y empeño para cumplir Su voluntad».

EN BUSCA DEL DÉBIL

Dios quiere obrar a través de nuestra debilidad, de la misma manera en que Él obró a través de la debilidad del apóstol Pablo. Usted pudo haber nacido con características que considera debilidades, o pudo haber nacido en una familia que no le proveyó las cosas que usted cree que son necesarias para el éxito. Quizás una tragedia o una enfermedad reciente lo dejó con dudas de su utilidad o su autoestima.

Si cualquiera de estas situaciones le suena familiar, ¡regocíjese!, usted es el tipo de persona que Dios está buscando. Él quiere personas mediante las cuales pueda exhibir Su inmenso poder; personas que reconozcan sus debilidades y estén deseosas de permitirle controlar y dirigir sus vidas. Dios está buscando hombres y mujeres que estén deseosos de asumir retos demasiado difíciles para ellos, y que confíen en que Él llevará la carga. Él desea personas que entiendan por experiencia lo que Pablo quiso decir cuando escribió: «Te basta Mi gracia» (la gracia de Dios). Él quiere creyentes que crezcan acostumbrados a la debilidad, ¡pero que recurran diariamente a la suficiencia y al poder de Cristo!

En incontables ocasiones he enfrentado retos que yo sabía que iban más allá de mis capacidades para afrontarlos. He sufrido el rechazo de hombres que pensaba que eran mis mejores amigos. Hubo ocasiones en las que sufrí tanto y lloré con tanta intensidad, que le dije a Dios que estaba listo para morir. Sin embargo, en medio de mis fiestas de autocompasión, mientras ensayaba para mi Padre celestial lo que podía y no podía hacer, Él siempre me enviaba un tierno recordatorio: «Charles, cuando te llamé Yo no estaba interesado en tu fuerza o habilidad. Y aún no estoy interesado, lo que quiero saber es si estás disponible Si es así, entonces vamos, te basta Mi gracia».

Quiero que piense en algo en este momento. Su debilidad más grande es la mejor oportunidad para Dios. En lugar de quejarse y rogarle a Dios que cambie sus circunstancias, ¿por qué no le pide que llene ese vacío con Su fuerza? Dios ha permitido la adversidad en su vida para que pierda su dependencia en su propia fuerza. Su deseo es que aprenda a vivir dependiendo de Él para esas cosas de las que carece. A medida que se acostumbre más y más a este modo de actuar, comenzará realmente a sentir contentamiento. Su poder se perfeccionará en usted. Y al disponerse, Su poder será demostrado a la vida de otros a través de usted. Y con el apóstol Pablo podrá gloriarse en su debilidad, ¡porque cuando usted es débil, entonces, *Él* es fuerte!

DIECISEIS

FIEL ES QUIEN LO LLAMÓ

Quizás ha escuchado decir que una persona no sabe quiénes son realmente sus amigos hasta que toca fondo. Pienso que hay una gran verdad en esto. Todos hemos experimentado el dolor de descubrir que las personas que creíamos que permanecerían fieles, pasara lo que pasara, eran sencillamente «amigos en los buenos tiempos». Usted sabe, amigos cuya lealtad depende del clima de las circunstancias; siempre y cuando la relación sea placentera, ellos estarán con usted todo el tiempo. Pero cuando la situación exige algún sacrificio de su parte, no se les encuentra con facilidad. La mejor forma de medir a los amigos es la postura que asumen en tiempos de desafíos y controversia. En tal caso, si no existe algún tipo de adversidad, nunca conoceremos quienes son realmente nuestros amigos fieles.

Del mismo modo, si no hay adversidad, nunca conoceremos de manera personal la fidelidad de Cristo. Sin adversidades, nuestra fe en Él nunca aumentaría, permanecería estática. Una de las razones primordiales por las que Dios nos permite enfrentar la adversidad es para demostrar Su fidelidad, y a su vez aumentar nuestra fe. Si usted es un creyente, ha tomado la decisión de confiarle a Cristo su destino eterno, pero hasta que no muera nunca experimentará Su fidelidad en esa área en particular. Dios desea más de usted —y para usted— que un simple reconocimiento intelectual de Su fidelidad. Su voluntad es que la *experimente* ahora en su vida.

Si nuestras vidas están libres de dolor, confusión y tristeza; nuestro conocimiento de Dios seguirá siendo puramente académico. Nuestra relación con Él podría compararse a la de un tatarabuelo, de quien hemos escuchado historias, pero que nunca conocimos personalmente. Sentiríamos gran admiración, pero no tendríamos intimidad, ni compañerismo. Siempre existiría una sensación de distanciamiento y misterio.

Ese no es el tipo de relación que Dios desea con Sus hijos. A través de la muerte de Cristo, Dios nos ha abierto el camino para que tengamos acceso directo a Él; e hizo todo lo posible para despejar el camino, con el fin de que nada se interpusiese entre Él y Sus hijos. Ahora hay potencial para una intimidad entre nosotros y nuestro Creador. Cristo llegó al punto de afirmar que somos Sus amigos (Jn 15:14-15).

Dios está en el proceso de diseñar las circunstancias mediante las cuales pueda revelarse a cada uno de nosotros. Y la historia, así como nuestros testimonios personales, dan fe del hecho de que es en tiempos de adversidad cuando alcanzamos un mayor entendimiento de la increíble fidelidad de Dios hacia nosotros.

Por ejemplo...

Imagine cómo debe haberse enriquecido la comprensión de Noé sobre la fidelidad de Dios después de haber sido salvado mediante el Diluvio. Reflexione sobre como aumentaría la fe de David mediante su lucha contra el león y el oso que venían a robar sus ovejas. ¡No me puedo imaginar lo que debió haber pasado por la mente de Gedeón, cuando Dios le dijo que tenía muchos soldados, y que debía deshacerse de la mayoría de ellos! (Jue 7). Pero después de la victoria su fe se elevó enormemente. Dios usó el mar Rojo y la ciudad de Jericó para demostrarle Su fidelidad a Israel. Él usó el egoísmo de Lot en la vida de Abraham. Y podríamos seguir con muchísimos ejemplos. En cada caso, la adversidad fue el medio por el cual Dios les reveló Su fidelidad a Sus siervos.

El salmista lo expresó de esta manera:

Busqué al Señor, y Él me respondió,
y me libró de todos mis temores...
Este pobre clamó, y el Señor le oyó,
y lo salvó de todas sus angustias.
El ángel del Señor acampa alrededor
de lo que le temen,

y los rescata…Muchas son las aflicciones del justo,
pero de todas ellas lo libra el Señor.

(Sal 34:4, 6-7, 19)

Esta es la descripción de alguien que está experimentando la fidelidad de Dios. Es una experiencia que sin «temores», «angustias» y «aflicciones» sería imposible de tener. Note que el escritor no está deprimido ni enojado con Dios; al contrario, el tono del salmo es muy positivo y optimista. Es un salmo de alabanza y acción de gracias. Donde hay adversidad siempre hay un gran potencial para la alabanza. Las celebraciones más bellas que se describen en la Escritura, fueron siempre el resultado de un suceso en el cual Dios demostró Su fidelidad por medio de la adversidad.

Haga memoria de la última vez en la que alabó genuinamente al Señor por algo que Él hizo. ¿Esos sucesos que lo llevaron a la emoción se vieron afectados de algún modo por la adversidad o el conflicto? Lo más probable es que la respuesta sea afirmativa. La fidelidad de Dios a través de la adversidad es usualmente el catalizador para la alabanza; y en el proceso, la fe crece y se fortalece.

UN MOTIVO PARA LA ALABANZA

Recuerdo una serie de sucesos en mi vida que me llevaron a una experiencia de alabanza, pero que al principio estuvieron marcados por la adversidad. Llevaba yo una semana de conversaciones continuas con una joven que había tomado la decisión de terminar su embarazo mediante el aborto. Ella sabía que estaba mal, pero la idea de contarle sobre el embarazo a su familia y amigos era abrumadora. Además, había comenzado una carrera nueva y un bebé no encajaba en sus planes inmediatos. Me reuní con ella y con su novio durante una hora aproximadamente, y no llegamos a ningún lado. La noche después de haber hablado, le comentaron a un amigo en común que mi intento de amedrentarlos no les gustaba.

Después de varios días sin saber qué dirección estaban tomando, finalmente recibí noticias de que la joven había decidido seguir adelante y tener su bebé. Ella llamó y se disculpó por su actitud, e incluso me agradeció por ayudarla. Desde entonces, he estado alabando a Dios por Su fidelidad. No es que *Él* fuera menos fiel antes, pero al permitirme ver y experimentar Su fidelidad en acción, *mi* fe aumentó.

EN EL MUNDO REAL

Desafortunadamente, las cosas no siempre salen tan bien. A veces las circunstancias no terminan para nada como quisiéramos. Las personas por las que oramos mueren; los esposos abandonan a sus esposas y nunca regresan; los hijos destruyen y arruinan sus vidas, a pesar de la influencia de padres piadosos; las empresas quiebran; los cristianos pierden sus empleos, y miles de mujeres *sí* se hacen abortos.

No obstante, Dios no es menos fiel en estos casos que en los otros; sin embargo, Su fidelidad toma una forma diferente. Muchos cristianos son prontos para dudar de Dios cuando las adversidades no se solucionan del modo que ellos consideran apropiado, algunos se enojan y le dan la espalda completamente a Dios. No puedo decirle cuantos hombres y mujeres he aconsejado, quienes por años vivieron en rebelión contra Dios debido a este mismo tema. Dios no hizo las cosas de la manera que *ellos* pensaban que debía hacerlas; así que lo descartaron por infiel y se alejaron.

Dios *siempre* es fiel a Sus promesas. No obstante, en ninguna parte Él ha prometido que las cosas siempre funcionarían del modo que pensamos que deben funcionar. Si ese fuera el caso, Él no sería más que un genio mágico. Los caminos de Dios no son nuestros caminos. Y del mismo modo, Sus propósitos a menudo no son los nuestros. Pero Él siempre es fiel.

FIEL DE TODOS MODOS

La fidelidad de Dios no siempre se traduce en liberación *de* la adversidad. Muchas veces, Dios demuestra Su fidelidad al sostenernos *a través de* la adversidad. Por ejemplo, pensemos en un hombre abandonado en una isla desierta. Mientras él explora la isla en busca de comida, encuentra una lancha rápida encallada en la orilla. Después de revisarla con detenimiento, descubre que el tanque está lleno de gasolina; entonces enciende el motor y se va. Se salva de quedar abandonado.

Tomemos el mismo ejemplo una vez más, solo que esta vez, él no descubre una lancha; descubre una casa abandonada y un huerto frutal. Dentro de la casa, encuentra todas las herramientas que necesitará para cultivar el huerto. Aunque todavía está abandonado en la isla, tiene lo que necesita para sobrevivir; podrá seguir adelante.

Sin dudas todos estaríamos de acuerdo en que la primera serie de circunstancias parece mucho mejor. Con todo, el hombre en el segundo caso pudo haber salido peor. En ambas ilustraciones al hombre se le proveyó lo que necesitaba para sobrevivir. Dios no siempre cambia nuestras circunstancias dolorosas, pero Él nos sostiene a través de ellas. Esto es a lo que se refería el escritor del Libro de Hebreos cuando expresó:

> Por tanto, acerquémonos con confianza al trono de la gracia para que recibamos misericordia, y hallemos gracia para la ayuda oportuna.
>
> (HEB 4:16)

El escritor hace una promesa interesante. Cuando estamos en necesidad, Dios nos proveerá de misericordia y gracia. Este versículo no nos promete un cambio de circunstancias, ni liberación del dolor o de nuestros enemigos; simplemente declara que cuando tengamos una necesidad, Dios hará llover misericordia y gracia sobre nosotros. Por supuesto, preferimos que Dios nos libre del dolor en lugar de sostenernos a través de él. Pero Dios no tiene la obligación de hacerlo, y no es menos fiel en ambos casos.

A Pablo ciertamente no le faltó confianza en la fidelidad de Dios; y con todo, Dios optó por no quitarle su aguijón en la carne, sino que escogió sostenerlo a través de él. Cuando Pablo pidió ayuda, la respuesta que recibió fue simplemente: «Te basta Mi gracia» (2 Co 12:9). En otras palabras: «Pablo, continuarás sufriendo, pero si te aferras a Mí, triunfarás».

GRACIA SIN MEDIDA

Phillip Keller, en su fascinante libro, *A Shepherd's Look at Psalm 23* [La mirada de un pastor al Salmo 23] describió la maravillosa fidelidad de Dios durante la enfermedad y muerte de su esposa. Por mucho que Phillip debió haber deseado ver a su esposa sana, ella no sanó. Con todo, él escribió:

Una y otra vez me recuerdo a mí mismo: «Oh Dios, esto parece terriblemente difícil, pero doy por hecho, que al final esto resultará ser el modo más fácil y tierno de llevarme a un nivel superior». Entonces, cuando le agradezco por las cosas difíciles, y los días oscuros, descubro que Él está ahí conmigo en mi aflicción. En ese momento mi pánico, mi temor y mis dudas, le dan paso a la calma, y a una confianza serena en Su cuidado. De algún modo, de una manera sosegada, me siento convencido de que todo resultará para mi beneficio, porque Él está conmigo en el valle, y todas las cosas están bajo Su control.

Llegar a esta convicción en la vida cristiana es haber adoptado una actitud de aceptación serena de cada adversidad; es haberse movido a un nivel superior con Dios. Conocerlo en esta nueva e íntima manera, hace la vida mucho más tolerable que antes.

Durante la enfermedad de mi esposa y después de su muerte, me anonadaban la fuerza, el consuelo y la perspectiva calmada que la presencia del Mismo Espíritu misericordioso de Dios me daba prácticamente hora tras hora. Era como si fuera renovado y restaurado de manera reiterada, a pesar de las circunstancias tan desesperantes que me rodeaban.[5]

¿Puede alguien negar la fidelidad de Dios hacia Phillip? Aunque Dios escogió no sanar a su esposa, Él fue evidentemente fiel antes, durante y después de esa dolorosa prueba. Como lo hizo con el apóstol Pablo, Dios escogió responder al clamor de ayuda de Phillip con gracia y misericordia sustentadoras.

UNA NOTA PERSONAL

Yo no soy diferente a la mayoría de las personas que preferirían que Dios los librara de la adversidad en lugar de sostenerlos a través de ella. Sin embargo, las mayores lecciones de mi vida me fueron enseñadas durante tiempos de adversidad prolongada. Hubo una etapa en mi vida donde algo específico fue una carga para mí por doce años. Oré, ayuné, y en ocasiones, literalmente le grité a Dios para que quitara aquel peso de mis espaldas. Pero Su respuesta todo el tiempo fue: «Charles, te basta Mi gracia». Y ¡alabado sea Dios, me bastó! Y me basta aún cada momento de cada día.

Hay momentos cuando me muevo en mis propias fuerzas, y cuando lo hago, la presión me aplasta todo el tiempo. Entonces empiezo a quejarme una vez más: «¿Señor, cómo esperas que sea un buen esposo y un buen padre, que prepare los sermones, que mantenga funcionando todo en la iglesia cuando también tengo que soportar esta carga extra?». Y finalmente, al hacer silencio y escucharlo, Dios me recuerda a través de Su Palabra o en la intimidad de mi corazón, que Él no espera que yo haga nada por mi propia cuenta, y que si le permito, Él proveerá la gracia y la fuerza en mi tiempo de necesidad.

De todo esto he salido con un sentido mayor de quien es Dios. Y comprendo, de una manera mucho más profunda, Su compromiso con Sus hijos. Ahora sé, sin una sombra de duda, que servimos a un Dios fiel; el Dios en quien se puede confiar; incluso, en los valles más oscuros. Y cuya gracia siempre es suficiente, y siempre llega a tiempo.

Querido amigo, no sé la naturaleza de la adversidad que usted está enfrentando en este momento, pero sí sé que si usted se lo permite, Dios usará esta prueba para profundizar su fe en Su fidelidad. Dios se revelará a usted en maneras que solo Él concede en tiempos de dificultad y angustia.

En ningún otro momento somos obligados a depender completamente de la gracia y la misericordia de Dios. Solo después de que somos impulsados a confiar en Su poder sustentador, es que sabemos que ese poder es suficiente. Y es solo entonces que conocemos por experiencia propia que Él es fiel, y que podemos confiar absolutamente en Él.

Quizás Dios ha escogido que sus circunstancias se mantengan tal como están. Es posible que usted no se vuelva a sentir mejor. Su cónyuge quizás nunca regrese; quizás nunca se recupere financieramente al nivel económico que antes había alcanzado. Sin embargo, Dios no es menos fiel, porque le proveerá de misericordia y gracia en tiempo de necesidad.

El Señor no le dijo a Pablo: «Te *bastará* Mi gracia», o «te *ha bastado* Mi gracia». Él afirmó: «Te basta Mi gracia». Eso está en tiempo presente, y significa en este mismo momento. Y así puede ser su experiencia, si escoge confiar en Él. Entonces podrá decir con el apóstol Pablo:

Y Él me ha dicho: «Te basta Mi gracia, pues Mi poder se perfecciona en la debilidad»…

(2 Co 12:9)

PARTE CINCO

DIOS REVELA UN PLAN PARA SU VIDA

DIECISIETE

UNA PROMESA PERSONAL

«¿Tiene Dios un propósito y un plan para mi vida?». «Si es así, ¿puedo conocerlo?». Cada vez que escucho estas dos preguntas, yo respondo de la misma manera: sí, Él tiene un plan. De hecho, la promesa personal de Dios para usted es que Él tiene un propósito y un plan para su vida (Jer 29:11). Aunque usted no conozca ni entienda todos los avatares de la vida, de algo puede estar seguro: el mismo Dios que le dio aliento de vida, lo ama lo suficiente como para planear su futuro. Él prometió que, si usted lo busca, lo hallará; y descubrirá también Su voluntad para su vida.

A veces Él puede revelarnos una porción de Su voluntad. Nosotros vamos a saber que Dios nos ha conducido hasta cierto lugar, pero no sabremos todos los aspectos relacionados con estar allí. Recuerde, Abraham no esperó a tener una revelación plena de la promesa de Dios antes de obedecerlo, sino que dejó su hogar creyendo en Aquel que lo había llamado.

David fue ungido como rey de Israel. Sin embargo, muchos años transcurrieron antes de que pudiera sentarse en el trono de la nación. Fueron años de peligro y decepción extremos. Se vio obligado a huir para poner su vida a salvo de un rey furioso, cuyo único objetivo era poner fin a la vida de David. La adversidad, la decepción y, a veces, las dificultades extremas formaron parte del entrenamiento que David recibió antes de que pudiera materializar la voluntad de Dios. ¿Estaba él fuera de la voluntad de Dios? Hubo momentos en los que tomó decisiones que no fueron las mejores, pero David siguió el compás de la voluntad de Dios, incluso cuando no podía ver cómo sobreviviría al día siguiente.

Al igual que David, quizás usted esté caminando por un valle profundo y se pregunte si está dentro de la voluntad de Dios. Recuerde, Él ha prometido guiarlo y conducirlo a un lugar donde usted cumplirá Su voluntad y propósito para su vida. David escribió: «Aun si voy por valles tenebrosos, no temo peligro alguno porque tú estás a mi lado...» (Sal 23:4). David caminaba por el valle, y sabía que al final de sus problemas él saldría victorioso. Él no se convirtió en alguien cabizbajo, sino en un hombre según el corazón de Dios, y aprendió a hacer la voluntad de Dios independientemente de sus circunstancias; y nosotros podemos hacer lo mismo (Hch 13:22).

APRENDER A CONFIAR

David también fue el autor de la mayoría de los salmos, y en Salmos 40, él escribió: «Me deleito en hacer Tu voluntad, Dios mío; Tu ley está dentro de mi corazón» (v. 8). Luego en Salmos 143:10, sus palabras se convierten en una oración personal: «Enséñame a hacer Tu voluntad, porque Tú eres mi Dios; Tu buen Espíritu me guíe a tierra firme». Dios respondió las oraciones de David, y lo siguió guiando a través de toda una vida de pruebas y victorias. La pregunta que necesitamos respondernos es: ¿estamos dispuestos a que Dios haga lo mismo en nuestras vidas?

Dios tiene un deseo para cada uno de nosotros, y la oración de nuestros corazones siempre debe ser: «Señor, enséñame a hacer Tu voluntad». Cuando oramos así, lo hacemos de la misma manera que Jesús oró antes de enfrentar el Calvario: «Padre, si es Tu voluntad, aparta de Mí esta copa; pero no se haga Mi voluntad, sino la Tuya» (Lc 22:42). Esta es una oración de entrega; de entrega a la perfecta voluntad de Dios, y no a nuestros deseos humanos.

Incluso Jesús, el Hijo de Dios, entendió que el Padre tenía un plan en mente para Su vida. Y aunque Él no conocía todos los detalles de ese plan, sabía que podía confiar en Aquel que controlaba Su destino.

DAR EL PRIMER PASO

Tal vez usted pueda pensar: *Bueno, yo daría el primer paso, si tan solo supiera cómo es el plan.* Recuerde, David no lo sabía. Él solo quería obedecer el llamado de

Cristo a su vida. Dios no nos muestra más de lo que podemos manejar. De hecho, a Moisés Él solo le reveló una porción de Su voluntad. Luego, y al igual que David, se vio obligado a vivir años en un entorno desértico que probablemente le hizo cuestionarse si alguna vez llevaría a cabo lo que Dios lo había llamado a hacer. Lo mismo ocurrió con Abraham y José, a quienes solo se les permitió entrever el plan de Dios para sus vidas, pero tuvieron que confiar en el Señor y esperar a que, en el tiempo señalado por Él, todas esas cosas dieran su fruto.

El momento oportuno es fundamental para Dios. Él conoce el momento perfecto para hacerle un llamado y el momento ideal para que usted le responda. Cuando estemos dispuestos a escuchar y esperar Su voluntad, Dios comenzará a desplegar Su plan y propósito para nuestra vida y conoceremos los pasos correctos a dar porque, con cada acción que emprendamos, sentiremos que Él nos dice: «Sí, esto es lo que he planeado para tu vida».

Tres cosas que necesitamos saber en cuanto a esperar la dirección de Dios

En primer lugar, Dios nos mostrará Su voluntad. Él desea que la conozcamos y asume la responsabilidad de decirnos cómo vivir cada día en el centro de Su voluntad. Esto es parte de Su naturaleza y carácter. Sin embargo, nuestra responsabilidad es hacer lo que Él nos guía a hacer. Si Él dice que vayamos adelante, como lo hizo con Abraham y David, entonces tenemos que ponernos nuestros zapatos e ir adelante por fe, confiando en que Él se ocupará de las circunstancias de nuestra vida, y proveerá para las necesidades que tengamos.

En segundo lugar, Dios está comprometido con nuestro éxito. Él desea que vivamos en el centro de Su voluntad. Por eso Su voluntad no es un misterio imposible de desentrañar o descubrir. En Salmos 32, Él nos asegura: «Yo te haré saber y te enseñaré el camino en que debes andar; te aconsejaré con Mis ojos puestos en ti» (v. 8). Desde que nosotros nacimos, Dios ha estado organizando las circunstancias de nuestra vida para que cumplamos Su voluntad. Sin embargo, debido a que vivimos en un mundo caído, a menudo nos desviamos del camino. Con todo, Dios se mantiene firme en su empeño por enseñarnos cómo cumplir Su propósito y Su plan para nuestra vida. David sabía que Dios tenía un plan para su vida, pero no conocía todos los detalles de ese plan. Sin embargo, se dio cuenta de que si se comprometía a ir donde el Señor lo guiara, descubriría ese plan, el cual con el tiempo se desplegaría ante él; y esto es exactamente lo que ocurrió. Hay momentos en que Dios pone un sueño o una meta en nuestros corazones, y tenemos que dar un paso adelante con la intención de alcanzar ese objetivo. Si decimos: «Señor, no deseo moverme hasta que pueda ver el cuadro completo expuesto delante de mí», entonces no solamente nos perderemos una gran bendición, sino que también dejaremos de cumplir Su voluntad para nuestra vida.

En tercer lugar, Él nos corregirá y nos reorientará cuando tomemos un camino equivocado. Muchas de las personas con las que hablo han cometido errores en su caminar con el Señor. Tal vez tomaron decisiones equivocadas que con el tiempo destruyeron a sus familias. Otros me han escrito para contarme que sintieron que Dios los estaba guiando a un cierto campo de trabajo, e ignoraron Su llamado. Años después, se encuentran enfrentando sentimientos de desesperanza, y se preguntan si es demasiado tarde para descubrir la voluntad de Dios para sus vidas. La respuesta es no. Su promesa es la misma que el día en que usted nació. Dios no cambia; nosotros podemos cambiar, pero Él es el mismo ayer, hoy y por los siglos.

Independientemente de lo mucho que usted la haya estropeado, Él tomará los pedazos rotos de su vida, y la volverá a componer con el pegamento de Su amor incondicional. Siempre que se vuelva a Él, procure su perdón, y le pida Su guía de ese momento en lo adelante, Él sin demora lo abrazará con Su perdón y Su amor incondicional. Dios afirma: «Te tomaré, allí mismo donde estás, y te mostraré cómo vivir el resto de tu vida con Mi ayuda y Mi fuerza».

¿Cómo descubrimos la promesa de Dios, cuál es Su voluntad y propósito para nuestra vida?

A través de:

- Leer Su Palabra.
- Las circunstancias de la vida.
- Consejos piadosos.
- Escuchar la conciencia movida por el espíritu.

Primero, Dios nos revela Su voluntad a través de Su Palabra. Los santos de la Biblia aprendieron a meditar en la verdad de Su Palabra. Estudiaban Sus principios y reflexionaban sobre cómo Él había obrado en las vidas de otros. Al orar y estudiar las Escrituras, el Espíritu Santo nos guía a pasajes que demuestran lo que Dios quiere que hagamos o aprendamos. La Biblia es la forma primordial que Dios tiene para comunicarse con nosotros, y por eso, no podemos vivir la vida cristiana separados de ella. Una vez que comencemos a leerla, desearemos continuar. A medida que estudiamos su mensaje, veremos la mano de Dios guiándonos, enseñándonos y nutriéndonos espiritualmente para que encontremos el camino correcto a seguir.

Segundo, Dios nos revela Su voluntad y Sus promesas a través de las circunstancias de la vida. Hay ocasiones que, desde nuestra perspectiva humana, la vida puede parecer fuera de control. Podemos enfrentarnos a una tragedia o pérdida repentina. Un esposo o esposa puede venir de buenas a primeras y decirnos que se marcha. Tal vez hubo cosas que debimos haber hecho de otra manera, pero ya es demasiado tarde. Las circunstancias destrozan nuestra vida, y el estrés es inmenso.

Nos preguntamos, *¿cómo puede salir algo bueno de una aflicción así?* Dios nunca se deleita en nuestra angustia. El mal o el quebrantamiento de nuestro mundo no lo glorifican, pero en verdad Él puede hacer lo imposible. Para Dios, lo que parece ser un final es realmente un comienzo. Sí, a Él le importa cuando sufrimos. Lloró frente a la tumba de Su amigo Lázaro, e incluso ahora Su corazón llora con nosotros cuando sufrimos. Sin embargo, así como Lázaro se levantó de la tumba, Dios quiere resucitar nuestras vidas. Podemos atravesar un período de luto, pero este no durará para siempre (Sal 30:5; 51:12). Cuando le permitamos acercarse a nuestras vidas, Él sanará nuestros corazones y nuestros sueños destrozados, y nos conducirá a un lugar espacioso de bendición (Sal 18:19).

Dios usa las circunstancias de nuestra vida para revelarnos Su voluntad, y para colocarnos en un lugar donde obtendremos un propósito y bendición mayores. Lo que hoy a usted le parece ser un callejón sin salida, mañana puede ser el camino a la esperanza de Dios. Es necesario que usted esté dispuesto a mantener el rumbo, y a creer que Él está usando todo en su vida para cumplir Su voluntad (Ro 8:28). Es posible que haya momentos en los que estemos tentados a preguntarnos cómo alcanzaremos los objetivos que Él nos ha establecido; pero lo lograremos, porque Él nos está guiando a través de las circunstancias de nuestra vida. Cada giro que damos, cada desafío que enfrentamos y cada decepción que llega abruptamente a nuestra vida constituyen oportunidades para que Él nos demuestre Su fidelidad.

Quizás pensemos que solo estamos pasando por una rutina diaria, pero no es así. Esa supuesta rutina diaria nos está guiando a un lugar y a una posición donde Dios puede bendecirnos y usarnos de maneras que nunca podríamos imaginar. Dios usa cada desafío que enfrentamos para prepararnos para el siguiente paso en la vida. Nunca dejamos de crecer, y Él nunca deja de obrar en nuestras vidas. Incluso hasta el día en que muramos, Dios está llevando a cabo Su voluntad a través de cada uno de nosotros. Yo siempre he tenido este hecho en mente, incluso cuando la vida se tornó muy difícil, y me pregunté qué rayos estaba haciendo Dios en mi vida. Sabía que Él tenía un plan, y mi responsabilidad era seguir enfocado en Él, permitirle que me guiara, y estar dispuesto a obedecerlo en todas las situaciones. Si yo cumplía estas cosas, Él se encargaría de los detalles; y lo mismo se cumple para usted.

La tercera forma en que Dios revela Su promesa para nuestra vida es a través del consejo piadoso de otros. A menudo, Dios nos habla y nos revela Su voluntad a través del consejo de un amigo, pastor o consejero piadoso. En Proverbios, Él nos recuerda: «Donde no hay buen consejo, el pueblo cae, pero en la abundancia de consejeros está la victoria» (11:14). No obstante, siempre debemos considerar si lo que otros nos dicen se ajusta a la Palabra de Dios.

Muchas personas bien intencionadas han dado consejos que no son parte del plan de Dios. Independientemente de la situación, el consejo que damos y recibimos debe ser piadoso y ha de ser algo que sepamos que el Señor aprueba. Si tenemos dudas en cuanto a un asunto, debemos detenernos y esperar a que Él nos guíe al siguiente paso. Él lo hará, y siempre lo hace. Por lo tanto, sea paciente, y esté convencido de recibir lo mejor que Él tiene para su vida. De esa manera, usted nunca se decepcionará.

Dios nos revela Su voluntad a través de nuestra conciencia. ¿Cómo podemos determinar qué es lo mejor? Sabemos que Él tiene una voluntad planeada, pero ¿cómo podemos estar seguros de que la hemos descubierto? Cuando le pedimos a Dios que nos esclarezca Su voluntad, Él lo hace. Él ha puesto en nuestro interior una conciencia, una percepción de Su presencia (Ro 1:20). Él ejercita nuestra conciencia con los principios escritos en Su Palabra. Por eso las actividades de lectura, estudio, meditación e incluso memorización de la Biblia son tan vitales para nuestro caminar diario con Dios. Si hemos dedicado tiempo para esconder Su Palabra en nuestros corazones, entonces tendremos una visión clara y firme de esperanza para el futuro.

Cuando la tragedia nos llegue, tropezaremos y buscaremos la esperanza a tientas. Sin embargo; si en nuestros corazones albergamos los principios de Dios, sabremos que cuando llegue el problema, no estaremos solos. Recordaremos que Su Espíritu Santo, que mora en nuestro interior, nunca nos dejará solos. También recordaremos las citas de la Palabra de Dios donde Él ha prometido guiarnos y darnos la sabiduría que necesitamos para afrontar cada desafío (Pr 2:6; 9:10; 14:33).

DOS ASPECTOS DE LA VOLUNTAD DE DIOS

La voluntad de Dios incluye dos aspectos principales. En primer lugar, Dios tiene una voluntad *determinada*. En segundo lugar, tiene una voluntad *deseada*. La voluntad determinada es la voluntad soberana y operativa de Dios en el mundo, y refleja la forma en que Él opera como Señor del universo. La Biblia nos afirma que Dios ha establecido Su trono en los cielos, y que Su soberanía gobierna sobre todas las cosas (Sal 11:4). El problema es que algunas personas no creen que Él controle todas las cosas; pero si Él no las controla, entonces ¿quién lo hace? Satanás no tiene el control. Dios ha permitido que él tenga capacidades limitadas que operan en el mundo, pero no es soberano y de seguro no tiene el control de la creación de Dios. De la misma manera, nosotros tampoco tenemos el control de nuestro mundo ni de nuestros destinos. Dios es el único que tiene Su mano en el panel de control.

Este mundo no se creó a sí mismo. La vida humana no comenzó como resultado de la evolución de un animal unicelular. Dios nos creó a Su imagen, y la luz de Su amor vive en aquellos que han puesto su fe en Su Hijo, el Señor Jesucristo. ¡Qué maravillosas dádivas nos ha dado Dios! Estas son vida, aliento y gozo suficiente para vivir cada día, sin sentimientos de miedo o ansiedad. ¿La razón? Nuestro Creador vela por nosotros y ha prometido que nunca nos abandonará (Jn 14:16). Eso es soberanía y control absoluto.

La voluntad determinada de Dios tiene que llevarse a cabo en este mundo. No es discutible ni opcional. Esto significa que todo lo que caiga dentro de Su voluntad determinada, sucederá de manera absoluta e inevitable. Su voluntad determinada también es inmutable; lo cual significa que no va a cambiar. Es irresistible, en el sentido de que nadie puede ignorarla, ni decidir que no se hará. También es incondicional. Hay algunas cosas que Dios hace y que hará, las cuales solo Él comprende.

Su voluntad determinada es integral y llena de significado. Por ejemplo, en Efesios el apóstol Pablo escribió: «Nos predestinó para adopción como hijos para sí mediante Jesucristo, conforme a la buena intención de Su voluntad, para alabanza de la gloria de Su gracia que gratuitamente ha impartido sobre nosotros en el Amado» (1:5-6). En amor, Él lo predestinó para adopción en Su Hijo. Esto significa que, una vez que usted conoció a Cristo como su Señor y Salvador, Él trazó un círculo alrededor de su vida. Sin embargo, la voluntad determinada de Dios también es impredecible. Nunca debemos asumir que Dios obrará de la forma en que nosotros pensamos que debe hacerlo; ni determinar a quién Cristo salvará y a quién no (Jn 3:8).

No obstante, de lo que sí puede estar seguro es que aquellos que reciben a Jesucristo como su Salvador personal le pertenecen a Él para siempre. Una vez que usted conoce al Señor como su Salvador, no hay forma de que pierda la salvación. Quizás ceda a la tentación, caiga en pecado, e incluso se aleje de Dios, pero Él nunca deja de amarlo. Esto no significa que podrá evitar Su disciplina ni las consecuencias del pecado. Él permite a menudo que experimentemos el sufrimiento para captar nuestra atención y para motivarnos a regresar a Él. David nos recuerda que nunca podemos alejarnos de Su presencia. «Aun antes de que haya palabra en mi boca, Oh Señor, Tú ya la sabes toda. Por detrás y por delante me has cercado, y Tu mano pusiste sobre mí. Tal conocimiento es demasiado maravilloso para mí; es muy elevado, no lo puedo alcanzar» (Sal 139:4-6).

DIOS DA A CONOCER SU VOLUNTAD

El conocimiento de Dios es demasiado sublime para que alguna vez lo podamos entender a plenitud. Podemos adquirir conocimiento, pero a diferencia de Dios, realmente sabemos muy poco. Él tiene el mundo y a todos nosotros en Sus manos. Quizás pensemos que el gobierno controla el futuro, pero no es así. Dios es quien pone en el poder a hombres y mujeres, y Él es también quien los quita. Sin duda, Él sabe exactamente lo que va a ocurrir y cuándo ocurrirá. Él tiene conocimiento de los problemas con los terroristas y los disturbios en el Medio Oriente, pero también se preocupa por lo que está sucediendo en su vida diaria. Él es omnisciente (lo sabe todo) y todopoderoso. Se preocupa cuando usted está sufriendo o luchando con una decisión, y desea guiarlo a través de sus dificultades.

Pablo nos señala que Dios «nos dio a conocer el misterio de Su voluntad, según la buena intención que se propuso en Cristo» (Ef 1:9). Hay muchos misterios concernientes a la voluntad de Dios: sucesos en el pasado y sucesos que vendrán que no comprenderemos plenamente. También habrá algunas cosas que Él nos muestra y otras que no conoceremos. Nuestras mentes no pueden comprender todos los caminos de Dios; sin embargo, podemos usar las cosas que Él nos ha revelado para discernir Su propósito en muchas situaciones (Dt 30:16; Hch 2:28).

Hay una diferencia entre la voluntad determinada de Dios y Su voluntad deseada. Su *voluntad determinada* incluye las cosas que Él va a hacer en esta vida a pesar de nuestras respuestas. Es absolutamente incuestionable e irresistible. Sin embargo, esto no se cumple con Su *voluntad deseada*, que incluye las cosas que Él desea hacer. Su voluntad determinada ocurre más allá de nuestro ámbito de control. Dios afirma que cierta cosa sucederá, y así sucede; y punto. Esto también abarca las cosas que Él hará sin importar si nosotros cooperamos o no. Su voluntad deseada incluye las cosas que Él desea hacer; y en este caso, nosotros tenemos una opción. Podemos obedecerle o desobedecerle. Dentro de la voluntad deseada de Dios se encuentran las decisiones que tomamos cada día. Pueden ser elecciones de mayor o menor trascendencia.

Una de las razones por las que muchos dentro del pueblo de Dios no viven en Su voluntad es porque no la entienden, y se confunden. Andan dando tumbos por la vida, con la esperanza de estar en el camino correcto. Su voluntad determinada es sumamente clara: Jesús vino a salvarnos de nuestros pecados. La vida y la muerte de Jesús demostraron la misericordia y la gracia de Dios. ¿Comprendemos cómo Cristo fue concebido? Sabemos que fue por el poder del Espíritu Santo, pero Dios no ha elegido revelarnos cada detalle.

EL SIGUIENTE PASO A DAR

En lo concerniente a Su voluntad deseada, Él nos da instrucciones para que sepamos lo que necesitamos hacer, pero nosotros tenemos que decidir seguir

Sus instrucciones. En Colosenses, Pablo escribió: «Por esta razón, también nosotros, desde el día que lo supimos, no hemos cesado de orar por ustedes, pidiendo que sean llenos del conocimiento de Su voluntad en toda sabiduría y comprensión espiritual» (1:9). Esta fue la oración de Pablo por la iglesia de Colosas, y en verdad es la oración de Dios por cada uno de nosotros, a fin de que podamos conocer y experimentar Su voluntad personal para nuestras vidas.

En su libro *Candles in the Dark* [Velas en la oscuridad], Amy Carmichael escribió: «Si el siguiente paso está claro, entonces lo único que hay que hacer es darlo... En una ocasión, cuando por la noche escalaba en el bosque, antes de que hicieran un camino, aprendí lo que quiere decir la palabra en Salmos 119:105: "Lámpara es a mis pies Tu palabra, y luz para mi camino". Yo llevaba una linterna, y tenía que mantenerla muy abajo o ciertamente podría haber resbalado en aquellas piedras ásperas. Desde el punto de vista espiritual, nosotros no caminamos guiados por luz eléctrica sino por una linterna de mano. Y una linterna solo muestra el siguiente paso, no varios más adelante».[6] Cuando caminemos con los ojos puestos en Cristo, entonces haremos Su voluntad.

Una vida centrada en la obediencia es una vida que se vive en el centro de la voluntad de Dios. Una de las primeras cosas que los entrenadores enseñan a sus animales, especialmente a los perros, es a prestarles atención. Se da la orden de «atención», y el perro aprende a mantenerse mirando a su amo solamente. Incluso si hay algún otro ruido u otra actividad, el animal debe mantener su atención. La única persona que puede anular esta orden es el dueño o entrenador. El propósito es sencillo. Cuando el animal pone la atención en su amo, no se distrae.

A una escala mayor, si nuestros corazones están enfocados en Cristo, entonces cuando tengamos que tomar una decisión, haremos varias cosas:

- Iremos al Señor en oración.
- Estaremos dispuestos a esperar Su respuesta.
- Apartaremos tiempo para buscar Su sabiduría mediante la lectura de Su Palabra.
- Lo obedeceremos.

CONFIAR EN DIOS SOBRE TODAS LAS COSAS

Todo se reduce al nivel de confianza. ¿Confiamos en Dios con nuestra vida, independientemente de lo que veamos, o en el fondo de nuestras mentes nos acecha una sombra de duda? Un segundo de duda puede cambiar la forma en que percibimos la presencia de Dios en nuestras vidas. Por ejemplo, mucha gente cree que la Biblia contiene la Palabra de Dios. El error de la gente consiste en que La Biblia no solo *contiene* la Palabra de Dios para nosotros; la Biblia *es* la Palabra de Dios. Y punto. Desde el momento en que usted dice, «Bueno, no sé si cada una de las palabras escritas en ella es verdadera», ya está desacreditando lo que Dios nos ha expuesto a través de Su Palabra.

La Biblia tiene plena relación con su vida y su situación actual. Es la infalible Palabra de Dios, escrita por el mismo Dios, mediante hombres que Él utilizó como agentes o escribas Suyos; vasijas que Él eligió para registrar Sus principios y Su plan de redención para un mundo perdido y desesperado. Si usted niega incluso una porción de la Palabra de Dios, está dando un gran paso en la dirección equivocada; dirección que lo aleja de la voluntad y del propósito de Dios para su vida. También es una dirección que lo llevará por un camino de duda, miedo y ansiedad. El resultado de tomar una sola decisión como esta puede acarrearle más dolor y tristeza de la que usted puede soportar, porque separado de la fe en Dios y Su Palabra, usted se irá a la deriva espiritualmente. Perderá su sentido de dirección, pues ha descartado la brújula misma que Dios le ha dado para mantenerlo en el rumbo correcto y en el centro de Su voluntad.

Sin embargo, cuando elegimos obedecer al Señor, le estamos diciendo que creemos que Él es quien dice ser. Tenemos la opción de creer o no creer. Si elegimos obedecer y creer, seremos siempre ganadores. Desobedecer a Dios es una imprudencia.

Aún permanece la pregunta, ¿podemos conocer la voluntad de Dios? La respuesta es sí, pero de forma limitada. Ni siquiera Jesús, cuando estuvo en la tierra, supo todo lo que Su Padre celestial conocía sobre el futuro. Cuando le preguntaron sobre el momento de Su regreso, Cristo respondió a Sus discípulos: «Pero de aquel día o de aquella hora nadie sabe, ni siquiera los ángeles en el cielo, ni el Hijo, sino solo el Padre» (Mr 13:32). Mientras Jesús estuvo en la tierra, Su conocimiento tuvo cierta limitación. Él era Dios encarnado, pero asumió las limitaciones de los seres humanos para ser nuestro perfecto Representante y Sumo Sacerdote (Fil 2:5-8; Heb 2:17).

Sin embargo, Dios tiene el conocimiento pleno, y cuando en una situación dada le pedimos Su guía, Él la proveerá (Sal 73:24; Mt 7:7). Nunca olvide el hecho de que la voluntad determinada de Dios es justamente eso; lo que Él ha determinado, eso sucederá. Nada puede cambiarlo. Un día Él regresará por aquellos que han depositado su fe en Él. Este es un acontecimiento próximo, y podemos estar seguros de que sucederá. Su objetivo para nuestras vidas es prepararnos para el día de Su venida, guiándonos mediante Su espíritu a la verdad y al entendimiento piadoso.

En Salmos 25, David hace una oración que nosotros podemos hacer todos los días: «Señor, muéstrame Tus caminos, enséñame Tus sendas. Guíame en Tu verdad y enséñame, porque Tú eres el Dios de mi salvación; en Ti espero todo el día» (vv. 4-5). Si usted realmente quiere llamar la atención de Dios, pídale que «le enseñe más sobre Sus caminos» a medida que Él le guía cada día. Dios no se resistirá a un corazón completamente rendido a Él.

DIECIOCHO

EL ÉXITO A LA MANERA DE DIOS

¿Está el éxito dentro de los planes de Dios para su vida? Cuando conocí a Kyle, él era el retrato del abatimiento. Me dio un flojo apretón de manos y se desplomó en la silla que estaba frente a mí. Pensé que quizás estaba enfermo. Pero enseguida dijo: «Pastor Stanley, no logro entenderlo. Estoy tratando de llevar una buena vida cristiana en el mundo de los negocios, pero a la verdad no creo que un individuo honrado pueda llegar muy lejos. Cada vez que me doy la vuelta veo cómo le dan una puñalada en la espalda a una buena persona y últimamente he sido yo el blanco de estas. Me parece que quienes se preocupan menos de Dios son los que obtienen los ascensos, los aumentos y todos los extras. No veo evidencia alguna de que al Señor le interese un comino si yo, o cualquier otro cristiano, tiene éxito».

Si esa es la manera en que usted se siente hoy día, déjeme asegurarle, como lo hice con Kyle: Dios está comprometido con su éxito. Él *quiere* que triunfe y está listo para ayudarle a triunfar más allá de sus más grandes sueños.

¿Cómo lo sé? Creo que hay tres formas principales de evidencia: Primera, Dios nos ha dado en su Palabra todos los principios para el éxito verdadero. Ha puesto a disposición de todo individuo el conocimiento sobre cómo triunfar.

Segunda, el Señor ha puesto en cada persona el anhelo de tener éxito.

Tercera, Dios le ha dado a toda persona dones y talentos que, cuando se emplean y desarrollan, producen los beneficios del éxito. Miremos más de cerca cada una de estas evidencias.

LA BIBLIA ES EL MANUAL DIVINO DEL ÉXITO

A través de los años probablemente he leído dos o tres docenas de libros que tratan el tema del éxito. Algunos incluyen a Dios en sus análisis, y unos pocos colocan al Señor como el centro de una vida triunfante. Sin embargo, descubrí que, sin excepción, todos los principios verdaderos del éxito que hay en esos libros pueden encontrarse en la Biblia.

Los principios del éxito no son extraños a una vida devota; al contrario, están incrustados en ese estilo de vida. El mundo podría pensar que ha descubierto tal o cual idea acerca del éxito, pero en realidad Dios es el autor de todo triunfo. Además, la Palabra de Dios ha presentado durante miles de años los principios del éxito para el ser humano.

La palabra mejor traducida como *éxito* aparece solo siete veces en la Biblia: dos en Josué y una vez en cada uno de estos libros; Génesis, Nehemías, Job, Eclesiastés y Daniel. En el Nuevo Testamento no aparece ninguna palabra que se haya traducido *éxito*. Debido a la falta de referencias bíblicas vinculadas directamente con el éxito, podríamos estar tentados a concluir que Dios no está interesado en el triunfo de su pueblo. Sin embargo, tal conclusión sería errónea.

En vez de utilizar la palabra *éxito*, la Biblia usa *prosperar*. Prosperar en todo lo que usted hace es tener éxito en todo lo que hace. Ser próspero es ser triunfador. Cada vez que leemos acerca de la prosperidad del Señor en su gente, podemos estar seguros de que él está ayudándoles a lograr el éxito en todo sentido. Por ejemplo, Juan escribió: «Amado, yo deseo que seas prosperado en todas las cosas, y que tengas salud, así como prospera tu alma» (3 Jn 2, RVR1960).

PROSPERIDAD INTEGRAL DEL INDIVIDUO

El éxito o la prosperidad que Dios tiene para usted es siempre integral. Observe de nuevo en 3 Juan 2 que la oración del apóstol fue que las personas prosperaran en todas las cosas —su vida material, social, natural y económica— así como prosperaban en su salud personal y en sus vidas espirituales. La prosperidad que les deseaba cubría sus vidas completas. Era una prosperidad que se podría describir como «totalidad en acción».

Haga un inventario de su vida actual. Pregúntese:

- ¿Dónde estoy en mi caminar espiritual?
- ¿Dónde estoy en mi economía?
- ¿Dónde estoy en mi vocación?
- ¿Dónde estoy en mi servicio al Señor?
- ¿Dónde estoy en mi salud?
- ¿Dónde estoy en mi relación con otras personas, entre ellas mi familia, mis amigos y aquellos con quienes estoy involucrado en la iglesia y el trabajo?

El Señor desea para usted un éxito que tocará todos los aspectos de su vida. Desea que se vuelva íntegro y que, en integridad, prospere en todas las áreas de su experiencia.

Observe también que Juan oró porque los seguidores del Señor prosperaran exteriormente como prosperaban sus almas. ¿Cuántos de nosotros en verdad deseamos prosperar hasta el punto en que prosperan nuestras almas? Sinceramente, la mayoría de las personas que encuentro esperan que el Señor las prospere más en sus finanzas y en sus vidas materiales de lo que están prosperando sus almas. Si económicamente prosperaran solo hasta el punto en que prosperan en lo espiritual, llevarían una vida de miseria.

El Señor une la prosperidad interior y la exterior, y la clara implicación es que nos prosperará económicamente, en nuestro trabajo, en nuestras relaciones y en nuestras vidas materiales. Lo hará solo hasta el punto en que prosperemos espiritualmente, o en proporción a nuestra prosperidad espiritual.

Piense en el individuo que desea prosperar económicamente, pero que no obedece a Dios cuando se trata de dar sus diezmos y ofrendas para la obra del Señor. ¿Estará Dios interesado en ayudar a prosperar económicamente a alguien que es desobediente en el manejo de las finanzas?

Cuando el Señor ve indolencia, falta de cuidado y pereza en nuestra vida, no puede estar interesado en prosperar tal calidad de carácter.

El Señor no puede estar comprometido a prosperarnos económicamente si ve un mal uso de recursos, o fallas en la buena mayordomía de nuestros ingresos (como no entregar lo que se nos ha ordenado dar).

Nuestro éxito siempre tiene condiciones, y las condiciones son principalmente espirituales.

La integridad no depende de las circunstancias

La Biblia también enseña sobre la prosperidad que nuestra integridad —la prosperidad interior y exterior— no depende de circunstancias externas sino de nuestra relación interior de fe con el Señor.

Quizás nadie enfrentó circunstancias más difíciles en toda su vida que Daniel. Fue llevado en cautiverio por los babilonios cuando era joven. Fue transportado a Babilonia y obligado a vivir en una cultura extraña el resto de su vida. Sirvió bajo las órdenes de tres reyes paganos: Nabucodonosor, Ciro y Darío.

Daniel no solo enfrentó la muerte cuando los magos del rey no lograron interpretar el sueño del monarca —algo que Daniel hizo después de que el Señor le revelara el sueño y su significado— sino que estuvo en el foso de los leones por ser fiel en su vida de oración. Pocos hemos enfrentado, o enfrentaremos, circunstancias continuas tan negativas o tan difíciles como las que enfrentó Daniel. Sin embargo, en Daniel 6:28 (RVR1960) leemos: «Y este Daniel prosperó durante el reinado de Darío y durante el reinado de Ciro el persa». Daniel vivió bien y de manera triunfal en medio de sus circunstancias. Esto es precisamente lo que estamos llamados a hacer.

Uno de los fundamentos para la prosperidad bíblica es la fe. Todo libro que he leído afirma, de una manera u otra, que una persona debe creer que puede lograr el éxito. El principio de fe es una constante para el triunfo. La verdadera pregunta para el cristiano es: ¿Fe en qué o en quién? Solo cuando identificamos el objeto de nuestra fe es cuando conocemos con certeza el fundamento de nuestro éxito.

Si pone su fe en usted mismo y en sus capacidades, intelecto y sueños, entonces su cimiento será tan firme como usted lo sea. Además, no importa cuán firme pueda ser, usted no es ni omnipotente ni omnisciente.

Si pone su fe en Dios, entonces su base es tan firme como lo es él: todopoderoso y omnisciente.

EL LLAMADO DE DIOS AL ÉXITO

En la Biblia no solo encontramos los anhelos de Dios para nuestro éxito, sino que encontramos numerosos ejemplos de personas a quienes él llamó a la prosperidad.

El Señor llamó a Josué a tener éxito. Este no solo triunfó en lo personal en su liderazgo, sino que todos los israelitas bajo su mando fueron llamados a triunfar. Leemos en Josué 1:1-9 (RVR1960):

> Aconteció después de la muerte de Moisés siervo de Jehová, que Jehová habló a Josué hijo de Nun, servidor de Moisés, diciendo: Mi siervo Moisés ha muerto; ahora, pues, levántate y pasa este Jordán, tú y todo este pueblo, a la tierra que yo les doy a los hijos de Israel. Yo os he entregado, como lo había dicho a Moisés, todo lugar que pisare la planta de vuestro pie. Desde el desierto y el Líbano hasta el gran río Éufrates, toda la tierra de los heteos hasta el gran mar donde se pone el sol, será vuestro territorio. Nadie te podrá hacer frente en todos los días de tu vida, como estuve con Moisés, estaré contigo; no te dejaré, ni te desampararé. Esfuérzate y sé valiente; porque tú repartirás a este pueblo por heredad la tierra de la cual juré a sus padres que la daría a ellos. Solamente esfuérzate y sé muy valiente, para cuidar de hacer conforme a toda la ley que mi siervo Moisés te mandó; no te apartes de ella ni a diestra ni a siniestra, para que seas prosperado en todas las cosas que emprendas. Nunca se apartará de tu boca este libro de la ley, sino que de día y de noche meditarás en él, para que guardes y hagas conforme a todo lo que en él está escrito; porque entonces harás prosperar tu camino, y todo te saldrá bien. Mira que te mando que te esfuerces y seas valiente; no temas ni desmayes, porque Jehová tu Dios estará contigo en dondequiera que vayas.

¡Qué declaración tan maravillosa del anhelo divino de que Josué y los israelitas tuvieran éxito! ¡Qué gran afirmación del compromiso de Dios en ayudar a que Josué y los israelitas triunfaran!

Al principio de este libro, el Señor le dijo a Josué que le había dado la extraordinaria responsabilidad de liderar una nación de más de dos millones de personas. Josué y el pueblo debían atravesar el río Jordán y entrar a la tierra que Dios les había prometido. El Señor dice dos veces en el primer capítulo: «Esta tierra será vuestra; será vuestro territorio y vuestra herencia». Dos veces le dijo Dios personalmente a Josué: «Ningún hombre podrá arrebatarte tu posición de liderazgo. Tendrás éxito en el papel que te he encomendado».

La verdadera pregunta no es si Dios le ha prometido o no tener éxito si es fiel en seguir sus principios relacionados con el triunfo. La verdadera pregunta es: ¿Está dispuesto a aceptar y creer que Dios anhela su éxito?

Nehemías creyó el compromiso de Dios con el éxito

Nehemías era un hombre de la Biblia que creyó y reclamó el éxito de Dios para sí mismo. El profeta era un siervo del rey; y cuando oyó la noticia de que los muros y las puertas de Jerusalén estaban en ruinas, ayunó y oró por la situación.

El monarca notó la tristeza en el rostro de Nehemías y le preguntó la causa de tal desconsuelo. El profeta explicó la situación en su tierra natal, y el rey le ofreció darle todo lo necesario para ir a Jerusalén y hacer las reparaciones a la ciudad. También incluyó una escolta para que el viaje a Jerusalén, así como el regreso, fueran seguros.

Cuando Nehemías llegó al lugar, enfrentó oposición de parte de quienes no querían que triunfara en la tarea que tenía por delante. No deberíamos sorprendernos al enfrentar oposición. Toda persona que esté haciendo la voluntad de Dios enfrenta oposición del diablo y de aquellos a quienes este puede influenciar. Lea cómo Nehemías respondió a la oposición:

Entonces les declaré cómo la mano de mi Dios había sido buena sobre mí, y asimismo las palabras que el rey me había dicho. Y dijeron: Levantémonos y edifiquemos. Así esforzaron sus manos para bien. Pero cuando lo oyeron Sanbalat horonita, Tobías el siervo amonita, y Gesem el árabe, hicieron escarnio de nosotros, y nos despreciaron, diciendo: ¿Qué es esto que hacéis vosotros? ¿Os rebeláis contra el rey? Y en respuesta les dije: El Dios de los cielos, él nos prosperará, y nosotros sus siervos nos levantaremos y edificaremos, porque vosotros no tenéis parte ni derecho ni memoria en Jerusalén.

(NEH 2:18-20, RVR1960)

El mismísimo Dios de los cielos nos prosperará. ¿Es esa su actitud actual hacia el éxito? ¿Cree en realidad que Dios está de su parte y que está comprometido con su triunfo?

EL ÉXITO ES UN PROCESO

Muy a menudo miramos los personajes bíblicos y concluimos: «Yo no soy así». La verdad es que *somos* como los personajes de la Biblia; y ellos fueron como nosotros en sus respuestas a la vida, en sus luchas, en sus éxitos y fracasos, y en sus personalidades y anhelos. El corazón humano no ha cambiado. La tecnología y los lugares pueden cambiar, pero el corazón de las personas no ha cambiado. Lo que usted siente lo sintieron los personajes bíblicos. Lo que usted piensa lo pensaron las personas de la Biblia.

¿Tuvieron los apóstoles de Jesús días que parecieron rutinarios y aburridos? ¡Por supuesto!

¿Fueron gloriosos todos los días de Moisés? ¡No!

¿Fue cada minuto de cada día un gran momento para todo héroe o heroína de la Biblia? Seguramente no.

La mayoría de nuestros días, al igual que los de estos personajes, están marcados por una total obediencia, persistencia, entereza y lucha. La mayoría no son de un éxito rotundo ni de un fracaso devastador.

El punto es este: lograr el éxito no significa que en todo momento de su existencia usted vivirá en la cima de la montaña con una enorme sonrisa en el rostro y una medalla pegada a su solapa. Los momentos de alegría pueden llegar. Es posible que a veces sean frecuentes y a veces casi ni existan.

El éxito no se basa en cómo usted se sienta o en los momentos motivadores en los que recibe recompensas, reconocimientos o respuestas inmensamente positivas de parte de otros. El triunfo se encuentra en la manera como viva cada día. Se encuentra en el modo en que *busca* lo que Dios le ha llamado a ser, y en hacerlo.

El éxito no es el fin de un proceso. Es *la manera en que se emprende el proceso* llamado vida. La Palabra de Dios es nuestra guía durante el viaje.

UN DESEO INTRÍNSECO DE TRIUNFAR

El Señor no solo le ha dado Su Palabra para desafiarle, llamarle y persuadirle a que triunfe, sino que ha puesto en su interior un deseo profundo de tener éxito.

Todo niño viene a este mundo orientado hacia las metas. Observe que cuando un bebé comienza a llorar en una cuna, se le da un chupón. Tal vez lo chupe por un rato, pero lo próximo que hará es jugar con él, y antes de que pase mucho tiempo, se lo ha sacado de la boca y está fuera de su alcance. Quizás el bebé se retuerza un poco o levante las manos con la esperanza de alcanzarlo. Sin embargo, ¿qué hace cuando sus esfuerzos fallan? ¡Comienza a gritar y a llorar de nuevo! Está orientado hacia las metas aun desde la cuna y hasta por un chupón. Ese niño hará cualquier cosa que pueda para lograr satisfacer su necesidad.

Todo bebé normal y sano viene a este mundo con un anhelo de triunfo y éxito en la vida; ese deseo de hacer y tener cosas que le darán una sensación de satisfacción, realización y complacencia. Tiene un deseo de comunicarse y expresarse, de relacionarse con otros, y de moverse: correr, gatear, caminar.

El Señor le ha dado a usted un anhelo innato de triunfar que le hace *actuar*. Se lo ha dado para que se motive a sí mismo a descubrir sus dones y talentos, y a usarlos. Usted tiene un dinamismo intrínseco para satisfacer sus necesidades de una manera que le brinde placer.

Algunas personas parecen haber nacido con la idea innata de que siempre alguien debe cuidarlas o que las limosnas de otros son una manera de vivir. Vivir dependiendo de otros no es el diseño de Dios. Al contrario, esta es una *decisión* que, consciente o inconscientemente, toman las personas.

Algunos parecen preferir la derrota, el fracaso, la pereza y la falta de preocupación, y continuamente culpan a otros por su falta de éxito. Hasta cierto punto, esos individuos han tomado la decisión de manipular a los demás, culparlos o utilizarlos para sus propósitos. No tienen ningún deseo de llevar una buena vida; han escogido medios impíos para obtenerla. (Manipular, culpar y usar a otros con propósitos egoístas *no* está alineado con el plan de Dios. Estos son métodos del enemigo, no métodos que el Señor considera justos).

El impulso que Dios pone en usted es neutral. Puede dirigirse a la lujuria de la carne, a la lujuria de los ojos y a la vanagloria de la vida. O puede estar dirigido a la búsqueda de las cosas del Señor y al éxito que el Señor ha planificado para usted. Sin embargo, el impulso hacia el éxito, la satisfacción y la realización están dentro de usted; son un regalo de Dios y él espera que lo utilice de manera correcta.

DIOS LO HA EQUIPADO PARA TRIUNFAR

Además de las promesas de la Palabra de Dios y del anhelo de triunfar que el Señor ha implantado en usted, Él le ha equipado con uno o más talentos y capacidades naturales, así como uno o más dones espirituales (a los cuales también se les llama dones motivacionales o ministeriales). Estos dones han sido integrados en su personalidad única por una razón: para que pueda usarlos en su mejor capacidad y que produzcan obras de calidad que tengan un potencial para recompensas tanto terrenales como eternas.

Demos una mirada más cercana al proceso involucrado en el uso de sus dones. El primer paso es descubrir sus dones únicos. Si usted no sabe para qué Dios le ha dado dones, escudriñe su vida y sus capacidades. Se puede beneficiar haciendo ciertas pruebas de aptitudes o de dones espirituales. Descubra lo que el Señor ha puesto en su interior.

El segundo paso es el desarrollo de sus dones. Estos no surgen ya desarrollados ni perfeccionados. Sus talentos, habilidades y dones espirituales se deben desarrollar mediante la práctica, la aplicación y el ejercicio. Mientras más *emplea* sus dones, más mejorará sus talentos, ya sea que trate de tocar el piano o de practicar el don espiritual de la exhortación.

El tercer paso es rendir sus dones al Espíritu Santo. En el momento en que usted confía en Jesucristo como su Salvador personal, Dios le otorga la presencia del Espíritu Santo en su vida. Una de las funciones del Espíritu en usted es dar poder a lo que haga en el nombre de Jesús y hacer que produzca fruto eterno para Su gloria.

EL ESPÍRITU SANTO EN USTED LE PERMITE TRIUNFAR

El Espíritu Santo funciona de varias maneras para ayudarle a tener éxito mientras usted practica y utiliza sus dones. Una de esas maneras es resaltar su habilidad de discernir lo correcto de lo incorrecto, lo bueno de lo malo, y tomar decisiones entre buenas alternativas. Cuando enfrente decisiones en las que deba considerar cuándo, dónde y cómo emplear sus talentos y dones espirituales, pida al Espíritu Santo que le ayude en el proceso de tomar decisiones. Pídale ayuda para discernir el camino que seguirá.

Otra manera en que el Espíritu Santo le ayuda es al fortalecerlo para que use sus dones con el máximo de eficacia. Toda obra necesita esfuerzo y energía. El Espíritu Santo le ayuda al renovar sus fuerzas, agudizar sus sentidos y al apoyarlo para que realice más trabajo en menos tiempo y del modo más eficaz. Lo que usted cree poder hacer bien en sus propias fuerzas y capacidades, lo puede hacer mucho mejor cuando confía activamente en la ayuda del Espíritu Santo.

Una tercera manera en que el Espíritu Santo le ayuda es al darle consuelo y la seguridad de que, desde la perspectiva de Dios, todo obra para su bien (Ro 8:28). Muchas personas desperdician energía y tiempo valioso preocupándose por si hicieron lo suficiente, si lo hicieron bien, o si hicieron lo correcto al usar sus dones y talentos espirituales. Prácticamente cuestionan todo lo que han hecho o lo que están a punto de hacer. El Espíritu Santo le asegura que cuando usted utiliza un talento o un don espiritual con un motivo adecuado de amor hacia Dios y hacia los demás, Él toma lo que usted usa, lo moldea, lo revisa y lo transforma en algo efectivo, beneficioso y aplicable.

Una cuarta manera en que el Espíritu Santo le ayuda es empujándole suavemente en la dirección que debe seguir y hacia quienes debe influir con sus talentos o dones espirituales. Algunos dicen que el Espíritu Santo los *convence* sobre qué dirección deben tomar, qué palabras deben decir y qué obras deben realizar. Otros dicen que el Espíritu Santo *los impulsa* a hacer ciertas cosas, y aun hay quienes aseguran que el Espíritu *los obliga* a actuar de cierta manera. Cualquiera que sea el término que usted use para describir el poder rector del Espíritu Santo en su vida, la realidad es que Él busca guiarle diariamente en los caminos en que debe caminar y en las actividades en las que se debe comprometer. Escuche atentamente cómo le guía.

Si ahora mismo le dijera que estoy enviándole una persona para ayudarle a tomar decisiones sabias, con el fin de que usted tenga la mayor cantidad de éxito, de darle poder a su trabajo para que rinda al máximo de su capacidad, de asegurarle que todos sus esfuerzos sean eficaces y beneficiosos, y de motivarle continuamente, sin duda usted aceptaría con entusiasmo la ayuda de esa persona. Pues bien, el Espíritu Santo ha sido enviado para hacer todo eso en usted y a través de usted. Cuando le pide ayuda para utilizar sus talentos y dones espirituales, Él *lo lleva a ser* eficaz y a tener éxito.

No importa que usted sea maestro de escuela, ama de casa, plomero, carpintero, abogado, médico o ejecutivo comercial, Dios quiere que tenga éxito en las tareas que tiene por delante. Él le ha dotado de las capacidades, los talentos y los dones espirituales necesarios para que ejecute su trabajo de una forma superior, con constancia y con eficacia. Además, Dios envió su Santo Espíritu para asegurarse de que tenga éxito en el uso de sus dones y talentos.

NO DESCARTE LO QUE DIOS LE HA DADO

Demasiados cristianos no se mueven hacia el éxito total que Dios tiene para ellos porque desechan los dones divinos.

Nunca se subestime ni deseche sus capacidades. Si ha recibido al Señor Jesucristo como su Salvador, y el poder del Espíritu Santo reside en su interior, usted puede hacer *todo* lo que el Señor le dirija a hacer. Subestimarse o desvalorizarse es menospreciar al Espíritu de Dios que mora en usted y desvalorizar las habilidades que Él le ha dado.

No se menosprecie. Al criticarse o decirse cosas negativas, también está criticando y diciendo cosas negativas del Cristo que vive en usted.

Nunca se descarte. Mientras esté vivo y el Señor resida en su vida, usted es una parte muy activa «del juego».

Nunca utilice su raza, su color, su falta de educación ni sus antecedentes como una excusa. Dios conoce todo acerca de su raza, color y cultura. Él provocó que naciera con esas características. Lo que usted no sabe, Dios lo sabe. Lo que no tiene, Dios lo tiene.

Nunca use su edad como una excusa para no ir tras el triunfo. Dios no le ha puesto una edad de jubilación. Usted puede cambiar su vocación a los sesenta y cinco, setenta o setenta y cinco años, pero aun así deberá vivir, ministrar a otros y establecer metas según el Señor le dirija y entonces hacer lo que el Señor le guíe a hacer. Usted puede dar fruto en la vejez (Sal 92:14).

Nunca use las circunstancias como una excusa para no estar buscando los propósitos de Dios para su vida. ¿Está consciente de que la mayoría de personas que han logrado algo verdaderamente digno en la vida han pasado por circunstancias difíciles? La lucha, el esfuerzo, las exigencias y negarse a aceptar la derrota ante las circunstancias difíciles crean las cualidades que llevan al triunfo. Dios sabe todo acerca de sus circunstancias, y le permitirá sobreponerse a ellas.

Una joven ciega se inscribió en una universidad que no era nada fácil para ninguna persona, y mucho menos para una persona ciega. Un periodista del diario universitario le preguntó si creía que el recinto era un reto importante. Ella respondió: «Cada día de mi vida es un desafío. Todos los días debo moverme en espacios nuevos para mí. Esta universidad es tan solo un espacio más que debo explorar. He confiado toda mi vida en que Dios me ayuda a moverme de manera segura, por tanto, continuaré confiando en Su ayuda para desenvolverme aquí con seguridad».

Ciertamente esta joven no permitió que la circunstancia de la ceguera le impidiera cumplir su meta. Su valor se había fortalecido con los años —un día a la vez— para tratar con el reto que tenía por delante.

EL PODER DE LA ORACIÓN SE RELACIONA CON EL ÉXITO

El Señor no solo le ha dado el Espíritu Santo para permitirle tener éxito, sino que le ha dado el poderoso privilegio de la oración. Usted tiene la facultad de inclinarse cada mañana ante Dios y decirle: «Señor, necesito que me guíes hoy. Necesito tu ayuda. Necesito tu fortaleza. Muéstrame cómo llevarme bien con esta persona. Muéstrame cómo unir a la gente. Enséñame a estar motivado hacia mi familia y mi trabajo en el equilibrio que deseas».

El Señor se agrada cuando ora pidiendo su ayuda. Se deleita en sus oraciones de fe y las usa para hacer a un lado los obstáculos que se levantan frente a usted. Él utiliza sus oraciones para frustrar las intenciones malignas que otros tienen en su contra, para destruir las obras de quienes intentan molestarlo y para demoler los esfuerzos del diablo por destruirlo y robarle. Dios le ha dado una herramienta muy poderosa en la oración. Esta herramienta activa las fuerzas celestiales a su favor y levanta una barrera entre usted y las fuerzas del infierno.

¡CREADOS PARA SER USADOS!

Dios puso en la Biblia sus principios y promesas para el éxito con un propósito: que usted pueda creerlos, aprenderlos y utilizarlos.

El Señor ha puesto en su vida un anhelo de triunfar que lo impulsa a actuar.

Dios ha equipado su vida con dones y talentos, le ha dado el Espíritu Santo, y le ha dotado de la herramienta de la oración para que pueda usar sus dones, seguir la dirección del Espíritu, y orar con fe para que se cumpla la voluntad divina de éxito en usted y los demás.

Dios no solo quiere que sepa teóricamente cómo triunfar; él le ha dado todo lo necesario para tener verdadero éxito.

DIECINUEVE

UNA NECESIDAD QUE ATENDER

¿Quién *necesita* de usted?

¿Quién estará mucho peor si usted no aparece hoy en su vida?

Puede sentir que nadie lo necesita, que a nadie le importa si está vivo. Pero permítame asegurarle que *alguien* en este mundo necesita de usted, alguien que es parte del plan de Dios para su vida. Usted fue creado para servir a esa persona (Ef 2:10), y Él se revelará a ella a través de usted. Puede que todavía no la haya conocido (a esa o a esas personas), pero hay alguien que aguarda por su amor, su cuidado y sus talentos.

Conocí a una mujer cuyo esposo había fallecido unos meses antes. Había sido cristiana durante bastante tiempo, pero se encontraba devastada. Su esposo se había ocupado de todo por ella. Prácticamente no tenía habilidades para valerse por sí misma. No sabía hacer un cheque ni conducir un coche. Lo único que sabía hacer era comprar comestibles y preparar la comida. Me dijo:

—Cuando mi esposo murió, mi mundo se desmoronó. Sin él, no hay vida.

Comenzó a sollozar y admitió:

—Desde que mi esposo murió he tenido ese sentimiento de autocompasión del que me habla. Mi madre me ha dicho que debo continuar con mi vida, mis amigos han tratado de animarme, pero nada funciona. Intento decirme a mí misma que las cosas mejorarán, pero no mejoran. Trato de orar, pero siento como si las palabras resonaran en una casa vacía. Me siento impotente y desesperada. Estoy deprimida.

Yo estaba al tanto de su situación y sabía que su esposo le había dejado suficientes recursos económicos para que no tuviera que preocuparse por las necesidades básicas de la vida. Pero aún así, ella sentía que su vida carecía de propósito, dirección y significado.

Finalmente expresó:

—Vine a preguntarle, ¿tengo alguna razón para vivir?

Dejé que se desahogara y luego le dije:

—Pensemos en esto por un momento —entonces se calmó un poco.

Le pregunté si había aceptado a Jesús como su Salvador, y respondió afirmativamente. Luego le pregunté cuándo lo había aceptado, y me dijo que varios años atrás.

—Bueno, ¿todavía es usted salva? ¿Sigue Jesús presente en su vida? —expresé.

—Sí... —respondió y luego comenzó a justificarse con una serie de «peros».

—Espere un momento —la interrumpí—, ¿está Él presente en su vida o no?

—Sí, está presente —afirmó, pero añadió otras justificaciones y describió lo mal que le habían ido las cosas en los últimos meses.

—¿Ha cambiado Jesús? —Le pregunté.

—No.

—¿Cree usted en Sus promesas? ¿Sus promesas siguen siendo verdaderas?

—Sí —afirmó de nuevo—. Pero me siento tan desesperada e indefensa. ¿Qué debo hacer con mi vida?

—Esta es la forma en que veo la vida —dije—. Si va a disfrutar de ella, necesita alguien a quien amar, y sentir que alguien la ama a usted. Necesita algo que la motive a vivir, algo que atraiga su atención y que sea más grande que usted. Necesita ser capaz de reírse de algo. Necesita alguien en quien apoyarse.

Esta vez no expresó ningún «pero». Escuchó atentamente.

—Tiene a Dios para apoyarse —continué—. Él está ahí. No ha cambiado ni se ha alejado. Puede contar con Él. Él la ama. También tiene el amor de su madre, sus hijos y sus amigos. Por lo que me ha dicho, tiene algunas cosas en su vida que son fuente de alegría. Ahora lo que debe hacer es concentrarse en alguien a quien amar, y en algo más grande que usted para vivir. Tiene que empezar a ir más allá de usted misma y comenzar a dar algo de sí a alguien más.

—¿Se refiere al dinero? —preguntó.

—No. Me refiero a algo de *su* ser —le expliqué—. Si se compromete con algo que requiera dinero o si el Señor la lleva a participar en un proyecto que lo necesite, Él le mostrará qué dar en esta área. De lo que hablo sobre todo es de dar algo de sí misma a alguien que lo necesite.

—No me siento en condiciones de dar nada —expresó con franqueza.

—Claro que sí puede —la animé—. Todo el mundo tiene algo que ofrecer. Dispone de tiempo para dar, incluso si es para acompañar a alguien en un asilo de ancianos o en un hospital. Tiene muchos talentos que ofrecer. Puede que no los haya descubierto todos porque su esposo se ocupó de muchas cosas por usted y tomó muchas decisiones relacionadas con su vida, pero usted es una mujer inteligente, educada y con talento. Tiene habilidades que nunca ha aprovechado. Lo principal es estar disponible.

Estuvo de acuerdo en meditar sobre lo que podría dar a otros, ya fuera a una persona o quizás a una organización que necesitara voluntarios. Le di varios nombres de personas que podrían necesitar gente dispuesta a brindar su ayuda en tareas importantes y no demasiado exigentes desde el punto de vista emocional.

—Al elegir un lugar para entregarse —le dije—, también va a tener la posibilidad de encontrar a alguien a quien amar.

—No creo que vuelva a enamorarme —expresó rápidamente—. Mi esposo era mi único amor verdadero.

—Eso no es lo que quiero decir —le expliqué. Hay mucha gente solitaria en este mundo que necesita amor, no el amor romántico, sino el amor de la amistad o el amor *ágape* divino de Dios. Mire a su alrededor. Identificará como una persona realmente necesitada de amor a algún conocido, o a alguien que conocerá a medida que use su tiempo y sus talentos.

Me di cuenta de que consideraba mis palabras cuidadosamente. Algunos de sus «peros» aún resonaban en mi mente, entre ellos su gran necesidad de sentirse amada.

—Ahora siente que es *usted* quien necesita amor —expresé—. ¿No es así?

Asintió.

—Y es cierto —afirmé—. No estoy ignorando su necesidad en absoluto. La forma en que va a satisfacer esa necesidad de amor en su vida es dando amor. Cuando damos, nos abrimos a recibir. Siempre recibimos más del Señor de lo que damos.

Abrí mi Biblia en Lucas 6:38 (RVR1960) y se la entregué para que lo leyera en voz alta: «Dad, y se os dará; medida buena, apretada, remecida y rebosando darán en vuestro regazo; porque con la misma medida con que medís, os volverán a medir».

—Pensé que se refería al dinero —expresó después de leer el versículo en voz alta.

—No hay ninguna mención al dinero en ese versículo —dije—. En realidad, es parte de un pasaje más largo de las enseñanzas de Jesús que trata sobre amar y dar a otras personas, un pasaje sobre hacer el bien a los demás, incluso a nuestros enemigos, y mostrarles misericordia y perdón. Cuando uno da amor, está en posición de recibir un amor sobrecogedor, abundante, generoso y rebosante.

—¿Dónde puedo encontrar a alguien a quien amar? —preguntó.

—Primero, encuentre un lugar donde pueda servir a los demás en el nombre de Jesús —le dije—. Participe activamente en un ministerio que ayude a otras personas necesitadas. Como se encuentra sola en este momento, le sugiero que vaya junto a otros cristianos a ayudar en un proyecto que sea más grande de lo que puede hacer una persona sola. Participe.

—No sé si tendré la fuerza para hacerlo —expresó.

—Lo más probable es que no la tenga —le dije. Luego abrí mi Biblia en Filipenses 4:13 y de nuevo se la entregué para que pudiera leer el versículo por sí misma: «Todo lo puedo en Cristo que me fortalece».

—Puede confiar en que Cristo la ayudará —afirmé—. Incluso antes de salir de la cama por la mañana, pídale que le dé fuerzas para levantarse, vestirse y ponerse en marcha. Pídale que la ayude a hacer todos los días algo que sea de ayuda para otra persona, una sola cosa. No le pido que se enfrente al mundo. La exhorto a que todos los días participe de alguna manera en la tarea de mostrar amor a una persona que necesita saber que Dios se preocupa por ella.

Hice una breve pausa, y como no dijo nada, añadí:

—¿Qué tiene que perder? Ya se siente desdichada y sin ninguna esperanza. No me parece que pueda sentirse peor. Dijo que no quería seguir así. Entonces, ¿por qué no intentarlo? Confíe en que Dios la ayudará, y luego esfuércese todos los días para hacer algo que ayude o muestre amor a otra persona.

Sentí que se le acababan los «peros».

—Está bien. Lo intentaré —expresó.

Oramos juntos y luego se marchó. No se comunicó conmigo durante varias semanas. Pregunté por ella y me enteré que se había ofrecido como voluntaria para ayudar en una guardería, allí contestaba el teléfono y hacía emparedados para el almuerzo de los niños. Luego me enteré de que también había ofrecido su ayuda como voluntaria en un programa de alimentación para personas sin hogar. Supongo que cuando descubrió que preparar emparedados era una forma de ministerio que podía realizar fácilmente, también se ofreció para hacer y distribuir emparedados temprano en la mañana a las personas sin hogar.

Transcurrieron un par de meses, y un día nos vimos en la iglesia después del culto. La mirada en su rostro lo decía todo, incluso antes de que lo expresara con palabras.

—Desapareció —me dijo—. La depresión que sentía. La oscuridad. No sé exactamente qué pasó, pero una mañana me di cuenta de que había desaparecido.

—¿Ha encontrado a alguien a quien pueda darle su amor y su atención? —le pregunté.

—Oh, sí —dijo, y luego añadió en un tono de voz muy serio, casi como si me estuviera contando un secreto: —pastor, en esta ciudad hay más personas que necesitan amor de lo que uno puede imaginar. Hay gente con necesidades *reales*. Es posible que no pueda hacer muchos de los grandes trabajos, pero hay muchas tareas sencillas que puedo realizar, cosas que es necesario hacer y gente que necesita ayuda.

—Cuanto más da, más recibe —la animé al recordar nuestra conversación.

—Sin duda es así. No creo que haya estado tan ocupada en toda mi vida. ¡No tengo tiempo para estar deprimida! Pero en realidad yo soy la que está recibiendo más. Es exactamente como usted dijo. Cuanto más se da, más se recibe.

Estaba radiante mientras hablaba. Se notaba la alegría en su rostro.

—¿Y hay esperanza en su vida? —le pregunté.

—¡Oh, Dios, sí! —exclamó. ¡Hay mucho que hacer todavía, y estoy convencida de que puedo ayudar!

LA NECESIDAD DE DAR AMOR A LOS DEMÁS

En Lucas 15:11-24 (RVR1960) encontramos una de las grandes historias de amor de la Biblia. Es quizás la más famosa de todas las parábolas de Jesús. Aunque conozca el pasaje, lo exhorto a que lo lea de nuevo:

... Un hombre tenía dos hijos; y el menor de ellos dijo a su padre: Padre, dame la parte de los bienes que me corresponde; y les repartió los bienes. No muchos días después, juntándolo todo el hijo menor, se fue lejos a una provincia apartada; y allí desperdició sus bienes viviendo perdidamente. Y cuando todo lo hubo malgastado, vino una gran hambre en aquella provincia, y comenzó a faltarle. Y fue y se arrimó a uno de los ciudadanos de aquella tierra, el cual le envió a su hacienda para que apacentase cerdos. Y deseaba llenar su vientre de las algarrobas que comían los cerdos, pero nadie le daba. Y volviendo en sí, dijo: ¡Cuántos jornaleros en casa de mi padre tienen abundancia de pan, y yo aquí perezco de hambre! Me levantaré e iré a mi padre, y le diré: Padre, he pecado contra el cielo y contra ti. Ya no soy digno de ser llamado tu hijo; hazme como a uno de tus jornaleros. Y levantándose, vino a su padre. Y cuando aún estaba lejos, lo vio su padre, y fue movido a misericordia, y corrió, y se echó sobre su cuello, y le besó. Y el hijo le dijo: Padre, he pecado contra el cielo y contra ti, y ya no soy digno de ser llamado tu hijo. Pero el padre dijo a sus siervos: Sacad el mejor vestido, y vestidle; y poned un anillo en su mano, y calzado en sus pies. Y traed el becerro gordo y matadlo, y comamos y hagamos fiesta; porque este mi hijo muerto era, y ha revivido; se había perdido, y es hallado. Y comenzaron a regocijarse.

Esta parábola de Jesús se conoce mayormente como la parábola del hijo pródigo. En mi opinión, debería llamarse la parábola del padre amoroso. La historia no es tanto sobre el hijo que le da la espalda a su padre y cae en el pecado, sino sobre el padre que sigue amando a su hijo y lo acepta plenamente de nuevo en su familia.

Es la última de tres historias y enseñanzas que Jesús comunica en Lucas 15. En la primera, un hombre tiene cien ovejas. Pierde una de ellas y deja las otras noventa y nueve para ir en busca de la que ha perdido, hasta que la encuentra. Luego vuelve a casa lleno de alegría y llama a sus amigos y vecinos para que se regocijen con él.

En el segundo relato, Jesús habla de una mujer que tiene diez monedas de plata (es muy probable que fueran las monedas de un tocado que era su dote) y pierde una de ellas. Entonces barre y busca por toda su casa hasta que la encuentra, y al igual que el pastor que regresa con la oveja perdida, llama a sus amigas y vecinas y les dice: «Alégrense conmigo porque he hallado la moneda que había perdido».

En ambas historias, Jesús expresó: «Hay gozo delante de los ángeles de Dios por un pecador que se arrepiente» (Lc 15:1-10, RVR1960).

¿Qué nos dicen estas tres historias sobre el amor de Dios?

Dios se compromete con Su amor

Dios se acerca a los que ama. Va tras aquellos que se alejan de Él.

A menudo las personas parecen pensar que Dios les ha dado la espalda o que se ha decepcionado de ellas. En realidad sucede lo contrario. El pastor va tras la única oveja perdida. La mujer busca la única moneda que perdió. El padre amoroso busca a su hijo; de lo contrario, no lo habría divisado cuando todavía estaba lejos. Corre, se echa sobre su cuello y lo besa.

Los brazos de Dios siempre están abiertos de par en par, extendidos hacia aquellos que se han alejado de Él. Está comprometido con Su amor sin importar lo que pase.

Dios desea lo mejor para usted

Una señal segura de amor comprometido es esta: se desea lo mejor para la persona amada.

Hace poco supe de un joven que estaba muy enamorado de una chica que conoció en la universidad. Habían salido durante más de un año y estaba decidido a casarse con ella. Sin embargo, unos meses antes de que él le regalara el anillo de compromiso, la chica participó en un viaje, una misión de corto plazo, como parte de sus estudios en la universidad. El viaje influyó enormemente en su vida, y sintió que Dios podría estar llamándola a ser misionera.

El joven expresó: «No siento la vocación que ella siente, y odio la idea de renunciar a ella, pero la amo lo suficiente como para decirle: "Quiero lo mejor de Dios en tu vida". Si lo mejor de Dios es que sea una misionera, entonces debe ser misionera».

Abandonar su relación con la joven ha sido lo más difícil que ha hecho en su vida. Pero al mismo tiempo se sintió en paz. Hace poco expresó: «Sé que pase lo que pase, Dios quiere lo mejor para ella *y* para mí. Estoy muy esperanzado de que las cosas saldrán bien... tal vez no de la manera que había pensado, esperado y soñado hace unos meses, pero las cosas van a salir bien. Dios está a cargo de nuestras vidas, y no nos va a llevar, a ninguno de los dos, a algo que sea malo para nosotros».

El padre amoroso de la parábola de Jesús podría haber aceptado a su hijo como uno de sus trabajadores, como un jornalero. Así lo pidió el muchacho. Y ciertamente el hermano mayor habría deseado que fuera así. La comunidad donde vivían habría esperado eso del padre. Nadie lo habría condenado por negarse a aceptar a su hijo ni por hacer de él un sirviente en su casa. Pero esa no fue la actitud que el padre adoptó. Quería lo mejor para su hijo, y solo lo mejor. Lo mejor era ser un hijo, un miembro de pleno derecho de la familia.

El amor de Dios es siempre afirmante

Dios nos dice repetidamente en Su Palabra: «Me perteneces. Eres digno. Eres mi hijo. Yo soy tu Dios. Creo en ti, en tus talentos y en tu futuro». El padre amoroso de la parábola de Jesús nunca dejó de llamar a su hijo «hijo». Declaró que su hijo «muerto era, y ha revivido; se había perdido, y es hallado», pero nunca dejó de creer que su hijo iba a volver a casa y ser su hijo una vez más.

Dios hace todo lo que usted le permite hacer para su edificación

La Palabra de Dios nos muestra una y otra vez que el Señor le da a Su pueblo para edificarlo y hacerlo grande. Pero cuando Su pueblo se vuelve a otros dioses, o no tiene en cuenta a Dios, o trata de hacer las cosas a su manera, sus acciones dan lugar al castigo. Dios no les quita nada a las personas; no obtiene Su fuerza, Su poder ni Su gloria al quitarle estas cosas a su creación. ¡No! Es exactamente lo contrario. Él da Su fuerza, Su poder y Su sabiduría a la humanidad, a manos llenas y sin restricciones. Él entregó a Su amado Hijo para redimir a la humanidad en la cruz. Él da generosamente de Su infinito almacén de bendiciones en el cielo para recompensar a Su pueblo.

Dios solo pide que nos volvamos a Él, recibamos Su perdón y busquemos obedecerlo, y cuando lo hacemos Su bendición fluye abundantemente hacia nosotros.

El profeta Malaquías le habló a una generación de hebreos que se había apartado de los mandamientos de Dios. Ya no traían sus sacrificios ni sus ofrendas al templo. Como resultado, la nación entera sufría, y también se veía perjudicada la adoración en el templo. Con estas palabras del Señor, Malaquías exhortó al pueblo a dar obedientemente:

Traed todos los diezmos al alfolí
y haya alimento en mi casa;
y probadme ahora en esto,
dice Jehová de los ejércitos,
si no os abriré las ventanas de los cielos,
y derramaré sobre vosotros bendición hasta que sobreabunde.
Reprenderé también por vosotros al devorador,
y no os destruirá el fruto de la tierra,
ni vuestra vid en el campo será estéril,
dice Jehová de los ejércitos.
Y todas las naciones os dirán bienaventurados;
porque seréis tierra deseable,
dice Jehová de los ejércitos.

(MAL 3:10-13, RVR1960)

¡Qué asombrosa bendición se promete a los que obedecen! Dios solo les pide que obedezcan Sus mandamientos, que le den la décima parte de sus productos y ganancias. Él corresponderá entonces con una bendición tan grande que sobreabundará. Sus cosechas producirán cuantiosamente. Serán una nación encantadora, la envidia de todas las demás naciones.

Pero eso no es todo.

En la época de Malaquías el pueblo también hablaba palabras violentas contra Dios, y decía: «... Por demás es servir a Dios...» (Mal 3:14, RVR1960). En cambio, alababa a quienes eran desobedientes y orgullosos ante Dios.

Malaquías afirmó que el Señor tenía:

Libro de memoria delante de él
para los que temen a Jehová,
y para los que piensan en su nombre.

(MAL 3:16, RVR1960)

Y trasmitió lo que Él dijo sobre los que están en el libro:

Y serán para mí especial tesoro, ha dicho Jehová de los ejércitos,
en el día en que yo actúe;
y los perdonaré,
como el hombre que perdona a su hijo que le sirve.
[…] Porque he aquí, viene el día
ardiente como un horno,
y todos los soberbios y todos los que hacen maldad
serán estopa […]
y no les dejará ni raíz ni rama.
Mas a vosotros los que teméis mi nombre,
nacerá el Sol de justicia,
y en sus alas traerá salvación;
y saldréis,
y saltaréis como becerros de la manada.

(MAL 3:17; 4:1-2, RVR1960)

Dios solo pide que Su pueblo sea obediente a Sus mandamientos. Sus bendiciones por la obediencia son la vida, la salvación y la prosperidad del espíritu. Él se refiere a los obedientes como Su «especial tesoro».

Usted puede pensar que el Señor le pide mucho, pero en el contexto de toda la eternidad y lo infinito del universo, pide muy poco. A cambio de su obediencia imperfecta y a veces vacilante, Él le da todo lo que usted puede considerar como vital o valioso.

Dios es el que le da la salud y hace que su cuerpo se cure cuando ha sido herido o atacado por la enfermedad. Solo Él puede hacer que su cuerpo funcione de la manera en que Él lo creó.

Dios es quien lo sitúa en una familia y lo lleva a establecer relaciones beneficiosas.

Dios es quien le proporciona ideas creativas para el bien y luego le da el coraje para llevarlas a cabo. Él es quien le permite, por el poder de Su Espíritu Santo, discernir el bien del mal y tomar decisiones sabias.

Dios es quien hace que la alegría brote en su espíritu y lo guía por caminos de justicia.

Dios es quien salva su alma, lo limpia del pecado y le promete la vida eterna con Él.

La Biblia nos dice muy poco acerca de Dios, aparte de lo generoso que es con Su pueblo y lo diligente que es al protegerlo, proveerlo y evitar que sea aplastado por el mal.

Lo que sabemos del padre amoroso en esta parábola de Jesús es principalmente lo que *hizo* por su hijo. No sabemos qué hacía el padre para ganarse la vida ni qué tareas le asignó a su hijo. Pero sí sabemos que le entregó a su hijo menor la herencia que había pedido, lo recibió con los brazos abiertos cuando regresó a casa, le devolvió todas las cosas que lo distinguían como hijo (el mejor vestido, un anillo y calzado en los pies) y ordenó que se hiciera una fiesta en honor a su regreso. El padre hizo todo lo que estaba a su alcance para edificar a su hijo y devolverlo completamente a lo que consideraba que era su lugar legítimo.

EL RETRATO DEL AMOR INCONDICIONAL

En la parábola del padre amoroso, encontramos un retrato de Dios y una definición de lo que es el amor incondicional:

- El amor incondicional se compromete.
- El amor incondicional desea lo mejor para los demás.
- El amor incondicional es afirmante.
- El amor incondicional edifica a los demás.

Dios desea que usted les dé a los demás este tipo de amor. En realidad todo el mundo necesita este tipo de amor. Y muy pocas personas lo dan.

En un artículo que leí sobre el hambre en el mundo, las estadísticas que se dan sobre la situación mundial son asombrosas. En nuestra nación, caracterizada por la abundancia, es fácil perder de vista que la mayoría de las personas en el mundo no tiene suficiente comida para el día (hoy y todos los días), o no tienen una reserva de alimentos que les garantice que comerán mañana. La mayoría de la gente en el mundo siempre está hambrienta y siempre enfrenta la amenaza de la hambruna. Decenas de miles de personas mueren diariamente de hambre, y decenas de miles más padecen enfermedades relacionadas con la falta de alimentos.

Y sin embargo, en el planeta se producen suficientes alimentos para dar de comer a todos sus habitantes. El hambre en el mundo no es una cuestión de producción de alimentos, sino de distribución de los mismos, y en la mayoría de los casos la distribución adecuada se ve entorpecida por «políticas de odio». En casi todos los lugares golpeados por el hambre, un grupo de personas (generalmente los que están en el poder) no quiere que otro grupo de personas tenga suficientes alimentos. En su origen, el hambre es una «problema del corazón». La gente no se preocupa lo suficiente, no ama lo suficiente y no está lo suficientemente comprometida en su amor para alimentar a sus vecinos o para permitir que se les alimente.

Si cada persona del planeta se despertara mañana por la mañana y dijera: «Voy a comprometerme a hacer todo lo que pueda para ayudar a los demás. Deseo ver a mis vecinos bien alimentados. Creo que son valiosos, dignos e importantes para Dios y para mi nación. Y voy a hacer lo que pueda para edificarlos en lugar de destruirlos», el hambre en el mundo sería erradicada en cuestión de horas o días.

Lo mismo ocurre con las guerras, y aquí se incluyen las disputas dentro de la oficina, la familia o la iglesia.

También es así con los problemas que surgen de las tensiones raciales o los desacuerdos entre las creencias religiosas.

El amor incondicional nunca depende de que la persona merezca recibirlo, es un acto de la voluntad.

En mi opinión, *solo* expresamos el amor incondicional cuando reconocemos que recibimos de Dios este tipo de amor. Hemos recibido generosamente, y debemos dar generosamente. Debemos olvidar para siempre la palabra *merecer* en relación con el amor.

SATISFACER LAS NECESIDADES CON UN CORAZÓN QUE AMA INCONDICIONALMENTE

¿Por qué esta preocupación por la naturaleza del amor incondicional? Porque Dios desea que usted comience a entregarse con amor incondicional para satisfacer las necesidades de los demás.

Hay seis características que distinguen la forma en que usted debe dar amor y cuidar de los demás:

1. Aceptación

El padre amoroso *corrió* hacia su hijo al verlo. Acercarse a otra persona es una señal de aceptación. El padre no esperó a ver cómo lucía su hijo ni qué tenía que decir. Corrió hacia él sin importar el estado en que se encontraba. Su amor era incondicional y se expresaba con una aceptación incondicional.

Dios mantiene una postura de aceptación hacia Sus hijos. Siempre que usted esté listo para volverse a Él, Él está listo para recibirlo. Dios lo acepta como usted es.

Ciertamente, el deseo de todo padre es ver que su hijo desarrolle todo su potencial, que ame a Dios y haga el bien en la vida. Pero la postura del padre que ama incondicionalmente debe ser la de amar sin reservas. El padre puede alentar a su hijo a ser mejor y hacer lo mejor, trasmitirle el evangelio mediante la enseñanza, y con el ejemplo, y enseñarle a hacer lo correcto. Pero ningún padre puede controlar o determinar el resultado de la vida de su hijo. Depende de la voluntad del niño y de su relación con Dios. Alentar no es lo mismo que amar condicionalmente. El padre que ama condicionalmente dice: «Te amaré solo si haces ciertas cosas». Alentar con amor incondicional es decir: «Te amo porque eres mi hijo. Te animo a que seas mejor y hagas lo mejor por *tu* bien, no por el mío».

El padre que pone condiciones a su amor quiere que el niño haga o sea ciertas cosas para dar él (el padre) una buena imagen. El padre que ama incondicionalmente quiere que el niño sea y haga todo lo que Dios lo lleve a ser y hacer, para que sea bendecido y Dios reciba el honor y la alabanza por Su obra en la vida del niño. Las motivaciones son muy diferentes.

La aceptación se manifiesta de muchas maneras, sobre todo al decirle a otra persona: «Venga conmigo». Acompáñeme en esta diligencia, vayamos juntos a ese lugar al que ambos necesitamos ir, siéntese conmigo un rato, o venga a visitarme. Una persona se siente aceptada cada vez que usted la invita a sentarse a su mesa, o está dispuesto a incluirla en sus planes, o la invita a formar parte de su grupo.

Conozco de un niño que fue adoptado por una familia cuando tenía diez años. Le fue un poco difícil sentirse realmente aceptado por su nueva familia hasta que llegó el día en que su padre le dijo:

—Estas son las tareas que debes realizar.

El chico expresó:

—Cuando vi que me habían dado ciertas responsabilidades, al igual que a todos los otros niños, supe que estaba en camino de ser aceptado —luego añadió—: pero supe que era totalmente aceptado cuando mi padre me castigó por no terminar mis tareas. Me castigaba igual que a los otros niños cuando no hacían sus tareas, nada de postre esa noche y nada de ver la televisión hasta que el trabajo estuviera hecho al día siguiente. Fue entonces cuando supe que realmente era parte de la familia.

La aceptación significa ser incluido en un grupo y tener el mismo estatus, acatar las mismas reglas, enfrentar las mismas consecuencias y recibir el mismo tratamiento que los demás.

Mostrar aceptación significa tratar a una persona como le gustaría a usted ser tratado.

Cada vez que busque dar amor y cuidar a otra persona, debe examinar sus motivos y preguntarse: ¿estoy dispuesto a aceptar a esta persona tal como es?

2. Contacto físico

Al acercarse a su hijo, el padre amoroso de la parábola de Jesús lo abrazó y lo besó.

Considere el estado en que se encontraba el muchacho. Venía de un país lejano. Pero no solo eso, había desperdiciado toda su herencia «viviendo perdidamente» y había sufrido muchas carencias durante una hambruna. En su momento más crítico, trabajó dando de comer a los cerdos y deseó «llenar su vientre de las algarrobas que comían». El chico sin duda se veía y olía como los cerdos que había estado cuidando. Estaba consumido por una vida pecaminosa y las necesidades de la hambruna. Para el padre, su hijo era como una sombra de lo que había sido. Desde un punto de vista estrictamente judío, el chico se había vuelto impuro, era un pecador. Por supuesto, Jesús estaba contando la parábola a los fariseos y escribas, que habían sido muy críticos con la voluntad de Jesús de hablar y comer con los pecadores.

En la ley religiosa judía, si una persona tocaba a otra considerada impura, también se volvía impura, y debía ser «separada» de los justos hasta que pasara por ciertos rituales de purificación.

El padre amoroso estaba dispuesto a volverse impuro. Estaba dispuesto a tocar a su hijo incluso si eso significaba ser apartado temporalmente, tal vez incluso ridiculizado y criticado.

Nuestro Padre celestial tocó a toda la humanidad al enviar a Su hijo, Jesús, a esta tierra. Se mezcló con los pecadores. Caminó por donde nosotros caminamos e hizo las cosas que nosotros hacemos. Se identificó totalmente con nuestra humanidad. Jesús era completamente humano, aun cuando también era completamente divino.

El sentido del tacto es uno de los sentidos más poderosos en cuanto al bienestar emocional y la salud mental. Los niños que no reciben suficientes abrazos ni muestras físicas de afecto tienen grandes probabilidades de desarrollar trastornos psicológicos en los que se apartan de las personas y muestran incapacidad para establecer compromisos y disfrutar de relaciones satisfactorias con los demás.

El tacto se ha relacionado con la curación física. Varios estudios realizados en los últimos años indican que el tacto parece estar relacionado con el progreso de un paciente después de una cirugía o de una lesión.

Tomar la mano de alguien que sufre emocionalmente, darle un abrazo, ponerle una mano en el hombro, puede ser de gran ayuda. Tocar a una persona afirma su dignidad y su autoestima.

Una mujer describió su trabajo como enfermera en un hospital de rehabilitación para personas que habían sufrido lesiones en el cuello y la cabeza. Algunos de sus pacientes eran parapléjicos o cuadripléjicos. Expresó: «Que una persona se haya lesionado no significa que tenga menos necesidad de contacto físico. Uno de nuestros pacientes es una mujer de veintisiete años que resultó lesionada en un accidente automovilístico. Su esposo y su hija conducen más de cuarenta millas (sesenta y cuatro km), de ida, tres veces a la semana para visitarla. A pesar de que no puede sentir nada del cuello hacia abajo, y tiene muy poco control sobre sus músculos faciales, de alguna manera se las arregla para besar a su pequeña cuando esta se inclina para abrazarla y besarla. Siempre se muestra mucho más tranquila después de que su esposo le da un largo abrazo antes de partir. El sentido del tacto que tiene con ellos es su mayor vínculo con la vida que una vez tuvo».

Hoy en día se habla mucho de las formas inadecuadas o abusivas de contacto físico. En consecuencia, muchos han decidido que es mejor no tener ningún contacto físico para evitar ser incomprendidos o ser acusados legalmente de algo que no fue intencional. Aún así, todas las personas con las que he hablado sobre el tema saben intuitivamente cuándo el contacto físico es bueno y bienvenido, y cuándo es malo y no bienvenido. Todos necesitamos «buen tacto». Si tiene dudas sobre si el contacto físico será bienvenido por otra persona, pregúntele. No haga suposiciones en un sentido u otro. Si toca a otra persona y esa persona se aleja o rechaza el contacto, no insista con ella.

Si tiene dudas sobre lo que otra persona pretende o quiere expresar al tocarlo a usted, pregúntele. Es posible que esté malinterpretando sus intenciones. Al hablar sobre el tema, puede ayudar a esa persona a ser un mejor comunicador. En el proceso, también podría informarse mejor sobre las preferencias de los demás en cuanto a la forma en que usted se relaciona físicamente con ellos.

Sea sensible con aquellos que lo rodean y que *necesitan* una muestra no solicitada de su afecto, preocupación y compasión. Aquellos que están de duelo, que padecen dolor emocional o que acaban de sufrir una gran decepción o un rechazo casi siempre aprecian el contacto físico amable.

Usted podría decir que no fue criado para mostrar afecto de manera física.

Puede que no haya tenido mucha experiencia en recibir o dar afecto físico cuando era pequeño. Pero eso no significa que tenga que seguir siendo una persona fría y distante de adulto. Puede cambiar la forma en que se relaciona con los demás. Es cierto, necesitará un poco de valor para hacerlo. Puede requerir algo de práctica. Pero si elige ser una persona cálida y afectuosa, puede convertirse en esa persona. Pídale a Dios que lo ayude a mostrarles a los demás cuánto usted los ama de una manera apropiada y beneficiosa para usted y para ellos.

La pregunta clave que debe hacerse es esta: al dar mi amor a los demás y cuidar de ellos, ¿estoy dispuesto a tocarlos con el amor de Cristo?

3. Tiempo

El padre amoroso dedicó tiempo a escuchar lo que su hijo tenía que decir. Aunque no hay pruebas de que el padre esperara o requiriera la confesión de su hijo, se deduce que escuchó todo lo que este quiso expresar. Nada era tan importante para él en ese momento como estar con su hijo.

Además, ordenó inmediatamente que comenzaran los preparativos para una celebración. En la cultura de entonces, tales celebraciones podían durar días. ¡El padre dejó claro que tenía la intención de pasar algo de tiempo con su hijo! Muy bien podría haberle dicho: «Bueno, hijo, aséate para la cena, y hablaremos de esto más tarde». Podría haberle dicho: «Tengo muchas cosas que hacer ahora mismo. Te veré más tarde cuando tenga tiempo». O podría haberle dicho: «Habla con mi representante para buscar las cosas que necesitas, y nos pondremos en contacto cuando se ponga el sol». El padre amoroso no adoptó ninguno de esos enfoques. Estuvo presente para su hijo cuando este más lo necesitaba.

Nuestro Padre celestial está disponible para nosotros en todo momento. Nunca está demasiado ocupado para escuchar nuestras oraciones. Nunca está tan preocupado por otros temas como para rechazar nuestra presencia. Más bien, se deleita en tener una comunión cercana e íntima con nosotros. Siempre que estamos dispuestos a pasar tiempo con Él, está dispuesto a dedicarnos Su tiempo.

Hace unos meses me sentía abrumado por algunos de los problemas que enfrentaba en mi vida, y hubo una noche que me sentí particularmente solo. Empecé a confiarle mis penas a Dios, y le dije cómo me sentía y lo abatido que estaba. De repente, parecía como si el Señor mismo estuviera de pie a un lado del sofá en el que me encontraba sentado. No vi una visión de Él, pero tenía una sensación muy fuerte de Su presencia. Su presencia era tangible para mí, aunque invisible, una presencia y un poder tan fuertes que no puedo describirlos con exactitud. No tenía ninguna duda de que estaba allí. Entonces fue como si el Señor le hablara a mi corazón y me trasmitiera un mensaje sin palabras: *Me tienes a mí. ¿No soy suficiente para ti?*

Respondí: «Sí, Señor, lo eres». Y comencé a llorar.

No importa cómo usted se sienta. No importa que pueda haber sido rechazado por otros. No importa cuánto le duela o lo solo que se encuentre, *siempre* tendrá al Señor, y con Él es suficiente.

¿Quién podría amarlo más que el Señor?

¿Quién que no sea el Señor puede estar en todo momento disponible para usted?

¿Quién puede entenderlo mejor o saber con más exactitud lo que usted siente y lo que necesita?

¿Quién puede satisfacer mejor sus necesidades y sus anhelos?

¿Quién que no sea el Señor está inmediatamente con usted en el mismo momento en que lo llama?

El Señor lo ama con Su presencia. Está con usted en cada momento de su vida y por toda la eternidad.

Al amar y preocuparse por los demás, dedique tiempo a escuchar a las personas, escúchelas de verdad. No las interrumpa para abreviar. Déjelas que le cuenten toda su historia.

Dedique tiempo a sentarse con aquellos que están de duelo, que han sufrido una pérdida o que están en proceso de recuperación. No necesita decir nada. Solo esté presente.

Una mujer que sufrió un accidente muy grave me comentó después de su recuperación: «Hubo momentos en que no sabía si iba a lograrlo, pero luego miraba a mi lado y veía que mi hija estaba sentada junto a mi cama. Podía estar tejiendo, leyendo o incluso durmiendo la siesta. Ella no tenía que decir nada, ni yo tampoco. Pero que estuviera allí era todo lo que había que decir. Creo que las horas que mi hija pasó junto a mi cama fueron tan importantes en mi curación como el tratamiento y los medicamentos que me dieron los médicos y las enfermeras. Ella me dio el regalo más precioso que podría haberme dado. Me dio su tiempo».

Busque el tiempo para estar junto a su hijo en ese juego, recital, actuación o ceremonia de premios tan importante para él. Dedique tiempo a jugar con su hijo y a compartir las comidas con él. Esté al lado de su cónyuge cuando su presencia sea el mejor regalo que pueda darle. A veces un fin de semana fuera o unas vacaciones son la mejor forma de expresar su amor. Con ello le dice: «Todo lo que quiero es estar un tiempo contigo».

¿Está dispuesto a mostrar hoy su amor en términos de tiempo?

4. Regalos

El padre amoroso le dio regalos a su hijo a su regreso: sandalias, un anillo y el mejor vestido. Cada uno era una señal especial de que el hijo recuperaba su lugar como miembro de la familia. Los sirvientes iban descalzos. Los hijos usaban sandalias. Los sirvientes no poseían ni usaban joyas. Los hijos podían hacerse cargo de los negocios familiares con un anillo de sello familiar. Los sirvientes solo llevaban túnicas. Los hijos llevaban vestidos más refinados, y en muchas familias usaban algunos que estaban finamente bordados y que eran considerados como reliquias familiares.

El Padre celestial da buenas dádivas: «Toda buena dádiva y todo don perfecto desciende de lo alto, del Padre de las luces, en el cual no hay mudanza, ni sombra de variación» (Stg 1:17, RVR1960). Los motivos que tiene Dios para dar nunca son sombríos, nunca trata de manipularnos. Su motivación es siempre el amor incondicional. Él da la vida misma. Satisface las necesidades materiales. Nos da desafíos, oportunidades y trabajos que hacer. Nos pone en una familia y nos da personas a las que amar y por las que ser amados. Nos redime del mal y nos dice que somos Suyos.

Nos da libre albedrío para elegir servirle y libertad en nuestro espíritu para ser nosotros mismos en Su presencia. Nos da la belleza de la naturaleza. Nos permite tener obras de arte y decorar nuestra casa con posesiones cuyo único propósito es la belleza. De Dios viene todo lo que podemos identificar como bueno.

De niño supe lo que significaba vivir con una persona que no me daba nada. Ni cumplidos, ni palabras amables, ni regalos tangibles. No recuerdo que mi padrastro me diera nada que pudiera considerarse un regalo. Cuando niño, habría sido muy difícil convencerme de que mi padrastro me quería. Si se ama a otras personas, se les da.

Los regalos no tienen por qué ser caros; en realidad, pueden no costar nada. Deben ser regalos que vengan del corazón y que demuestren que usted se interesó y se tomó el tiempo para dar algo que era apropiado y que pensó que sería apreciado.

Una niña le regaló a su madre una brillante hoja roja y naranja que había recogido del jardín. «Es un presente para recordarte que te quiero —le dijo mientras su madre se preparaba para ir a trabajar—. He mirado todas las hojas que cayeron anoche, y esta es la más bonita». ¡Acaso no fue este un regalo muy valioso! Realmente fue un regalo que vino del corazón, y no costó ni un centavo.

El amor es dar. La aceptación, el contacto físico y el tiempo que se dedica a otra persona son regalos. También lo son las palabras de aliento y las acciones de servicio a los demás. Pero los regalos tangibles expresan con gran claridad que usted se preocupa lo suficiente como para reconocer una necesidad o un deseo en la vida de otra persona, y que hace lo posible para satisfacerlo.

Un abrigo que se da a una persona que pasa frío, un guisado que se ofrece a una familia necesitada o que sufre, un ramo de flores de su jardín para alegrar la habitación de alguien que no puede salir de casa, una llamada telefónica a un amigo que está lejos, una factura pagada en secreto para ayudar a alguien que subsiste a duras penas, una tarjeta enviada a una persona que está sola, todos son regalos que expresan amor.

¿Se preocupa usted por alguien lo suficiente como para hacerle un regalo hoy?

5. Palabras de aliento

Tal vez la mejor palabra de aliento que el padre amoroso expresó a su hijo a su regreso fue «hijo». Con ella definió su relación en términos que deben haber sido muy alentadores para el joven. El padre expresó: «Este mi hijo muerto era, y ha revivido; se había perdido, y es hallado». Estaba vivo y había sido hallado. ¡Qué música tan reconfortante y maravillosa para los oídos del hijo! Tenía un lugar, un papel que desempeñar, un futuro, una posición. Lo querían.

El Padre celestial siempre se dirige a usted con palabras de aliento, lo llama Su hijo, Su deleite, Su amado.

Su Padre celestial también cree que usted puede lograr lo que Él le exhorta a hacer. Confía en que usted use las habilidades que Él le ha dado.

Jesús contó numerosas parábolas e impartió muchas enseñanzas en las que manifestó la convicción de que Sus seguidores eran capaces de vivir en una relación correcta con Dios. Creía que podían invertir los talentos que Dios les había dado y multiplicarlos. Creía que podían soportar la tentación, discernir el mal del bien y entender y aplicar la Palabra de Dios a su vida.

Su Padre celestial cree en usted más de lo que usted cree en sí mismo. Lo llama Su hijo. Cree que usted es inmensamente digno y valioso.

¿Está dispuesto a expresar su amor con palabras de aliento hoy?

6. Acciones de servicio a los demás

El padre amoroso dio instrucciones para celebrar el regreso de su hijo. Ordenó que se matara un becerro engordado, un becerro que muy probablemente había sido alimentado durante bastante tiempo en espera de esa celebración. Expresó: «Comamos y hagamos fiesta». La celebración también incluía música y bailes espontáneos y alegres.

¿En qué sentido una fiesta como esa era una acción de servicio? Con ella, el padre amoroso declaraba públicamente, a todos en su comunidad, que había aceptado a su hijo de forma inmediata y total a su regreso. No hubo período de espera ni tiempo de prueba antes de que el padre declarara públicamente la plena aceptación de su hijo *como hijo*. La acción del padre fue un acto que restituyó la dignidad y el valor de su hijo ante la familia extendida y la comunidad en general.

El Padre celestial le brinda el privilegio de ser Su hijo en el momento en que usted se vuelve a Él y recibe Su perdón. La persona que aceptó a Cristo hace sesenta segundos es tan cristiana como aquella que ha amado y servido a Cristo durante los últimos setenta años.

Su Padre celestial lo ayuda continuamente, crea oportunidades para usted, le brinda sabiduría para tomar decisiones correctas y lo fortalece con el valor. Estas son acciones de servicio para usted.

Las acciones de servicio que usted realice para los demás pueden tener un sinnúmero de formas:

- Recoger las hojas del patio de un vecino enfermo.
- Llevar a unos niños a la escuela una mañana cuando su madre tiene una cita con el médico.
- Ayudar a un hermano a hacer una tarea doméstica para que pueda participar en un evento especial.
- Ayudar en la casa cuando sabe que mamá está cansada.
- Hacer de niñera gratis para que una pareja con trillizos pueda salir de paseo.
- Llevar a papá sus zapatillas cuando se desploma en un sillón después de un duro día de trabajo.

Servir de verdad significa anticiparse a una necesidad y luego actuar para satisfacerla sin que se le pida hacerlo. El servicio puede ser ofrecerse como voluntario para ayudar en tareas sencillas, por ejemplo: contestar el teléfono, entregar paquetes o comidas, servir sopa, recoger latas de comida, coser botones en prendas usadas, planchar la ropa utilizada en una función de la iglesia, atender una cabina, ayudar a un adulto a aprender a leer o preparar un emparedado para un niño hambriento.

El servicio también puede ser una oración. ¿Está dispuesto a dedicar parte de su tiempo a visitar a una persona y orar con ella sobre una necesidad? ¿Está dispuesto a interceder en nombre de esa persona hasta que Dios responda a su oración?

¿Está dispuesto a ponerle piernas y brazos, es decir, energía, esfuerzo y talento a su amor?

EL SERVICIO INCLUSO DESPUÉS DEL FRACASO

¡Dios no ha terminado con usted todavía! Puede que usted haya fallado en algo en su vida. Puede que haya cedido a la tentación. Puede que haya pasado por un divorcio. Puede que haya fracasado en su negocio o que haya sufrido un gran revés en su carrera. Puede que como padre no haya hecho las cosas que ahora sabe que debería haber hecho. Puede que no haya obedecido a Dios en el pasado, y que no haya hecho lo que usted creía que Él lo llamaba a hacer.

Esos sentimientos pueden hacer que una persona piense: Dios se ha dado por vencido conmigo. Una vez escuché a una mujer decir: «Siento como si Dios me hubiera puesto en una repisa y no me hubiera quitado el polvo durante mucho tiempo».

Permítame asegurarle hoy, que si respira en este momento, Dios está obrando en usted, y está deseando obrar a través de usted.

Su amor por usted no ha cambiado nada. Incluso si no siente Su presencia ni Su amor como quizás alguna vez lo sintió, Él todavía lo ama tanto como lo amó o como lo amará. Su amor por usted no tiene límites, no tiene principio ni fin.

Permítame asegurarle también que Él todavía tiene un gran plan y un propósito para su vida.

¿Alguna vez ha tratado de decirle algo a alguien pero, sin importar de cuántas maneras diferentes trate de decírselo, la persona parece no entender? Es como si tuviera algún tipo de bloqueo. Lo mismo puede suceder en su relación con Dios. Si no tiene una relación previa con Él, si su comprensión de Él es errónea, o si tiene una actitud equivocada hacia Dios, no va a escuchar lo que el Señor quiere decirle. La culpa no es de Él. Es suya.

Mi propósito no es culparlo ni hacerlo sentir culpable por esto. Más bien, quiero mostrarle que a veces pensamos que Dios ha terminado con nosotros porque no entendemos cómo Él obra o porque no nos enseñaron bien sobre Él en el pasado. A veces, no queremos creer que Dios tiene más tareas para nosotros.

Mucho de lo que usted cree que Dios desea que haga se basa en lo que usted ha llegado a pensar de Dios a través de los años. ¿Cuál es su comprensión de Dios en la actualidad?

¿Ve a Dios como un padre amoroso, o como un juez exigente?

¿Ve a Dios como un amigo íntimo, o como un conocido lejano?

¿Ve a Dios como un maestro paciente y gentil, o como un guía intolerante y colérico?

¿Ve a Dios como un compañero fiel, o como alguien que entra y sale de su vida?

¿Lo ve como un Dios que provee generosamente, o como un Dios tacaño que da Sus bendiciones de mala gana?

¿Piensa que Dios lo comprende a fondo y a la vez lo ama plenamente, o lo percibe alejado y condicional en Su aceptación de usted?

La forma en que usted ve a Dios determinará en gran medida lo que cree que Dios desea hacer en su vida.

EL IMPEDIMENTO

Otros creen que han pecado en cierta área, y debido a ese pecado, Dios ya no puede utilizarlos. Ese *no* es el evangelio de Jesucristo.

Si bien es cierto que Dios no usará a una persona que permanezca o elija voluntariamente permanecer en el pecado, es igualmente cierto que Dios siempre desea utilizar a aquellos que permanecen en Él y en Su perdón y que elijen *no* pecar.

Moisés mató a un egipcio, pero Dios lo hizo líder del pueblo de Israel.

Abraham y Sara se equivocaron en cuanto al niño que Abraham tuvo con Agar, pero Dios llamó a Abraham Su «amigo» y recompensó su fe dándole un hijo a Sara.

David fingió una vez estar demente, y engañó a un rey que le había dado refugio, pero Dios lo hizo rey de Israel.

Jacob engañó a su padre, a su hermano y a su suegro, pero Dios lo hizo padre de las doce tribus de Israel.

María Magdalena estuvo una vez llena de demonios, pero Jesús confió en ella para contarles a Sus discípulos sobre Su resurrección.

Saulo fue un feroz perseguidor de la iglesia, incluso estuvo de acuerdo con la muerte de Esteban; sin embargo, Dios lo usó como el apóstol Pablo para llevar el evangelio a los gentiles.

Lo diferente en la vida de estas personas es que cuando tenían un encuentro con Dios, le decían que sí. Estaban dispuestas a dejar de hacer las cosas a su manera y hacerlas a la manera de Dios. No siguieron siendo los mismos que eran antes. En cambio, decidieron organizar su vida según Dios y seguir Su plan.

Mientras usted está en pecado, su pecado le impide ser un líder en el reino de Dios. Si usted fuera el comandante en jefe de un ejército, no pondría a un conocido espía y traidor al frente de una división de sus tropas. Si fuera el director de una empresa, no dejaría sus finanzas en manos de un reconocido ladrón y malversador. Si usted sirve a Satanás, Dios no puede hacerlo responsable de llevar a cabo una tarea destinada al beneficio de Su reino.

SE ES ELEGIBLE A TRAVÉS DEL PERDÓN

Por más que el pecado sea un impedimento, el perdón de Dios hace que usted sea elegible. Solo hay un pecado imperdonable, y no se aplica a ninguna persona que aún reconozca que Dios es Dios. Mientras tenga algún deseo de Dios, no ha cometido el pecado imperdonable.

El pecado imperdonable es el pecado de decir: «No necesito perdón. No necesito a Dios. No quiero tener nada que ver con el amor de Dios». Mientras una persona mantenga esa postura, Dios no anulará su libre albedrío. No le exigirá que lo ame ni que reciba Su perdón. Permitirá que permanezca en el pecado porque esa es una elección voluntaria. Por lo tanto, una persona con esa actitud no puede ser perdonada ni ser salvada de su pecado. Esto no tiene nada que ver con el deseo de Dios para ella. Es únicamente resultado de que la persona no desea a Dios.

Si usted tiene algún deseo de conocer a Dios o de recibir el maravilloso amor de Dios, o si alguna vez ha aceptado a Jesús como su Salvador, no ha cometido un pecado imperdonable.

Por supuesto, algunas personas establecen falsas normas de conducta que exceden lo que la Biblia requiere. Jesús tuvo problemas con tales personas en Su día. Los fariseos insistían en que una persona para ser considerada justa tenía que seguir cada detalle de la ley. La ley a la que ellos se referían era en gran parte de creación humana, era una ley que iba mucho más allá de la ley de Moisés en sus detalles y restricciones.

Por ejemplo, la ley de Moisés establecía:

Acuérdate del día de reposo para santificarlo. Seis días trabajarás, y harás toda tu obra; mas el séptimo día es reposo para Jehová tu Dios; no hagas en él obra alguna, tú, ni tu hijo, ni tu hija, ni tu siervo, ni tu criada, ni tu bestia, ni tu extranjero que está dentro de tus puertas.

(Éx 20:8-10, RVR1960)

La ley que seguían los fariseos iba mucho más allá de esto, tenía decenas y decenas de restricciones sobre qué actividades específicas se podían hacer durante el día de reposo y cuáles se consideraban ilegales. De acuerdo con su código, Jesús no podía sanar el día de reposo.

La respuesta de Jesús a aquellos que intentaban reemplazar la ley de Dios con sus propias leyes fue esta:

Porque atan cargas pesadas y difíciles de llevar, y las ponen sobre los hombros de los hombres; pero ellos ni con un dedo quieren moverlas. [...] Mas ¡ay de vosotros, escribas y fariseos, hipócritas! porque cerráis el reino de los cielos delante de los hombres; pues ni entráis vosotros, ni dejáis entrar a los que están entrando.

(Mt 23:4, 13, RVR1960)

El mensaje de la Palabra de Dios es de perdón y misericordia. Él perdona generosa y completamente, y nos llama a hacer lo mismo los unos con los otros. Siempre que Dios perdona, nosotros debemos perdonar.

El apóstol Pablo estableció una clara diferencia entre los que eligen permanecer en el pecado y los que han aceptado el perdón de Dios:

> ¿O no saben que los injustos no heredarán el reino de Dios? No se dejen engañar: ni los inmorales, ni los idólatras, ni los adúlteros, ni los afeminados, ni los homosexuales, ni los ladrones, ni los avaros, ni los borrachos, ni los difamadores, ni los estafadores heredarán el reino de Dios. Y esto eran algunos de ustedes; pero fueron lavados, pero fueron santificados, pero fueron justificados en el nombre del Señor Jesucristo y en el Espíritu de nuestro Dios.
>
> (1 Co 6:9-11)

Observe la frase «y esto eran algunos de ustedes». Pablo afirmó que en la iglesia de Corinto, entre aquellos a quienes se dirigió como «los que han sido santificados en Cristo Jesús, llamados a ser santos» (1 Co 1:2), había personas que una vez cometieron los más viles pecados. *Y aún así*, Dios los perdonó cuando se volvieron a Él. No permanecieron en su desobediencia ni en la iniquidad. Recibieron la justicia de Cristo en sus vidas. Y Dios los utilizó para ser Sus testigos en la ciudad de Corinto.

El perdón de Dios no solo nos permite estar en una relación eterna con Él, sino también ofrecer un servicio *ahora*.

EL AMOR ESTÁ EN LA ACCIÓN DE DARLO, INCLUSO CUANDO NO ES ACEPTADO

Su buena disposición para amar nunca debe depender de la capacidad de otra persona para devolverle ese amor. Algunos nunca estarán satisfechos con lo que usted hace por ellos. Algunos nunca se sentirán dignos, por mucho que los aliente o intente incluirlos plenamente en su vida. Al dar amor, también enfrenta la posibilidad de ser rechazado. ¡Una persona puede incluso rechazarlo mientras dice que lo ama!

El objetivo de amar no es suscitar la respuesta que usted quiere en otra persona, sino hacer lo que usted cree que complace al Señor.

Busque dar su amor de manera que los demás puedan aceptarlo, pero si no pueden aceptarlo a pesar de todos sus esfuerzos, entonces debe preguntarse: «¿me pide Dios que le muestre amor a esta persona?». Si es así, entonces puede estar seguro de que Él acepta sus esfuerzos y los aprecia. Él lo recompensará enviándole a alguien que pueda recibir su amor, y que pueda devolverle ese amor precisamente de la manera y en los momentos en que más usted lo necesite.

También debe preguntarse: ¿puedo aceptar las formas de amor que otros me están mostrando? Debe estar dispuesto a recibir el amor de los demás.

Ya que su reto como cristiano es amar a los demás *aunque ellos no lo amen*, siempre tendrá alguien a quien amar. La reciprocidad no es necesaria para este tipo de amor. Lo único que hace falta es su voluntad, su deseo, su compromiso de abrirse y entregar a los demás algo de lo que es y de lo que tiene.

Si no tiene a alguien que lo necesite hoy, alguien que cuente con su amor, ¡encuentre a esa persona! Tan solo mire a su alrededor y encontrará a decenas de personas que necesitan saber que alguien se preocupa por ellas.

Ofrezca su tiempo a una organización o grupo que necesite su ayuda o quizás una habilidad específica que usted posea.

Únase a un grupo que comparta sus intereses. No lo haga pensando en lo que puede obtener, sino con la intención de dar. Su regalo de amor puede ser hornear galletas para el refrigerio cada tres meses, escribir las actas de las reuniones, ofrecer su sala de estar para que el grupo se reúna o recoger a los miembros que ya no conducen para que puedan asistir a las reuniones.

Participe en un grupo de la iglesia que esté comprometido activamente en el ministerio a los demás. Puede ser un grupo de acomodadores que ayudan en los servicios de la iglesia. Puede ser un grupo que va de puerta en puerta para entregar información sobre la iglesia o un grupo que prepara cajas con prendas de vestir y ropa de cama para enviarlas a los puestos de misión.

Encontrará más oportunidades para dar de las que nunca soñó y a más personas necesitadas de amor y atención compasiva de lo que alguna vez pudo imaginar.

EL VÍNCULO ENTRE EL AMOR Y LA ESPERANZA

Amar a los demás es el mayor propósito que usted puede tener.

Cuando usted sabe que alguien cuenta con su ayuda, cuando sabe que está logrando un cambio positivo en la vida de otra persona, cuando ve que la gente valora el tiempo y el talento que usted pone a su servicio, cuando sus acciones de amor son aceptadas y correspondidas, cuando sus palabras de aliento llegan a oídos agradecidos, y cuando al aceptar a otra persona se crea una amistad o se establece una buena relación, usted desarrolla automáticamente un sentido de propósito y significado para su vida. Siente el deseo de amar más, de dar más, de ir más allá.

Y en eso, hay esperanza. Desea que amanezca el día de mañana porque todavía tiene mucho amor que ofrecer. Quiere que la próxima semana llegue pronto porque todavía hay muchas cosas que desea dar.

Por otro lado, si se aísla y se encierra en sí mismo, si se niega a escuchar a aquellos que quieren ayudarlo y no cree en el aliento que otros intentan ofrecerle, se deprimirá cada vez más y tendrá una creciente sensación de que no vale nada y que la vida se ha acabado. Amar a los demás es lo más esperanzador que puede hacer.

VEINTE

PROMESAS QUE EXPERIMENTAR

Un joven avanzó por el pasillo de nuestra iglesia y, para mi sorpresa, me dijo: «Acabo de salir de la cárcel». Había estado en prisión durante varios años. Pensó que pasaría allí mucho más tiempo, pero salió en libertad condicional antes de lo que esperaba.

Manifestó: «Cuando fui a prisión, pensé que mi vida había terminado. Perdí toda esperanza». Sin embargo, en su bloque de celdas había un televisor, y comenzó a ver nuestro programa *In Touch* [En Contacto]. Al principio se burlaba y no le prestaba mucha atención, pero con el paso de las semanas, se interesó más. Expresó: «Siempre lo oía hablar sobre lo mucho que Dios nos ama y lo bueno que es y pensaba: *Bien, si Dios es bueno, ¿por qué estoy aquí? ¿Por qué me han pasado tantas cosas malas?* Pero semana tras semana usted continuaba afirmando que Dios me amaba. Finalmente, me dije: *Tal vez sea verdad.* Estaba tan desesperado que pensé que eso sería mejor que la forma en que me sentía. No tenía nada que perder».

El joven comenzó a hablar con otro hombre que estaba en prisión, un cristiano que lo llevó a Cristo. Manifestó: «Por primera vez en mi vida, pensé que podría tener un futuro. Esa idea nunca antes había pasado por mi mente. Nunca pensé que podría tener un futuro. Pero cuando Cristo llegó a mi vida, comencé a pensar en función de mi futuro». Luego afirmó que quería unirse a la iglesia para aprender todo lo que pudiera sobre Dios y sobre lo que Dios podría tener para él, es decir, las cosas que él podría llegar a ser y hacer. El joven dijo: «Creo que Dios puede usarme ahora».

LAS PROMESAS CONDICIONALES DE DIOS

Las muchas promesas de Dios son parte de lo que Él le ofrece para que usted experimente en la vida. Son parte de sus recursos para ser quien Él quiere que usted sea y hacer lo que Él quiere que usted haga. Algunas son condicionales. En ellas Dios expresa: «Si usted hace esto y lo otro, Yo haré esto y aquello». Si no hace su parte, puede privarse de recibir el cumplimiento de las promesas condicionales de Dios.

Otras de Sus promesas, aquellas que se refieren a toda la humanidad o a Su pueblo en su conjunto, las cumplirá independientemente de lo que usted pueda hacer. Son promesas que fueron posibles por lo que Jesús hizo o según lo que Dios ha declarado. Usted no puede hacer que se cumplan ni evitar que así sea.

Tal vez en ninguna parte de la Biblia se explican las bendiciones condicionales de Dios con mayor detalle que en Deuteronomio 28–30. Lea lo que Dios le comunicó a Su pueblo sobre las bendiciones posibles:

Acontecerá que si oyeres atentamente la voz de Jehová tu Dios, para guardar y poner por obra todos sus mandamientos que yo te prescribo hoy, también Jehová tu Dios te exaltará sobre todas las naciones de la tierra. Y vendrán sobre ti todas estas bendiciones, y te alcanzarán, si oyeres la voz de Jehová tu Dios. Bendito serás tú en la ciudad, y bendito tú en el campo. Bendito el fruto de tu vientre, el fruto de tu tierra, el fruto de tus bestias, la cría de tus vacas y los rebaños de tus ovejas. Benditas serán tu canasta y tu artesa de amasar. Bendito serás en tu entrar, y bendito en tu salir. Jehová derrotará a tus enemigos que se levantaren contra ti; por un camino saldrán contra ti, y por siete caminos huirán de delante de ti. Jehová te enviará su bendición sobre tus graneros, y sobre todo aquello en que pusieres tu mano; y te bendecirá en la tierra que Jehová tu Dios te da. Te confirmará Jehová por pueblo santo suyo, como te lo ha jurado, cuando guardares los mandamientos de Jehová tu Dios, y anduvieres en sus caminos. Y verán todos los pueblos de la tierra que el nombre de Jehová es invocado sobre ti, y te temerán. Y te hará Jehová sobreabundar en bienes, en el fruto de tu vientre, en el fruto de tu bestia, y en el fruto de tu tierra, en el país que Jehová juró a tus padres que te había de dar. Te abrirá Jehová su buen tesoro, el cielo, para enviar la lluvia a tu tierra en su tiempo, y para bendecir toda obra de tus manos. Y prestarás a muchas naciones, y tú no pedirás prestado. Te pondrá Jehová por cabeza, y no por cola; y estarás encima solamente, y no estarás debajo, si obedecieres los mandamientos de Jehová tu Dios, que yo te ordeno hoy, para que los guardes y cumplas, y si no te apartares de todas las palabras que yo te mando hoy, ni a diestra ni a siniestra, para ir tras dioses ajenos y servirles.

(DT 28:1-14, RVR1960)

¿Hay algo que un hombre o una mujer pueda desear que no esté incluido en esta promesa condicional de bendiciones de Dios?

Dios le dice a Su pueblo que les proporcionará estas cosas:

- Paz tanto en la ciudad como en el campo (para que no haya necesidad de fortalezas defensivas).
- Hijos, que son una bendición.
- Muchos alimentos y bienes materiales.
- Éxito en su trabajo.
- El logro de todo lo que se propongan hacer.
- Victoria sobre sus enemigos.
- Una prosperidad constante y duradera, no solo temporal o estacional.
- Una firme relación con Dios como Su pueblo santo.
- Una excelente reputación ante los demás.
- La oportunidad de ser una bendición para los demás.
- Oportunidades de liderazgo para el bien de todos.

Si usted tuviera que definir lo que es sentirse satisfecho con la obra de su vida y tener todo lo que realmente importa, ¡probablemente enumeraría estas mismas cosas!

¿Qué necesita hacer para aprovechar esta bendición?

- Obedecer diligentemente la voz del Señor.
- Cumplir cuidadosamente todos Sus mandamientos.
- No seguir a otros dioses.

Más adelante en Deuteronomio 28, Dios expresa lo que sucedería si Su pueblo no lo obedecía y no cumplía Sus mandamientos. Deuteronomio 28:20 (RVR1960) lo resume así: «Y Jehová enviará contra ti la maldición, quebranto y asombro en todo cuanto pusieres mano e hicieres, hasta que seas destruido, y perezcas pronto».

DEBEMOS HACER NUESTRA PARTE

Escuché de un estudiante universitario que acusó a su profesor de haber sido injusto con él al darle un suspenso. El profesor convocó una reunión con el joven y el jefe de su departamento para aclarar las acusaciones que el estudiante estaba haciendo en su contra.

El joven expresó:

—Su asignatura es demasiado difícil. Espera demasiado de nosotros los estudiantes.

—De los cuarenta estudiantes de su clase, treinta y ocho aprobaron la asignatura —explicó el profesor.

—Bueno, creo que sus exámenes son injustos —balbuceó el joven—. No son claros.

—¿Cuánto tiempo dedicó a estudiar para cada uno de los cuatro exámenes de la asignatura? —preguntó el profesor.

El joven se negó a responder, en cambio manifestó:

—Usted está en contra mía desde el primer día del curso. No responde a mis preguntas en clase.

—¿Qué le preguntaba yo muchas veces cuando usted hacía preguntas en clase?

El estudiante permaneció en silencio con una expresión hosca en su rostro.

—Acaso no le preguntaba: «¿Ha leído la tarea que aparece en el texto?» —cuestionó el profesor.

El profesor sacó su registro de asistencia y expresó:

—Usted estuvo ausente en catorce de las cincuenta y una sesiones de clase y de laboratorio. Eso es alrededor del treinta por ciento del tiempo de clases. Desaprobó ocho de los diez exámenes de elección múltiple que estaban directamente relacionados con las lecturas del libro de texto. Otros estudiantes asimilaron satisfactoriamente esas lecturas durante las horas de clase. Al ver las calificaciones que obtuvo no puedo evitar concluir que usted no leyó el texto. Alcanzó un cuarenta por ciento de los puntos en dos de los exámenes y menos del treinta por ciento en los otros dos.

—¿Sabe usted quién es mi padre? —replicó el joven con tono beligerante—. ¿Sabe la magnitud de las contribuciones que ha hecho a esta escuela y lo que está en juego si me desaprueba?

—Creo que no estaría haciendo lo correcto por usted si le diera una calificación de aprobado —respondió el profesor.

El jefe del departamento consideró que ya había escuchado suficiente y expresó:

—El profesor no le ha dado una calificación de suspenso, joven. Usted se la ha ganado por lo que no hizo. Estaría encantado de reunirme con su padre si eso es lo que quiere.

El joven abandonó la oficina del profesor lleno de ira.

Antes de que se enfade con Dios por no bendecirlo lo suficiente, o por ciertas situaciones en su vida, debe hacerse las siguientes preguntas, y responderlas con honestidad: ¿He escuchado atentamente lo que Dios tiene que decirme? ¿He leído Su Palabra para conocer Sus mandamientos? ¿He prestado atención a Sus mandamientos y los he cumplido cuidadosamente en mi vida? ¿He cedido a la tentación de adorar ídolos, es decir, han sido más importantes para mí algunas relaciones o posesiones materiales y les he dedicado más tiempo y esfuerzo que a mi relación con Dios?

Muchas de las promesas de bendición de Dios dependen de lo que usted haga o deje de hacer.

Otra de las promesas condicionales de Dios a Sus hijos aparece en Éxodo 15:26 (RVR1960):

Si oyeres atentamente la voz de Jehová tu Dios, e hicieres lo recto delante de sus ojos, y dieres oído a sus mandamientos, y guardares todos sus estatutos, ninguna enfermedad de las que envié a los egipcios te enviaré a ti; porque yo soy Jehová tu sanador.

Una vez más, la parte que le corresponde a usted es escuchar a Dios y cumplir Sus mandamientos, y la parte de Dios es mantenerlo libre de las enfermedades que sufrieron los egipcios, que en gran medida eran causadas por aguas contaminadas y plantas y animales infectados, así como enfermedades de transmisión sexual muy diseminadas.

Dios es un Dios de sanación, pero usted debe hacer su parte.

UN ESTILO DE VIDA DE BENDICIÓN

Dios determinó que la cruz fuera la puerta de entrada a un estilo de vida de bendición. La cruz es el medio por el cual usted se convierte en una persona de Dios, llega a ser parte de una familia mayor, el pueblo de Dios. Él desea un estilo de vida de gracia para todos Sus hijos. Un estilo de vida marcado por las siguientes cualidades:

- La aceptación: la que Dios le da y su aceptación de Cristo.
- La disponibilidad: su disponibilidad para Dios y de Dios para usted.
- La abundancia: para una total prosperidad y plenitud.
- La permanencia: de Cristo en usted y la suya en Cristo para que pueda dar mucho fruto.
- La responsabilidad: hacer frente a sus faltas y pecados para poder arrepentirse de ellos y así eliminar los obstáculos que limitan la bendición.

UN ESTILO DE VIDA CARACTERIZADO POR LA ACEPTACIÓN

La cruz le asegura la aceptación de Dios. Cuando usted cree en Jesús, para Dios se eliminan todas las barreras entre usted y Él. Son posibles la reconciliación total y la intimidad de la relación.

La aceptación, la bendición y el perdón que Dios le da están relacionados con su aceptación de Dios. Aceptar el perdón de Dios no es una cuestión de obras. Es abrir su corazón, su mente y sus manos para *recibir*. No se trata de ganárselo ni esforzarse.

Quiero que me preste mucha atención en este punto pues las promesas relacionadas con la bendición de Dios están muy ligadas a la aceptación.

Muchos se preguntan si alguna vez podrían ser aceptados por Dios. Dicen: «He cometido demasiados pecados», o: «He cometido un pecado demasiado grande», o: «He pecado después de que Dios me perdonara, ¿cómo podría perdonarme de nuevo?».

Mediante la cruz, Dios le asegura a usted que nunca puede pecar demasiadas veces ni cometer un pecado demasiado grande o terrible. Simplemente no puede superar el deseo y la capacidad de Dios de perdonarlo.

Más adelante en Deuteronomio leemos estas palabras:

Sucederá que cuando hubieren venido sobre ti todas estas cosas, la bendición y la maldición que he puesto delante de ti, y te arrepintieres en medio de todas las naciones adonde te hubiere arrojado Jehová tu Dios, y te convirtieres a Jehová tu Dios, y obedecieres a su voz conforme a todo lo que yo te mando hoy, tú y tus hijos, con todo tu corazón y con toda tu alma, entonces Jehová hará volver a tus cautivos, y tendrá misericordia de ti, y volverá a recogerte de entre todos los pueblos adonde te hubiere esparcido Jehová tu Dios. Aun cuando tus desterrados estuvieren en las partes más lejanas que hay debajo del cielo, de allí te recogerá Jehová tu Dios, y de allá te tomará; y te hará volver Jehová tu Dios a la tierra que heredaron tus padres, y será tuya; y te hará bien, y te multiplicará más que a tus padres. Y circuncidará Jehová tu Dios tu corazón, y el corazón de tu descendencia, para que ames a Jehová tu Dios con todo tu corazón y con toda tu alma, a fin de que vivas.

(DT 30:1-6, RVR1960)

Dios le comunicó a Su pueblo que aunque lo desobedecieran y sufrieran la dispersión hasta los confines de la tierra, si se arrepentían, es decir, si volvían sus corazones a Él y cumplían lo que Él les mandaba, les devolvería plenamente todo lo que Él les había prometido.

Usted debe aceptar a Dios y Sus mandamientos, eso es todo lo que se requiere para estar en una relación correcta con Dios. No hay obras que usted deba realizar antes de que Él le dé Sus promesas de bendiciones que satisfacen el alma y dan vida.

Su relación con Dios no se basa en sus buenas obras. No se basa en que usted ofrezca un sacrificio de sangre en un santuario específico, ni en sus obras de caridad ni en su pertenencia a una denominación en particular. No se basa en nada que usted produzca, logre o gane.

En cambio, su relación con Dios se basa en la creencia de que Jesucristo es el Hijo de Dios hecho carne y que Jesucristo es el Señor.

El comportamiento es el fundamento de la religión. La creencia es el fundamento de la relación.

Usted no tiene que preguntarse si ha hecho lo suficiente para ser lo suficientemente bueno ante Dios. Basta con decir: «Creo en ti, Dios, como el Dador de la vida. Creo en lo que Jesús hizo en la cruz para darme vida abundante y para siempre. ¡Acepto Tu plan!».

Conozco muchas personas que viven con la angustiosa incertidumbre de si han hecho lo suficiente para complacer a Dios. Esperan haber leído lo suficiente la Biblia y haber orado lo suficiente. Esperan que Dios los perdone. Esperan ser dignos del cielo.

Esa no es la verdadera esperanza.

La verdadera esperanza es decir: «¡Gracias, Dios, por salvarme! ¡Gracias por amarme! ¡Gracias por Jesucristo y por lo que hizo por mí en la cruz! ¡Gracias por darme Tu Espíritu Santo para guiarme y consolarme!».

Debe tener muy claro en su espíritu este punto: su comportamiento y el estado de su alma son dos cosas distintas a los ojos de Dios. Una vez que ha aceptado a Jesucristo como su Salvador y ha aceptado el amor y el perdón de Dios, usted es Suyo para siempre. No hay nada que pueda separarlo de Él (Ro 8:38-39).

Los errores y los pecados que usted comete después de haber aceptado a Jesucristo no lo separan de Dios. Él lo declara culpable de estos pecados para que usted pueda confesarlos, recibir el perdón, arrepentirse de ellos y cambiar su comportamiento futuro, por su bien. Pero estos pecados no lo separan de nuevo de Él. Dios le dijo a Su pueblo que aunque lo desobedecieran y experimentaran todas las consecuencias negativas, Él todavía estaría allí cuando se volvieran a Él. Además, constantemente se refería a sí mismo como «Jehová tu Dios». Ellos nunca dejaron de ser Su pueblo.

Supongamos que usted dice: «Oh, Dios, lo he estropeado todo. Sé que vas a acabar conmigo hoy». ¡Pues créame cuando le digo que Dios no va a prestar atención a lo que usted dice! Su comportamiento, incluido lo que usted piensa y dice, no lo lleva a un estado de condenación.

Su relación con Dios se basa en lo que Jesús hizo, no en lo que usted ha hecho, hace o hará. Se basa únicamente en lo que Jesús hizo en la cruz. Usted puede cometer errores, pero Jesús no. Usted puede ser imperfecto, pero Él es perfecto. El perdón de Dios se basa en Su plan que se ha cumplido a través de Cristo Jesús.

Efesios 2:8 expresa claramente: «Porque por gracia ustedes han sido salvados por medio de la fe, y esto no procede de ustedes, sino que es don de Dios». Reciba Su don con su fe. Tenga la seguridad de que es salvo y de que está en una relación correcta con Él.

El plan de Dios para usted es que tenga la certeza de su salvación y de que Dios lo ama.

ACEPTACIÓN Y BENDICIÓN

¿Cómo se relaciona esto con que usted experimente en su vida el cumplimiento de las promesas de bendición de Dios?

Primero, debe aceptar que Dios desea bendecirlo. Debe dejar de acusar a Dios y culparlo por la falta de fundamento o los problemas que enfrenta. En muchos casos, usted es responsable de las consecuencias que experimenta. Dios deja muy claro en Su Palabra que Su deseo es traer cosas buenas a su vida, en el presente y para toda la eternidad.

En segundo lugar, usted debe aceptar que entre sus pecados y sus bendiciones hay una relación. En este punto usted podría preguntarse: «¿Acaso no dijo que el comportamiento no tenía nada que ver con mi relación con Dios?».

Lo dije. Sus buenas acciones no pueden hacerle merecedor de la salvación, el perdón ni el amor de Dios. La salvación es un regalo gratuito que Dios le hace. Usted solo debe creer y recibirlo para ser salvo y nacer de nuevo en su espíritu.

Mientras usted continúe en el pecado y rechace el ofrecimiento del perdón de Dios, Él no hará nada al respecto, no anulará su libre albedrío.

Después de aceptar el perdón de Dios, no hay pecado que pueda separarlo de Su amor. Usted ha establecido con Él una relación que es irreversible. Al mismo tiempo, su comportamiento sí influye en la medida en que Dios puede darle Sus bendiciones y en cuánto se revelará a usted. Si continúa ignorando a

Dios, Él no lo forzará. Si continúa adoptando conductas pecaminosas en lugar de conductas justas, Él no ignorará las consecuencias del pecado para darle una bendición.

Su comportamiento no determina Su relación con Dios, pero sí determina en gran medida el grado en que Dios puede bendecirlo.

Oí hablar de una joven que estaba muy enfadada porque un banco no le había dado el préstamo que deseaba. «Necesito ese dinero para pagar mis cuentas —expresó—. Si no pago mi casa y mi coche, es culpa del banco».

No quiso ver que tenía un crédito muy malo y era un riesgo demasiado grande para el banco. Su falta de fondos no era culpa del banco. Se debía a que había gastado demasiado en el pasado.

Cuando usted hace frente a sus pecados y asume la responsabilidad de su comportamiento y sus consecuencias, puede volverse a Dios y aceptar de nuevo Su perdón por sus pecados. Puede pedirle a Dios: «Por favor, ayúdame a no volver a hacer eso. Muéstrame el sendero que quieres que siga y dame el coraje y la fuerza para ir por la senda que Tu vas». Puede aceptar de nuevo el plan y el propósito que Dios tiene para usted.

Si en algún momento usted no obedece la voz de Dios, puede volverse a Él, recibir el perdón y comenzar de nuevo a escucharlo y obedecerlo.

Si dejó de acatar Sus mandamientos, puede volverse a Él, recibir el perdón y comenzar de nuevo a seguir y cumplir Sus mandamientos.

Si ha servido a dioses falsos y ha dedicado más tiempo, talento y devoción a cosas o personas que a Dios, puede volverse a Él, recibir el perdón y comenzar de nuevo a adorarlo y a servirlo como su mayor prioridad.

Aceptar la senda de Dios es responsabilidad suya. Cuando usted acepta a Dios, la aceptación que Él le da es segura y firme. Siempre puede contar con que Dios lo perdone cada vez que usted le pida perdón.

UN ESTILO DE VIDA CARACTERIZADO POR LA DISPONIBILIDAD

Mediante la cruz, Dios está completamente disponible para usted, siempre, las veinticuatro horas del día, todos los días de cada año de su vida.

Jesús lo invita a entrar con audacia en el salón del trono de Dios y a encontrar gracia y misericordia en sus momentos de necesidad. Jesús hace que Dios sea completamente accesible.

Cada vez que tenga una necesidad, un problema, una pregunta difícil, una duda o falta de sustancia en su vida, puede acudir a Dios inmediatamente, hacer su petición y recibir Su sabiduría y Su provisión.

La provisión de Dios para usted puede darse en etapas o pasos. Puede que no reciba inmediatamente todo lo que le pide, pero la situación cambia en el momento en que usted se vuelve a Él. Cada vez que deposite todas sus preocupaciones en Dios y confíe plenamente en que satisfará sus necesidades y le mostrará cómo debe vivir, Él responderá rápidamente.

La joven que pidió un préstamo bancario, y se lo negaron, experimentó esto. Una amiga le habló claro y le dijo: «No es culpa del banco que tengas problemas financieros. Es tu propia culpa. Si quieres ayuda de verdad, necesitas buscar asesoría financiera».

La joven estuvo de acuerdo y fue con su amiga a ver a un asesor financiero, que había ofrecido sus servicios en la iglesia de su amiga. La joven elaboró un presupuesto por primera vez en su vida. Hizo frente a una gran cantidad de facturas que tenía pendientes y diseñó un plan para pagarlas.

En el proceso, aceptó que le embargaran el coche y utilizó el transporte público durante seis meses mientras ahorraba para comprarse un coche usado, al que luego llamó «un verdadero cacharro». Renunció a su casa y se mudó a un apartamento que podía pagar. Lentamente, pero sin pausa, comenzó a reducir su deuda. Uno de sus pasatiempos favoritos había sido ir de compras. Entonces decidió que la mejor manera de evitar los gastos excesivos era evitar las compras. También buscó un trabajo nocturno a tiempo parcial como distracción. Luego expresó: «Esto apartó mis ojos de todos los comerciales de la TV, que realmente me hacían enfocarme en las cosas materiales, y me sacó del centro comercial». Y por supuesto, este trabajo representó un ingreso adicional para pagar su deuda. Le llevó dos años pagar todas sus deudas. Tuvo que ahorrar de manera conciente, ir pagando las cuentas y trabajar quince horas extras a la semana para lograrlo.

Entonces, descubrió que el dinero que había dedicado a pagar sus deudas podía emplearlo en comprarse un coche mejor. Después de pagar el coche, comenzó a ahorrar para una casa. Le llevó en total casi cinco años cambiar completamente su situación financiera, lograr no tener más deudas que la hipoteca y disponer de suficientes ingresos mensuales para pagar sus cuentas.

¿Puso Dios Su mano en todo esto? Seguramente que sí. La joven comenzó a asistir a la iglesia donde había recibido el asesoramiento financiero gratuito. Allí conoció sobre el plan de Dios para hacer prosperar su vida. Comenzó a pagar el diezmo regularmente y a participar en los ministerios de la iglesia. Respecto a sus actividades en la iglesia expresó: «Un día me di cuenta de que las cosas que más disfrutaba hacer eran las relacionadas con la iglesia. ¡Y resulta que la mayoría de esas cosas eran *gratis*! Había gastado miles de dólares al año en entretenimiento, en ir a lugares y hacer cosas para tratar de pasar un buen rato y hacer amigos. Ahora me divertía y hacía amigos, ¡y no me costaba ni un centavo!».

¿Estaba Dios disponible cuando esta joven acudió a Él en busca de ayuda? Por supuesto que sí.

¿Era Su deseo bendecirla y darle mayor prosperidad y plenitud en cada área de su vida? Sí, por supuesto.

¿Comenzó a obrar inmediatamente cuando ella le pidió ayuda? Claro que sí.

¿Se resolvió su problema en un día? No. ¿Se resolvió de una manera que trajera gloria a Dios y fuera de beneficio duradero y eterno para ella? Por supuesto que sí.

Dios está disponible para usted cada vez que se vuelva a Él.

Tenga en cuenta lo que Jesús hizo con Sus discípulos y con aquellos que lo amaban. Viajó con ellos. Los vio pescar. Les preparó el desayuno a la orilla del lago de Tiberíades Caminó junto a ellos por los polvorientos caminos de la tierra. Almorzó con ellos en las colinas de Galilea. Cenó con ellos. Les lavó los pies. Se rio y lloró con ellos. Jesús estuvo totalmente disponible para Sus discípulos aun cuando mantenía su necesidad de oración y de estar a solas con su Padre celestial. Incluso cuando le llevaron unos niños pequeños expresó: «No les impidan que vengan a Mí». Jesús tenía tiempo para las personas.

Jesús no exigió que Sus discípulos se inclinaran ante Él y le rindieran homenaje. Mas bien les dijo: «No son mis siervos. ¡Son mis amigos!» (Jn 15:15).

Muchas personas que he conocido le atribuyen a Dios las siguientes características: *severo, condenatorio, duro, muy estricto y exigente hasta la perfección*. Estas palabras hacen que Dios parezca inalcanzable.

¿Qué le parecen estas otras palabras en lugar de las anteriores? *Tierno, cálido, amoroso.* Así es como vemos a Jesús cuando sostenía a niños pequeños y cuando tocaba a los enfermos y les devolvía la salud. Jesús afirmó que Él era como el Padre. En realidad, les dijo a Sus discípulos: «El que me ha visto a Mí, ha visto al Padre» (Jn 14:9).

Dios está a su alcance hoy, está disponible. También lo están las bendiciones que Él tiene para usted. Puede que no las reciba inmediatamente, pero puede estar seguro de que finalmente las recibirá.

Permita que Dios llegue a usted. Abra las áreas de su vida que ha tratado de ocultar de Él. Deje que abarque todo su ser. A medida que se vuelva más accesible a Dios, Él verterá más y más de sí mismo en usted.

UN ESTILO DE VIDA CARACTERIZADO POR LA ABUNDANCIA

Jesús afirmó que vino a darnos una vida abundante (Jn 10:10). Cuando pensamos en la abundancia hoy, muchas personas utilizan la palabra *prosperidad.*

Uno de los conceptos más importantes que usted debe entender respecto a la prosperidad es este: la prosperidad bíblica incluye toda su vida. Una persona puede ser rica en dinero y aún así no ser próspera. Cuando se piensa en la bendición y la prosperidad, se debe pensar en términos de la totalidad de la vida; una armonía que tiene dimensiones espirituales, mentales, emocionales, físicas, financieras y relacionales.

Muchas personas tienen la mentalidad de que «mi vida espiritual es mi vida espiritual y mis negocios son mis negocios». Separan estas dos esferas en su pensamiento y en su comportamiento. Sin embargo, Dios no lo hace. Desde Su perspectiva, ambas están estrechamente conectadas. No es posible ser completamente próspero en la vida si hay carencias en la vida espiritual, y tampoco es posible serlo si se tienen dificultades materiales o financieras.

Dios no se opone a que usted tenga dinero. Pero sí se opone a cualquier cosa que usted convierta en un ídolo o en un falso dios en su vida. Se opone al culto al dinero, a su amor al dinero. Pablo escribió a Timoteo: «Porque la raíz de todos los males es el amor al dinero, por el cual, codiciándolo algunos, se extraviaron de la fe y se torturaron con muchos dolores» (1 Ti 6:10).

Por otro lado, Dios quiere que usted satisfaga sus necesidades. Él no recibe ninguna gloria de que Su pueblo sufra por falta de provisión. Algunas personas han malinterpretado la Palabra de Dios y creen que Dios aprueba la pobreza y tiene una bendición especial para los pobres. No hay ninguna bendición relacionada con la pobreza en la Escritura. Jesús quiere que Sus seguidores se preocupen por los pobres, den a los pobres y reconozcan que los pobres están con nosotros, pero Su mayor deseo es que todos los hombres y mujeres sean bendecidos y plenos, y esto incluye tener satisfechas las necesidades económicas.

En Su Palabra, Dios ha comunicado una serie de reglas con respecto a la prosperidad; entre ellas las siguientes:

- No debemos codiciar las riquezas ni las posesiones de los demás (Éx 20:17).
- Debemos mantenernos alejados de la codicia (Pr 1:16-19; 15:27).
- Debemos evitar la pereza y trabajar con diligencia (Pr 20:4; Ec 9:10).
- Debemos dar generosamente a los necesitados (Lc 6:38; 1 Ti 6:17-19).
- Debemos evitar las deudas (Pr 22:7; Ro 13:8).
- Debemos confiar plenamente en Dios para nuestra provisión y nuestra prosperidad (Pr 11:28; 16:20).
- Siempre debemos reconocer que Dios es la fuente de toda nuestra provisión (Sal 34:8-10; Stg 1:17).

La prosperidad está lejos de ser simplemente una cuestión de recibir. Está relacionada con su entrega, su confianza en Dios y su actitud hacia las posesiones.

LA BENDICIÓN DEL TRABAJO

El trabajo es parte de las bendiciones que Dios nos da. A cada uno de nosotros le ha dado talentos y habilidades específicas, y espera que los usemos en el trabajo para Su reino. Algunos deben trabajar en el ministerio a tiempo completo, otros deben ser testigos de Dios en su lugar de trabajo, en el mundo de la medicina, en las escuelas, o en una amplia variedad de otras profesiones. Debemos usar nuestros talentos plenamente y confiar en que Dios multiplicará el fruto de nuestro trabajo para Sus propósitos.

Su lugar de trabajo, su empleador, su supervisor, sus clientes, sus pacientes, sus estudiantes, todos son bendiciones de Dios para usted. Son herramientas de la provisión de Dios para su vida, y también son aquellos a los que Dios desea dar *a través de usted*. Es decir, son parte del plan de Dios para la plenitud y la prosperidad total en su vida, así como usted es parte de Su plan para la plenitud y la prosperidad total en la vida de ellos.

En mi opinión, una de las cosas que todos deberíamos pedirle a Dios en nuestras oraciones es que incremente nuestra utilidad, es decir, nuestra capacidad y habilidad para trabajar. Es conveniente prestar atención a este proverbio:

El hombre será saciado de bien del fruto de su boca;
y le será pagado según la obra de sus manos.

(PR 12:14, RVR1960)

Dios desea que seamos recompensados plenamente por el trabajo que hacemos.

El Señor también desea que «abundéis en ello más y más». Pablo escribió a los tesalonicenses:

Pero os rogamos, hermanos, que abundéis en ello más y más; y que procuréis tener tranquilidad, y ocuparos en vuestros negocios, y trabajar con vuestras manos de la manera que os hemos mandado, a fin de que os conduzcáis honradamente para con los de afuera, y no tengáis necesidad de nada.

(1 Ts 4:10-12, RVR1960)

Abundar más en ello en parte radica en aprender a trabajar de forma más inteligente, rápida, productiva y eficiente. Estoy convencido de que Dios le trasmite Su sabiduría con respecto a su trabajo siempre que usted se lo pide.

NEGARSE A DARLE A DIOS

Mucha gente se pierde la bendición de la abundancia de Dios porque no dan de su riqueza a Dios. Se niegan a darle alguno de sus bienes materiales, es decir, su dinero, recursos financieros o posesiones. Algunos lo hacen por ignorancia; otros por rebelión; otros por falta de confianza en que Dios satisfará sus necesidades.

Si realmente quiere ser bendecido desde el punto de vista financiero y aliviar la presión que el dinero (o la falta de él) ejerce sobre su vida, debe ser generoso con los recursos que destina a Dios. Como en todas las demás áreas, el grado en que usted se abra a Dios para dar es el grado en que usted se abre a Dios para recibir. Jesús enseñó: «De gracia recibisteis, dad de gracia» (Mt 10:8, RVR1960). Y en 2 Corintios 9:6, leemos: «... el que siembra escasamente, escasamente también segará; y el que siembra abundantemente, abundantemente también segará».

¿Por qué Dios nos pide que demos nuestro dinero para Su trabajo? Creo que se debe a que en gran medida nuestro dinero es un reflejo de nosotros mismos. Lo que entregamos refleja el grado de confianza que tenemos en que Dios proveerá para nuestras necesidades materiales.

Malaquías 3:8-12 (RVR1960) es uno de los pasajes de la Biblia más claros sobre lo que Dios espera de nosotros. Contiene una promesa condicional relacionada con nuestro bienestar financiero y material.

> ¿Robará el hombre a Dios?
> Pues vosotros me habéis robado.
> Y dijisteis:
> ¿En qué te hemos robado?
> En vuestros diezmos y ofrendas.
> Malditos sois con maldición,
> porque vosotros, la nación toda,
> me habéis robado.
> Traed todos los diezmos al alfolí
> y haya alimento en mi casa;
> y probadme ahora en esto,
> dice Jehová de los ejércitos,
> si no os abriré las ventanas de los cielos,
> y derramaré sobre vosotros bendición
> hasta que sobreabunde.
> Reprenderé también por vosotros al devorador,
> y no os destruirá el fruto de la tierra,

ni vuestra vid en el campo será estéril,
dice Jehová de los ejércitos.
Y todas las naciones os dirán bienaventurados;
porque seréis tierra deseable,
dice Jehová de los ejércitos.

El deseo de Dios es poder bendecir a Su pueblo y reprender al devorador. Su método específico para este fin es el diezmo. El diezmo, la décima parte de lo que usted recibe, debe ser de su incremento y para su incremento. Es la forma de abrir la puerta de sus finanzas para dar y luego recibir la bendición de Dios.

Cuando le entrega el diezmo a Dios, siempre debe recordar que esa decima parte nunca fue realmente suya. Todas las cosas vienen de Dios, incluida esa cantidad llamada diezmo. Como se expresa en 1 Crónicas 29:14: «Pues todo es tuyo, y de lo recibido de tu mano te damos» (RVR1960). Cuando le devuelve a Dios la décima parte de sus ganancias, simplemente le devuelve lo que era Suyo, y le pide que use ese donativo para su incremento.

El diezmo es una muestra de su confianza en Dios. Es una señal tangible de que usted acepta lo que Dios ha dado como un mandamiento. Está obedeciendo lo que Dios ha dicho que se haga. Por lo tanto, el diezmo se convierte en algo así como un catalizador que genera aún más bendiciones. ¡Y qué grandes bendiciones!

Dios abrirá las ventanas de los cielos y derramará sobre usted una bendición tan grande que no podrá abarcarla toda. Sin duda, esa bendición vendrá sobre usted como:

- Abundancia de ideas y conocimientos innovadores y creativos.
- Plenitud de alegría y actitudes positivas.
- Una mejor capacidad para comunicarse con los demás.
- Fuerza, energía, vitalidad física y salud en abundancia.
- Nuevas oportunidades de trabajo e inversión.
- Una provisión que llegará de fuentes inesperadas.

No solo eso, Dios también afirma que reprenderá al devorador. Su trabajo será fructífero. Se librará de muchos de los ataques del enemigo contra su vida y sus finanzas. En términos prácticos, eso puede significar lo siguiente:

- Menos enfermedades, y por lo tanto menos horas de productividad perdida, y menos gastos.
- Menos averías en equipos, maquinaria y vehículos.
- Menos obstáculos y problemas.
- Menos accidentes y percances.
- Menos interrupciones y retrasos.

Junto con esta bendición personal, el diezmo trae bendiciones al pueblo de Dios. La obra del Señor se realiza con mayor rapidez y eficacia. Se fortalece la buena reputación del pueblo de Dios. Se extiende el testimonio sobre la bondad de Dios. Las cuatro bendiciones en este pasaje de Malaquías se pueden resumir así:

- La promesa de prosperidad.
- La promesa de abundancia.
- La promesa de protección.
- La promesa del testimonio personal.

Por supuesto, mediante la bendición de Dios siempre se alcanza una mejor percepción de Su presencia. Su relación con Él se hace más rica, más profunda, más íntima y más significativa. Dios lo bendice a usted no solo para demostrar que Él le es fiel, sino para acercarlo aún más a sí mismo. Esa es la mayor forma de abundancia que el corazón humano puede comprender.

He visto el principio de Dios de la abundancia funcionar en mi vida de muchas maneras prácticas. Esta lección sobre dar a Dios y recibir Su bendición fue una de las primeras que aprendí de joven.

Cuando era un joven adolescente, mi primer trabajo fue como repartidor de periódicos. Ganaba cuatro dólares semanales y daba un dólar a la semana para el alfolí de Dios. Nunca me hubiera limitado a dar solo cuarenta centavos. Estaba tan agradecido por el trabajo y tan contento de ganar cuatro dólares que nunca me pasó por la mente devolverle a Dios menos de un dólar.

Poco después, conseguí un trabajo por veinte dólares a la semana, aún como repartidor de periódicos. Lo que ganaba se incrementó cinco veces. ¡Una muestra de las ventanas de los cielos que se abren! Otra vez, devolví mucho más del diez por ciento.

Mientras trabajaba a tiempo parcial en ese empleo e iba a la escuela secundaria, un hombre se ofreció a ayudarme para que asistiera a la universidad. Fui a la universidad con setentaicinco dólares, y terminé la universidad sin deber un centavo. Dios satisfizo abundantemente mi necesidad. En una ocasión llegué a tener solo diez centavos en el bolsillo, pero nunca me quedé sin dinero. Y nunca di solo el diez por ciento para la obra de Dios. Había establecido una relación con un Dios de abundancia. Lo que yo daba era resultado de la gratitud, la alegría y la acción de gracias. Mi único pesar era no poder dar más.

UN ESTILO DE VIDA CARACTERIZADO POR LA PERMANENCIA EN ÉL

¿Ha notado algún patrón al recibir las bendiciones de Dios?

Mientras más acepte lo que Jesús ha hecho por usted y lo que el Espíritu Santo desea hacer en usted, más experimentará la amorosa y plena aceptación de Dios.

Cuanto más se abra usted a Dios para hacer Su voluntad, más experimentará la siempre accesible presencia de Dios en su vida.

Mientras más le dé a Dios con un corazón alegre y una mano deseosa, más experimentará la abundancia de Dios en cada área de su vida.

Esta apertura de toda nuestra vida a Dios, y recibir la plenitud de la vida de Dios en nosotros, es un concepto que Jesús llamó «permanecer».

Jesús enseñó:

Yo soy la vid verdadera, y mi Padre es el labrador. Todo pámpano que en mí no lleva fruto, lo quitará; y todo aquel que lleva fruto, lo limpiará, para que lleve más fruto. Ya vosotros estáis limpios por la palabra que os he hablado. Permaneced en mí, y yo en vosotros. Como el pámpano no puede llevar fruto por sí mismo, si no permanece en la vid, así tampoco vosotros, si no permanecéis en mí. Yo soy la vid, vosotros los pámpanos; el que permanece en mí, y yo en él, éste lleva mucho fruto; porque separados de mí nada podéis hacer. El que en mí no permanece, será echado fuera como pámpano, y se secará; y los recogen, y los echan en el fuego, y arden. Si permanecéis en mí, y mis palabras permanecen en vosotros, pedid todo lo que queréis, y os será hecho. En esto es glorificado mi Padre, en que llevéis mucho fruto, y seáis así mis discípulos.

(JN 15:1-8, RVR1960)

Quiero que note varias cosas sobre el proceso de permanencia.

Debe permanecer en Cristo

Su identidad total está en Él. No presuma tener dones, talentos y habilidades aparte de los que Dios le ha dado. No presuma tener dones espirituales aparte de los que el Espíritu Santo le otorga. No presuma ser bueno por sí mismo, ni de ser justo. Su vida está total y completamente vinculada a Cristo y a lo que Él ha logrado y está logrando a favor suyo. Jesús expresa claramente que sin Él usted no puede hacer nada.

Permanecer en Cristo significa que su confianza total está en Él. Usted no confía en que un título universitario, su relación con el jefe, su apariencia personal, la adquisición de bienes materiales, la reputación de su familia, sus «conexiones» o alguna otra cosa le traiga el éxito y la plenitud en Cristo. Su confianza total está en Cristo y en Su capacidad y deseo de llevarlo al éxito y a la plenitud según Su definición y Su plan.

Usted está sujeto a la poda

Tenga en cuenta que la poda se realiza para que usted pueda dar «mucho fruto». Dios desea el bien para usted. Él lo ama lo suficiente como para podarlo, para que así pueda crecer y alcanzar una mayor prosperidad y plenitud.

Este pasaje de Juan repite lo que Jesús expresó antes: «Si el grano de trigo no cae en la tierra y muere, queda solo; pero si muere, lleva mucho fruto» (Jn 12:24, RVR1960). Muchas semillas, mucho fruto. El deseo de Dios es bendecirlo más y más hasta que tenga una abundancia de bendición tal que exceda su capacidad para abarcarla.

El fruto que usted da es Su fruto, el resultado de su permanencia en Él

Dios hace en usted una obra de refinamiento y perfeccionamiento. Él es quien decide qué bendición necesita en cada momento. Él es quien lo guía para que le dé a otros y así pueda ser una bendición para ellos.

La permanencia es una cuestión de confianza

Mucha de la teología que escuchamos hoy en día es egocéntrica y egoísta: «Dios, quiero que me cures, me prosperes, me bendigas, me protejas. Dios, haz por mí esto y aquello, de esta forma y de aquella».

La verdad es que no estamos en el centro del universo. Pero Dios sí lo está, y requiere que lo sirvamos. Somos muy presuntuosos al exigirle que haga lo que queremos como si fuera nuestro recadero. La relación adecuada con Dios es ponernos a Su disposición para cumplir *Sus* órdenes. ¡Él es el Señor Dios todopoderoso!

Cuando miramos a Dios de cualquier otra manera, caemos en la idolatría. Cuando no buscamos Su presencia en nosotros con la misma intensidad que deseamos las cosas que le pedimos, estamos adorando la provisión de Dios mucho más que al mismo Dios. Estamos adorando la bendición y no al Dador de la bendición.

La idolatría puede ser extremadamente sutil y engañosa, siempre debemos tenerlo en cuenta. Estoy seguro de que si le preguntara: «¿Quiere ser un idólatra?», respondería con un rotundo «¡no!». Sin embargo, debemos buscar en nuestra alma diligentemente. Cuando lo hacemos, muy a menudo descubrimos que hemos dado demasiado valor a ciertas posesiones y relaciones, y a veces las hemos elevado por encima de nuestra relación con Dios.

Hace unos años, la iglesia enfrentaba dificultades financieras, y sentí que debía vender mis cámaras fotográficas y dar el dinero para la campaña de recaudación de fondos. Durante mucho tiempo había invertido en cámaras de alta calidad y varios equipos fotográficos. Como me gustaba tomar fotografías, traté de ser bueno en ese campo, y me sentía orgulloso del equipo fotográfico que había comprado. Mi donativo fue la posesión que más apreciaba.

Para mi sorpresa, sentí un poco de dolor al hacer el donativo. Por mucho que quisiera hacerlo, el día que llevé las cámaras a la tienda y las vendí, fue una experiencia difícil. No sabía que iba a ser una de las experiencias de poda realizadas por Dios en mi vida.

Tuve que enfrentar la realidad de que valoraba demasiado las cámaras. Una vez que salí de ellas, no solo en un sentido literal, sino también espiritual, sentí una gran liberación. Dios iba a usar mi donativo para ayudar a resolver una necesidad en la iglesia, e iba a usarlo también para resolver una necesidad en *mí*.

Iba a librarme del apego a esa sustancia tangible y material que yo consideraba importante.

Resultó que cuando le di mis cámaras a Dios en mi corazón y me entregué de nuevo a Él en esta área de mi vida, Él halló una manera soberana de devolvérmelas. Entonces se convirtieron en un regalo de Dios, ya no eran algo que yo había comprado y poseído como resultado de mi propia planificación y esfuerzo, Dios las había convertido en *Su* regalo para mí.

He visto este principio funcionar en la vida de innumerables personas. Cuando Dios poda algo en nuestra vida, hace que experimentemos o recibamos algo mucho más valioso o beneficioso. Y lo que es más importante, se producen frutos espirituales en nosotros. Obtenemos más de la naturaleza de Cristo, más del poder del Espíritu Santo, más de las cualidades del carácter que son eternas. Nada es más valioso para nosotros que nuestra obediencia a Dios, y nuestra confianza en Él. Cuando nos entregamos completamente a Él, Él se derrama completamente en nosotros.

Dios no le permitirá permanecer en nada que no sea Él mismo, ni dejará que nada que no sea Su Espíritu Santo permanezca en usted, porque no permitirá que usted deposite su confianza en nada que no sea Él. Él lo podará hasta que usted alcance la sumisión total a Su voluntad y la confianza total en la presencia y el poder de Dios que hay en usted.

La permanencia está sujeta a consecuencias condicionales

Jesús enseñó que si uno no permanece en Él, quedará separado de Su flujo de bendiciones. Si permanece, puede pedir lo que desea y recibirlo. Lo cierto es que si usted permanece realmente en la Palabra de Dios, escuchándolo, leyendo y obedeciendo Sus mandamientos, renunciando a los ídolos, entonces sus deseos van a ser los deseos de Dios. Serán deseos que estarán totalmente en consonancia con el plan de Dios para usted. Sus deseos reflejarán el carácter mismo del Espíritu Santo en usted.

La poda hace que usted solo desee las cosas que son de Dios.

Una vez más, cuanto más permanezca en Cristo, más permanecerá Él en usted.

UN ESTILO DE VIDA CARACTERIZADO POR LA RESPONSABILIDAD

Una vida de bendiciones se caracteriza por nuestra responsabilidad por las acciones que realizamos. Dios desea que usted sea Su testigo en su esfera de influencia. Es su responsabilidad conocer a Dios, experimentarlo y reflejarlo.

¿Cómo puede conocer a Dios? Lo conoce principalmente al leer Su Palabra y comunicarse con Él en la oración, en la que usted no solo habla con Él sino que también lo escucha.

¿Cómo puede experimentar a Dios? Puede esperar que el Espíritu Santo le asegure que las palabras que dice, las decisiones que toma y las acciones que emprende son correctas ante Sus ojos. Él se le dará a conocer si usted está dispuesto a escucharlo y a esperar Su guía.

Cuanto más usted busque conocer a Dios y confiar en Él, más se le revelará. Y cuanto más se le revele, más espontáneamente lo reflejara a los demás. No tiene que elaborar un currículum espiritual ni esforzarse por realizar buenas obras en nombre de Dios. Dios hará que las personas con las que Él quiere que usted hable y en cuyo nombre quiere que realice acciones específicas se acerquen a usted, o lo guiará a ellas, puede confiar que será así.

Su testimonio es su vida. Se refleja en todo lo que usted dice y hace. Es una parte normal de su vida. El nombre de Jesús aparece espontáneamente en sus conversaciones. En realidad, ni siquiera tiene que pensar en mencionar Su nombre. Su relación con Él es algo que comparte a gusto con los demás. La vida de Jesús se convierte en su vida.

Una de las cosas que el Espíritu Santo hace en usted es convencerlo de los hábitos que debe cambiar para que pueda reflejar una mayor gloria a Dios. El Espíritu Santo le señala las cosas que usted ha hecho y por las que debe disculparse o compensar a otras personas. El Espíritu Santo lo exhorta constantemente a rendir cuentas, a reconocer plenamente lo que ha hecho y a responsabilizarse de lo que dice y hace.

Todos estamos llamados a la autocrítica. Dios nos pide que nos autoevaluemos según el estándar de Su Palabra y la vida de Jesucristo. Debemos buscar a fondo en nuestra alma.

Cada vez que encontramos un área en nuestra vida sobre la que debemos confesar: «Jesús no haría esto», debemos pedirle a Dios que nos ayude a arrepentirnos de nuestras viejas costumbres y adoptar el comportamiento que Él desea que manifestemos.

Este proceso dura toda la vida. Nadie nunca alcanza la perfección total. Siempre encontraremos algo dentro de nosotros que se debe purificar y perfeccionar.

Hace unos años, pasé por un período de intensa lucha interior. Tuve que enfrentarme a varias cosas en mi vida, cosas que había tendido a ignorar a lo largo de los años y cosas que resultaron ser muy dolorosas de enfrentar. A todos nos gusta pensar que vamos camino de ser perfectos, y creo que siempre es doloroso cuando nos damos cuenta de lo imperfectos que somos.

Algunas de las cosas que enfrenté eran experiencias y recuerdos dolorosos relacionados con mi infancia. Tenía un exceso de equipaje que necesitaba entregar a Dios para poder experimentar una sanidad genuina y una mayor comprensión de Su amor.

Además, he tenido que hacer frente a la frustración de que mi vida no ha ido por el camino que deseaba. He tenido que lidiar con circunstancias y situaciones que han estado más allá de mi control o mi capacidad para determinar su resultado. Cada vez que ha surgido una de estas situaciones, me he visto en la disyuntiva de tener que elegir, o dejo que Dios haga las cosas a Su forma o lucho para que sucedan a mi manera. Sé que dejar que Dios haga las cosas a Su forma es el curso a seguir, pero eso no hace que sea más fácil. Muchas ramas muertas han sido podadas en mi vida.

Todo esto es un proceso de rendición de cuentas. Dios espera que me enfrente a la realidad de mi vida para que pueda enfrentar la realidad de Su vida, una vida donde el poder, la sabiduría, el amor y la presencia son ilimitados, pues Él es eterno e inmutable.

Nuestra responsabilidad es ante Dios y también ante los demás miembros del cuerpo de Cristo. Dios nos llama a ser abiertos con los demás, a establecer una relación de dar y recibir con ellos: «Confesaos vuestras ofensas unos a otros, y orad unos por otros, para que seáis sanados...» (Stg 5:16, RVR1960).

Dios lo ama demasiado como para permitirle vivir en aislamiento, una situación que puede llevarlo rápidamente a vivir en uno de dos extremos. O bien será propenso a sentirse muy solo y a sufrir sentimientos de rechazo, o tenderá a volverse un santurrón y a ser muy crítico con los demás. En cambio, Dios desea que usted experimente la bendición del amor humano, es decir, que esté dispuesto a dar amor a los demás y a recibir el amor de los demás. Al confesar sus faltas y debilidades a los demás, y al orar por y con los demás, será sanado.

Su responsabilidad ante los demás requiere que…

- sea honesto con usted mismo y luego con los demás;
- se valore a sí mismo y valore a los demás;
- sea honesto consigo mismo para que pueda decir la verdad en el amor a los demás;
- busque alcanzar la excelencia de la naturaleza de Cristo para ayudar a otros a experimentar más plenamente Su presencia.

La responsabilidad requiere que usted enfrente sus defectos, y los enfrente *primero*, antes de los defectos de los demás. Jesús enseñó: «¿Por qué miras la mota que está en el ojo de tu hermano, y no te das cuenta de la viga que está en tu propio ojo?» (Mt 7:3).

La responsabilidad requiere que usted perdone a los demás para poder recibir el perdón de Dios y poder perdonarse a sí mismo (Lc 6:37).

¿Qué tiene que ver la responsabilidad con experimentar las bendiciones de Dios? ¡Todo! A menos que esté dispuesto a plantar cara a las cosas de su vida que le impiden aceptar el perdón de Dios, obedecer Sus mandamientos, hacerse accesible a Él y permanecer en Cristo, y que lo hacen quedar fuera del flujo de la abundancia de Dios, no dará los pasos necesarios para experimentar la plenitud de la bendición derramada por Dios.

A menos que esté dispuesto a enfrentarse a su pecado, no se arrepentirá de él y no verá un aumento del poder y la presencia de Dios en usted.

A menos que esté dispuesto a someterse a la poda de Dios, no dará mucho fruto.

Y hasta que usted no esté dispuesto a afrontar sus faltas y presentarlas en la oración, no sanará ni alcanzará la plenitud.

La buena noticia es que cuanto más se esfuerce por rendir cuentas de su vida, más bendecirá el Señor su relación con Él y sus relaciones con los demás.

LA ESPERANZA DE UN FUTURO BENDECIDO

¿Qué tiene que ver todo esto con la esperanza?

Si tiene la expectativa de que Dios todavía derramará muchas cosas buenas en su vida y, a través de usted, en la vida de otras personas, ¡usted tendrá una esperanza enorme! Va a imaginar un futuro brillante que es digno de su expectativa.

Cuando tiene la certeza en su espíritu de que Dios lo acepta totalmente porque ha sido perdonado y su relación con Él es correcta, usted vive sin el peso de la culpa y la autocondenación. Tiene la libertad de explorar toda la creación de Dios y todas las oportunidades que Él le ofrece.

Cuando se abre a Dios y sabe con certeza que Él siempre está disponible para usted, tiene mayor libertad y audacia para hablar con Él sobre lo que Él desea para usted.

Cuando sabe que Dios tiene abundancia para usted, se siente más deseoso de vivir de una manera que le permita recibir todas las bendiciones de Dios.

Cuando permanece en Cristo, tiene una maravillosa sensación de seguridad.

Cuando usted se hace responsable, se abre a los cambios que Dios desea hacer en su vida para su bien. De todas estas maneras, usted llega a recibir más de la presencia y el poder de Dios que obran en su vida.

CONCLUSIÓN

Andar con Dios

La Biblia a menudo utiliza el ejemplo de andar como una descripción del comportamiento de los creyentes. Por ejemplo, se nos dice que andemos como hijos de la luz, que andemos en la verdad, que andemos en el Espíritu y que andemos en amor. En Colosenses 2:6 se usa esta expresión para darnos un importante mandamiento: «Por tanto, de la manera que recibieron a Cristo Jesús el Señor, así anden en Él».

Mucha gente anda por vista y sentimientos, pero dejar que nuestros sentidos físicos nos guíen espiritualmente no funciona, porque sencillamente el Señor no nos dará toda la información que quisiéramos tener. Al contrario, Dios quiere que a diario confiemos en Él para cualquier cosa que necesitemos. Es por eso que respecto a los seguidores de Jesucristo leemos «Porque por fe andamos, no por vista» (2 Co 5:7). Es por fe que debemos dar el primer paso; y luego otro, sin saber exactamente a dónde Él nos llevará, pero confiando en que nuestro Dios omnisciente, omnipotente y amoroso quiere lo mejor para nuestras vidas. Caminar por fe significa tener una relación personal con Dios a través de Jesucristo. Como resultado de esta relación, nosotros fijamos los ojos en Él, sin importar las circunstancias, y creemos que Él hará lo correcto y lo que es bueno para nosotros; todo el tiempo, sin excepción.

Cuando usted anda con el Señor y tiene los ojos fijos en Jesús, ¿qué hace cuando se enfrenta a un desafío que parece insuperable? Exactamente lo que Proverbios 3:5-6 nos enseña «Confía en el Señor con todo tu corazón, y no te apoyes en tu propio entendimiento. Reconócelo en todos tus caminos, y Él enderezará tus sendas».

Así que terminamos este libro donde empezamos: ¿cree usted que se puede confiar en Dios?

Espero que después de leer este libro su fe se haya fortalecido, y que se haya afirmado su confianza en el futuro que Él ha planeado para usted. También oro para que después de descubrir las muchas bendiciones que vienen cuando le confía su vida a Dios, usted elija andar con Él, plenamente confiado en Sus planes para su vida.

Por supuesto, si usted lo ha echado todo a perder, quizás todavía sienta dudas en cuanto a si es digno de Su amor. Ha pasado tanto tiempo dudando y cuestionando a Dios, que no está seguro de que Él realmente desee que usted regrese.

Puede estar seguro de que Dios lo creó y lo conoce a la perfección. Él entiende sus debilidades, sus limitaciones y las heridas que le impiden confiar en Él plenamente. No obstante, incluso cuando sienta que le ha fallado, Él es pronto para recibirlo y demostrarle Su amor. La cuestión no es si el Señor lo aceptará o no; de eso no hay duda: ¡por supuesto que Él lo hará!

Después de la crucifixión, los discípulos retomaron su antigua forma de vida. En lugar de vivir por fe y hacer lo que Dios les había llamado a hacer, ellos volvieron para pescar en el mar de Galilea (Mt 4:18; Jn 21:3-4).

Sin embargo, después de la resurrección, vale mencionar que Jesús insistió en ir a Pedro para darle seguridad en cuanto a Su amor eterno y para recordarle su llamado al discípulo. El plan de Dios para la vida de Pedro no había cambiado. Por lo tanto, Jesús animó a Su discípulo a que no desistiera.

Cobre ánimo en esto. Dios nunca se dio por vencido con Pedro, y con usted tampoco se dará por vencido. Aunque tropiece en su fe como le pasó a los discípulos, una vez que conozca a Jesús como su Salvador y Señor, de seguro que Él nunca lo condenará (Ro 8:1).

Tal vez usted flaquee y fracase, pero el Señor no quiere que se concentre en sus defectos. Al contrario, Él desea que se enfoque en Él. Dios no evalúa su vida según *su* capacidad para permanecer fiel, sino de acuerdo a *Su* fidelidad y a la obra que se llevó a cabo en el Calvario (2 Ti 2:13). Usted será siempre el beneficiario de Su gracia infinita y Su amor eterno.

Entonces, lo desafío a vivir como los discípulos vivieron. Luego de ver al Jesús resucitado, los discípulos comprendieron que Dios siempre cumple Sus promesas. Como Creador, Salvador y Señor de ellos, los discípulos reconocieron que Él era digno de toda su devoción, honor, obediencia y adoración. Así que tomaron la decisión de vivir para Él y andar con Él, independientemente de lo que pudiera suceder.

Espero que usted también haga lo mismo. Pero para esto, debe tomar la decisión que ellos tomaron.

Cualquiera que sea la prueba que enfrente, la verdad a la que usted debe aferrarse con todo el corazón es esta: *en Dios se puede confiar.* Incluso cuando el mundo se desmorona y parece que se ha quedado solo en él, puede estar absolutamente seguro de que el Señor Dios está con usted. Él lo ama. Lo defiende. Y le provee. Y cuando usted deposita su confianza en Él y lo obedece, no importa cuáles sean sus circunstancias; días más brillantes llegarán y muchas bendiciones serán suyas.

Así que siga obedeciendo al Señor y confíe en que Él lo guiará bien. Dios no lo dejará desviarse de los caminos que Él ha elegido para su vida. Sí, tal vez experimente momentos de fracaso. Quizás las cosas en la vida no siempre salgan como usted lo planificó, pero Dios va a su lado en su travesía. Al final, Él será glorificado y usted bendecido.

Cada desafío presenta una oportunidad para que Dios muestre Su fidelidad y amor. Eso es lo que sucede cuando usted decide creer que en Dios se puede confiar, incluso cuando no sepa lo que el día siguiente le deparará. Usted puede enfrentar cualquier circunstancia con confianza y esperanza porque la fuente definitiva de victoria no es su fuerza, sabiduría, energía o poder. La fuente de victoria es la capacidad de Dios; y al confiar en Él, usted se conecta a una fuerza eterna que ninguna restricción humana puede regir ni obstaculizar.

NOTAS

1. J. I. Packer, *Hacia el conocimiento de Dios* (Miami, FL: Logoi, ©1979).
2. Oswald Chambers, *En pos de lo supremo* (Barcelona: Editorial Clie, 2019).
3. Atribuido a Donald Grey Barnhouse (1895-1960). Fuente desconocida.
4. C. S. Lewis, *Mero cristianismo* (Nueva York: Rayo, 2006, ©1952, ©1995).
5. Philip Keller, *A Shepherd's Look at Psalm 23* [La mirada de un pastor al Salmo 23] (Grand Rapids, MI: Zondervan, 1970).
6. Amy Carmichael, *Candles in the Dark* [Velas en la oscuridad] (Fort Washington, PA: CLC Publications, 1982).

FUENTES

Texto traducido, adaptado y extraído de las siguientes fuentes:

Introducción – Nuestra confianza en Dios: *Cómo vivir una vida extraordinaria* – Principio 4

Parte uno: Dios satisface todas sus necesidades

1. El hacedor de promesas: *God Has an Answer for Our Unmet Needs* – Capítulo 6
2. Suministro ilimitado: *God Has an Answer for Our Unmet Needs* – Capítulo 7
3. Una salida: *God Has an Answer for Our Unmet Needs* – Capítulo 8
4. Su presencia: *God Has an Answer for Our Unmet Needs* – Capítulo 9

Parte dos: Dios se comunica con usted

5. Pidan, busquen y llamen: *Cómo vivir una vida extraordinaria* – Principio 8
6. Un mensaje precisamente para usted: *Discover Your Destiny* – Capítulo 5
7. ¿Escuchamos a Dios?: *Cómo escuchar la voz de Dios* – Capítulo 6
8. Sentados en la presencia del Señor: *Cómo escuchar la voz de Dios* – Capítulo 7

Parte tres: Dios lo libera del miedo y la ansiedad

9. Porqué perdemos nuestra paz: *En busca de paz* – Capítulo 4
10. Cómo vencer el temor: *En busca de paz* – Capítulo 12
11. Renuncie a la ansiedad: *En busca de paz* – Capítulo 8

12. Cómo lidiar con las causas de la ansiedad: *En busca de paz* – Capítulo 9

Parte cuatro: Dios abre camino en medio del dolor y el sufrimiento

13. El poder de la perspectiva: *Cómo sobreponerse a la adversidad* – Capítulo 12
14. Avanzar a través de la adversidad: *Cómo sobreponerse a la adversidad* – Capítulo 5
15. El poder de la debilidad: *Cómo sobreponerse a la adversidad* – Capítulo 10
16. Fiel es quien lo llamó: *Cómo sobreponerse a la adversidad* – Capítulo 11

Parte cinco: Dios revela un plan para su vida

17. Una promesa personal: *God Has a Plan for Your Life* – Introducción, Capítulos 2, 3 y 4
18. El éxito a la manera de Dios: *El éxito a la manera de Dios* – Capítulo 2
19. Una necesidad que atender: *Discover Your Destiny* – Capítulo 6
20. Promesas que experimentar: *Discover Your Destiny* – Capítulo 8

Conclusión – Andar con Dios: *Cómo vivir una vida extraordinaria*

InTouch Ministries.

PO Box 7900
Atlanta, GA 30357-9979
1 800 789 1473
Intouch.org

Shipping to:

Miriam Dominguez
2006 Central Ave Apt 213
Albany, NY 12205-4572

Note: Free items are shipped separately and will arrive in approximately 2-3 weeks.

Shipping Status Legend
S = Shipped separately, B = Backordered, I = Included in this shipment, R = Refunded

Shipping Method	Packing ID	Account #	Order Number	Order Date
BEST	83401048	9492791	56941249	02/26/2021

Qty	Product	Location	Description	Price	Paid	Status
1	SBK0792	A306	¿Puede aún confiar en Dios?	$14.00	$14.00	I

Shipping Charges	
BEST	$0.00

NEW

CAN YOU STILL TRUST GOD?

When things are going your way, trusting the Lord is easy.
But when painful trials, unmet needs, or lost hope assail you,
do you still trust Him?

**To order your copy, CALL 1-800-789-1473
or VISIT intouch.org/trust.**

Product is available in English and Spanish.

Order prep by: _____

1969 / 2244

ACERCA DEL AUTOR

El doctor Charles F. Stanley es el fundador de In Touch Ministries (Ministerios En Contacto) y pastor emérito de la Primera Iglesia Bautista en Atlanta, Georgia, donde sirvió durante más de cincuenta años. También es autor *best seller* del *New York Times*, y ha escrito más de setenta libros, con más de 10 millones de copias vendidas.

El mayor deseo del doctor Stanley es hacer llegar el evangelio a «tanta gente como sea posible, tan rápido como sea posible, tan claramente como sea posible, tan irresistiblemente como sea posible, mediante el poder del Espíritu Santo y para la gloria de Dios». Debido a este objetivo, las enseñanzas del doctor Stanley se transmiten de manera tan generalizada y eficaz como sea posible. Se puede escucharlo diariamente en las emisiones de radio y televisión *In Touch with Dr. Charles Stanley* [En Contacto con el doctor Charles Stanley], en más de 2.800 estaciones alrededor del mundo, en internet en www.encontacto.org, y a través del In Touch Messenger Lab. Los mensajes inspiradores del doctor Stanley también se publican en la galardonada *Revista En Contacto,* que publica mensualmente devocionales.

Finalmente, viva en Cristo

Decepción. Desobediencia. Desesperación. Cuando Debbie González estaba al borde del suicidio, su hermana sabía que solo Cristo podría salvarla.

Ella le leyó a Debbie una porción del libro *Cuando el enemigo ataca: Las claves para ganar sus batallas espirituales*. Este libro del doctor Stanley nos ayuda a reconocer cuando el mal trata de destruirnos.

Y Debbie escuchó. ¡El Señor Jesucristo le estaba hablando! Paso a paso, Debbie encontró el valor para aceptar al Salvador.

Hoy, Debbie es una persona nueva. Nació de nuevo en Cristo y lo sigue, y disfruta de todo lo que puede llegar a ser a la luz del amor del Señor. Si conoce a alguien que esté sufriendo, compártale la verdad. Podría salvar una vida, para siempre.

Para ver más historias como esta, **visite encontacto.org/historias**

EL ENEMIGO PUEDE SER FUERTE, PERO DIOS SIEMPRE SERÁ MÁS FUERTE.

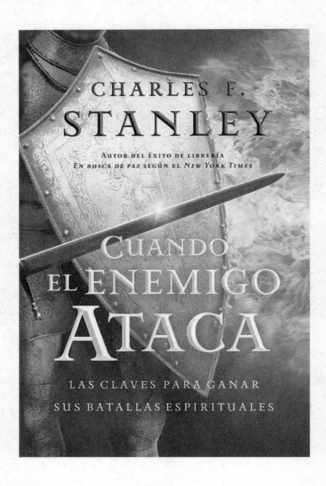

En *Cuando el enemigo ataca,* el autor de *best sellers,* Dr. Charles Stanley, explora cómo responder a la batalla espiritual: las tácticas utilizadas por Satanás para burlarse, confundir, calumniar y dañar a los seguidores de Dios. El componente más importante de la guerra, expresa el doctor Stanley, es la soberanía de Dios y Su poder. Nuestro mundo es un mundo de conflicto entre el bien y el mal, de poderes que van más allá de lo meramente humano. Usted no puede evitar la batalla, pero no se desanime, Dios le ha dado la fuerza para mantenerse firme.